# 民國文化與文學研究文叢

五 編

李 怡 主編

第 12 冊

傳播接受與新詩生成

方 長 安 著

國家圖書館出版品預行編目資料

傳播接受與新詩生成／方長安 著 -- 初版 -- 新北市：花木蘭文
化出版社，2015〔民 104〕

序 6+ 目 2+256 面；19×26 公分

（民國文化與文學研究文叢 五編：第 12 冊）

ISBN 978-986-404-254-8（精裝）

1. 新詩 2. 詩評

541.26208                                           104012148

## 特邀編委（以姓氏筆畫為序）：

ISBN- 978-986-404-254-8

9 789864 042548

民國文化與文學研究文叢
五　編　第十二冊                          ISBN：978-986-404-254-8

## 傳播接受與新詩生成

作　　者　方長安
主　　編　李　怡
企　　劃　四川大學現代中國文化與文學研究中心
　　　　　北京師範大學民國歷史文化與文學研究中心
總 編 輯　杜潔祥
副總編輯　楊嘉樂
編　　輯　許郁翎
出　　版　花木蘭文化出版社
社　　長　高小娟
聯絡地址　235 新北市中和區中安街七二號十三樓
　　　　　電話：02-2923-1455／傳眞：02-2923-1452
網　　址　http://www.huamulan.tw 信箱 hml 810518@gmail.com
印　　刷　普羅文化出版廣告事業
初　　版　2015 年 9 月
全書字數　214965 字

定　　價　五編 24 冊（精裝）新台幣 45,000 元

# 傳播接受與新詩生成

方長安　著

## 作者簡介

方長安，（1963～），湖北紅安人，文學博士，武漢大學珞珈特聘教授，博士生導師，武漢大學中國新詩研究中心主任，湖北省重點研究基地「湖北現代人文資源調查與研究中心」執行主任，《長江學術》主編；兼任中國聞一多研究會副會長、中國現代文學研究會理事、海峽兩岸梁實秋研究會理事。教育部新世紀優秀人才計劃入選者。從事新詩研究、20 世紀中外文學關係研究，出版專著 7 部，發表專業學術論文 120 餘篇；主持完成 2 項國家社科基金項目，1項教育部人文社科基金項目；曾獲教育部高校人文社科優秀成果 3 等獎，湖北省社科優秀成果一等獎，湖北省優秀教學成果二等獎；全國百篇優秀博士論文提名獎指導教師。

## 提　　要

　　該著研究現代傳播與新詩生成關係，認爲現代傳播場域、傳播途徑與方式等影響了新詩創作潮流與特點的生成，影響了新詩文本意義的拓展，並且與新詩經典生成有著直接的關係。全書共四部份，既考察了外國詩歌在中國的翻譯傳播和閱讀接受與新詩情感空間、審美意識生成的關係，揭示出新詩因此所塑造出的承載著中國讀書人現代文化想像的「西方」形象，揭示出新詩傳達現代啓蒙理性的詩性表達方式；又論述了不同時代語境裡古今中外文化的傳播衝突與對話，揭示出多元文化傳播融合與新詩形象生成的關係。既梳理了不同時代的選本和文學史著作對新詩的遴選與敘述情況，揭示出它們對新詩創作走向和詩意生成的影響；又考察了選本和史著與詩人形象塑造的關係，由此闡釋出重要詩人形象的嬗變史。既關注大眾讀者與專業讀者審美趣味的差異和傳播接受方式的不同，揭示出他們影響新詩生成的不同特點；又在肯定專業讀者眼光的同時，質疑他們的代表性，由此對主要由專業讀者遴選出的新詩經典進行了反思。研究方法上，綜合運用了傳播學、解釋學、文化心理學和知識考古學等方法，以史料爲依據，論從史出，從傳播接受維度深化了對新詩生成特點與規律的認識。

# 民國文學：闡釋優先，史著緩行
## ——第五輯引言

李　怡

　　中國學界提出「民國文學」的概念已經超過十五年了，〔註1〕在新一波的文學史寫作的潮流之中，人們對民國文學的研究也出現了一種期待，就是希望盡快見到一部《民國文學史》，似乎只有完整的文學通史才足以證明「民國文學」研究的合理性，或者說在當前林林總總的文學史寫作意見裏，證明自己作爲新的學術範式的存在。在我看來，受各種主客觀條件的限制，目前最需要開展的工作還不是撰寫一部體大慮深的文學史著，而是努力從不同的角度深入勘探、考察，對這一段歷史提出新的解釋。

一

　　眾所周知，中國文化具有悠久漫長的「治史」傳統。在一個宗教裁決權並沒有獲得普遍認可的國度，人們傾向於相信，通過歷史框架的確立可以達到某種裁決與審判的高度，所謂「名刊史冊，自古攸難，事列春秋，哲人所重。」〔註2〕中國最早的史官除了司職記事，還負責主持祭祀，占卜吉凶，溝通神靈。史不僅可以成爲「資治通鑒」，甚至還具有某種道德的高度，所謂「孔子成《春秋》，亂臣賊子懼」，〔註3〕史家如司馬遷等也是以「究天人之際，通古今之變」自我期許。

---

〔註1〕 中國大陸最早的「民國文學」設想出現在 1997 年（陳福康），最早的理論倡導出現在 2000 年代早期（張福貴）。
〔註2〕 劉知幾撰，浦起龍釋：《史通通釋・人物》第 240 頁，上海：上海古籍出版社 1978 年版。
〔註3〕 《孟子・滕文公章句下》，見楊伯峻《孟子譯注》上冊 155 頁，中華書局 1960 年版。

　　文學史的出現原本是現代的事物，它顯然不同於古代的史官治史，這種來自西方的學術方式更屬於學院派知識份子的個體行為。但是，歷史的因襲依然存在，尤其是在一些世代交替的時節，無論是政治家還是知識份子本身，都自覺不自覺地認定「著史」可以樹立某種新的「標準」，完成對過往事物的「清算」。於是，如下一些史著的意義是可以被我們津津樂道的：

　　奠定中國現代文學學科的基礎是王瑤先生的《中國新文學史稿》。集中代表了撥亂反正過渡時期的文學史觀的是唐弢、嚴家炎先生主編的《中國現代文學史》。

　　體現了新時期的現代文學視野、集中展示研究新成果的是錢理群、陳平原、溫儒敏等人的《中國現代文學三十年》。

　　生動體現著「重寫文學史」意義的是陳思和的《中國當代文學史》。

　　展示 1990 年代以降學術研究的「歷史化」傾向的是洪子誠的《中國當代文學史》。

　　揭示「文學周邊」豐富景觀的是吳福輝獨撰的插圖本《中國現代文學史》。

　　錢理群主編的最新三卷本《中國現代文學編年史》展示了以「廣告為中心」的文學生產、流通、接受及其他社會文化環節，讓文學敘述的圖景再一次豐富而生動。

　　今天，隨著「民國文學」研究的呼聲漸起，在一系列命名和概念的討論之後，應該展示更多的文學史研究實績，只有充分的實績才能說明「民國社會歷史框架」的確具有特殊的文學視野價值，如何集中展示這些實績呢？目前容易想到的似乎就是編寫一部紮實厚重的《民國文學史》。

　　但是，在我看來，文學史編寫的工作固然重要卻又不可操之過急。因為，今天所倡導的「民國文學」，並不僅僅是一個名稱的改變（以「民國」替代「現代」），更重要的是一些研究視角和方法的調整。這些重要的改變至少包括：

　　**正視民國歷史的特殊性，而不是簡單流於「半封建半殖民地」等等的簡略判斷**。據史學界的知識考古，「半封建」一詞曾經出現在馬克思、恩格斯筆下，列寧第一次分別以「半封建」「半殖民地」指稱中國，以後共產國際以此描述中國現實，「半殖民地」一說並先後為中國國民黨人與中國共產黨人所接受，又經過蘇聯內部的理論爭鳴及共產國際的理論演繹，「半

封建半殖民地」的並稱出現在 1926 年以後，〔註4〕又經過 1930 年代初的「中國社會性質問題論戰」，逐步成為中共領導的馬克思主義史學的基本概括。到延安時期，毛澤東最為完整清晰地論述了這一學說，從此形成了對中國知識份子歷史認知的主導性影響，直到今天應該說都有其獨到的深刻的一面。但是作為一種總體的社會性質的認定，是不是就完全揭示了民國歷史的特點呢？就不需要我們具體的歷史問題的研究了呢？當然不是。例如對「封建」一詞的定義在史學界一直爭議不已，民國時代的經濟已經明顯走上了資本主義的發展道路，忽略這一現實就無法解釋中國近現代工商業文化對於文學市場的重要作用，辛亥革命之後的中國儘管軍閥混戰，也難掩其專制獨裁的性質，但是卻也不是「帝國主義買辦與走狗」這樣的情感宣泄就能「一言以蔽之」的。對於民國史，國外史學界同樣多有研究，有自己的性質認定，這也需要我們加以研讀和借鑒。之所以強調這一點，乃是因為在此之前的《中國現代文學史》，幾乎都是以主流史學界的社會性質概括作為文學發展的前提，從舊民主主義革命到新民主主義革命就是中國現代文學發生發展的基礎，文學的偉大和深刻就在於如何更加深刻地反映了這一歷史過程，1980 年代以後，為了急於從這些政治判斷中脫身，我們的文學史又試圖在「回到文學自身」的訴求中另闢蹊徑，所謂「審美的文學史」成為了口號，但是關於中國現代文學在民國時代的諸多歷史基礎的辨析卻被擱置了起來，今天，如果不能正視民國歷史的特殊性，也就不能在文學的歷史前提方面有真正的突破。

　　**發掘民國社會的若干細節，揭示中國現代文學生存發展的具體語境。**無論是政治、經濟、社會文化等方面，民國社會的種種特徵都直接影響了現代中國文學的生產、傳播和接受，決定著文學的根本生存環境。關於這方面的研究，最近幾年已經在「文化研究」的推動下頗有收穫，不過，鑒於文化研究在來源上的異質性，實際上我們的考察也還較多地襲用外來的文化

〔註4〕 一般認為，1926 年上半年，蔡和森在莫斯科中共旅俄支部會上作《中國共產黨的發展（提綱）》，已經提到「半殖民地和半封建的中國」和「半封建半殖民地的國家」（《聯共（布）、共產國際與中國國民革命運動（1926～1927）》，下冊第 408 頁，北京圖書館出版社，1998 年），另據李洪岩考證，最早的「半殖民地半封建」字樣，則是 1926 年 9 月 23 日莫斯科中山大學國際評論社編譯出版的中文週刊《國際評論》創刊號上的發刊詞，見《半殖民地半封建理論的來龍去脈》（《中國社會科學院近代史研究所青年學術論壇 2003 年卷》，社會科學文獻出版社，2005 年）。

理論，沒有更充分地回到民國自己的歷史環境。例如性別研究、後殖民批判、大眾文化理論等等的運用，迄今仍有生吞活剝之嫌。要真正揭示這些歷史細節，就還需要完成大量紮實的工作，例如民國經濟在各階段的發展與營運情況，各階層的經濟收入及其演變，社會分化與社會矛盾的基本情形，經濟與政治權利的區域差異問題，法制的發展及對私人權利（包括著作、言論權利）的保護與限制，軍閥政治對輿論及思想的控制方式，國民黨政權對輿論及思想的控制方式，國民政府時期的「黨政關係」及其內在的間隙，國民黨內部各派系的矛盾及其對思想控制的影響，民國各時期書報檢查制度的制定與實施情況，民國時期出版人、新聞人、著作人各自對抗言論控制的方式及效果，主流倫理的演變及民間道德文化的基本特點，文學出版機構的經營情況與文學傳播情況，民國時期作家結社及其他社會交往的細節等等，所有這些龐雜的內容倉促之間，也很難為「文學史」所容納，在一個相當長的時間裏都將成為文學研究的具體話題。

**解剖民國精神的獨特性、民國文本的獨特性，凸顯而不是模糊這一段文學歷史的的形態。**文學史究竟是什麼史？這個問題討論過很多年，至今也可能存在不同的意見，在我看來，儘管我們今天一再強調歷史研究與文化研究的重要性，但是所有這些討論最終還都應該落實到對於文學作品的解釋中來，否則文學學科的獨立性就不復存在了。最近幾年，民國文學研究的倡導與質疑並存，但更多的時候還都停留在口號的辨析和概念的爭論當中，就文學研究本身而論，這樣並不是對學術發展的真正推進。如果民國文學研究的提倡不能以大量的具體文學作品的闡釋為基礎，或者說民國文學的理念不能落實為一系列新的文學闡釋的出現，那麼這一文學史框架的價值就是相當可疑的；如果我們尚不能對若干文學作品的獨特性提出新的認識，那麼又何以能夠撰寫一部全新的《民國文學史》呢？

以上幾個方面的工作都是一部新的文學史寫作的必須的前提。我們的文學史的新著，從大的歷史框架的設立與理解到局部事件的認定和把握，乃至作為歷史事件呈現的文本的闡釋都與應該此前我們熟悉的一套方式——革命史話語、現代性話語——有所不同，如果只是抓住名稱大做文章，幾乎可以肯定的是，其結果必然很快陷入到業已成熟的那一套知識和語言中去，所謂「民國文學史」也就名不副實了。早在 1994 年，人民出版社就出版過《中國民國文學史》，這個奇特的書名——不是「中華民國文學史」而是「中國民國

文學史」——顯然反映出了當時的某種政治禁忌，平心而論，在 10 年前，能夠涉及「民國」二字，已屬不易，對於其中所承受的禁忌，我們深表理解；但是也的確因爲這一禁忌的存在，所謂「民國」的諸多歷史細節都未能成爲文學史觀察和分析的對象，所以最終的成果還是普遍性的「現代化」歷史框架，「中國民國文學史」的主體還是不折不扣的「現代文學三十年」，對歷史性質、文學意義的描述都依然如故，對作家的認定、作品的解釋一如既往，只不過增加了一點補充：民國建立到五四新文化運動發生的幾年。這樣的文學史著，自然還不是我們理想中的「民國文學史」。

## 二

當然，能夠標舉「民國」概念的文學史論已經出現了，這就是臺灣學者尹雪曼主編的《中華民國文藝史》及周錦主編的《中國現代文學研究叢刊》系列叢書，也包括最近兩岸學者的最新努力。

尹雪曼（1918～2008），本名尹光榮，河南汲縣（今衛輝市）人。抗戰時期西北聯合大學畢業，美國密西里大學新聞學院文學碩士。曾主編重慶《新蜀夜報》副刊，在上海、天津、西安等地擔任報社記者，1949 年去臺灣。曾任臺灣中國作家藝術家聯盟會長，《中華文藝》月刊社社長，在成功大學、中國文化大學等校任教。自 1934 年起，創作發表了小說、散文及文學評論多種。是很有代表性的遷臺作家。周錦（1928～1992），江蘇東臺人，1949 年赴臺，曾經就讀於臺灣師範大學、淡江大學等，後創辦燕智出版社，擔任臺北中國現代文學研究中心主任。兩人的最大貢獻便是撰寫、主編或者參與編撰了一系列的中國現代文學研究論著，在新文學記憶幾近中斷的臺灣，第一次系統地總結了五四以來的中國文學發展歷史，尹雪曼撰寫有《現代文學與新存在主義》、《五四時代的小說作家和作品》、《鼎盛時期的新小說》、《抗戰時期的現代小說》、《中國新文學史論》、《現代文學的桃花源》，總纂了《中華民國文藝史》。〔註5〕其中，《中華民國文藝史》大約是第一部以「民國」命名的大規模的系統化的文學史著作，民國歷史第一次成爲文學史「正視」的對象；周錦著有《中國新文學史》、《朱自清作品評述》、《朱自清研究》、《〈圍城〉研究》、《論呼蘭河傳》、《中國新文學大事記》、《中國現代小說編目》、《中國現代文學作家本名筆名索引》、《中國現代文學作品書名大辭典》、《中國現

---

〔註5〕《中華民國文藝史》由臺北正中書局 1975 年初版。

代文學鄉土語彙大辭典》等，此外還主編了《中國現代文學研究叢刊》三輯共 30 本，於 1980 年由成文出版社有限公司印行出版。《中國現代文學研究叢刊》的史論也具有比較鮮明的「民國意識」。《中國現代文學研究叢刊編印緣起》這樣表達了他的「民國意識」：

> 中國新文學運動，是隨著中華民國的誕生而來。儘管後來有各種文藝思潮的激盪以及少數作家思想的變遷，但中國現代文學卻都是在國民政府的呵護下成長茁壯的……〔註6〕

這樣的表述，固然洋溢著大陸文學史少有的「民國意識」，不過，認眞品讀，卻又明顯充滿了對國民黨政權形態的皈依和維護，這種主動向黨派意識傾斜，視「民國」爲「黨國」的立場並不是我們所追求的學術客觀，也不利於眞正的「民國」的發現，因爲，眾所周知的事實是，疲於內政外交的「國民政府」似乎在「呵護」民國文學方面並無傑出的築造之功，嚴苛的書報檢查制度與思想輿論控制也絕不是現代文學「成長茁壯」的理由。民國文學的眞實境遇難以在這樣的意識形態偏好中得以呈現。

　　同樣基於這樣的偏好，民國文學的優劣也難以在文學史的書寫中獲得准確的評判，例如尹雪曼《中華民國文藝史・導論》作出了這樣概括：「中華民國的文藝發展，雖然波瀾壯闊，變幻無常；但始終有民族主義和人文主義作主流；因而，才有今日輝煌的成就。」「至於所謂『三十年代』文藝，則不過是中華民國文藝發展史中的一個小小的浪花。當時間的巨輪向前邁進，千百年後，再看這股小小的浪花，只覺得它是一滴泡沫而已。其不值得重視，是很顯然的。」〔註7〕

　　民國時期的現代文學是不是以「民族主義」爲主流，這個問題本身就值得討論，至少肯定不會以國民政府支持下的「民族主義文藝運動」爲主導，這是顯而易見的；至於所謂的「三十年代文藝」當指 1930 年代的左翼文學，事實上，無論就左翼文學所彰顯的反叛精神還是就當時的社會影響而言，這一類文學選擇都不可能是「一個小小的浪花」、「是一滴泡沫而已」，漠視和掩蓋左翼文學的存在，也就很難講述完整的民國文學了。

　　由此看來，20 世紀下半葉的冷戰不僅影響了大陸中國的學術視野，同樣扭曲了海峽對岸的學術認知。受制於此的文學史家，雖然不忘「民國」，但他

---

〔註 6〕周錦：《中國新文學簡史》1 頁，臺北成文出版社 1980 年。
〔註 7〕尹雪曼總纂：《中華民國文藝史》1 頁，臺北正中書局 1975 年。

們自覺不自覺地要維護的中華民國依然是以國民黨統治爲唯一合法性的「黨國」，民國社會歷史的眞正的豐富與複雜並不是「黨國」意識關心的對象。以民國歷史的豐富性爲基礎構建現代中國的文學敘述，始終是一個難題，對大陸如此，對臺灣也是如此。

當然，考慮到臺灣歷史與文學的種種情形，《民國文學史》的寫作可能還會再添一個難度：如何描述海峽對岸當今的文學狀況，是排除於我們的「民國文學史」還是繼續延伸囊括，〔註8〕排除於現實不符，從「民國」敘述轉向「臺灣」敘述，恐怕也正是「獨派」的願望，相反，努力將「臺灣」敘述納入「民國」敘述才能體現中華統一的「政治正確」；不過，納入卻也同樣問題重重，「民國」與「人民共和國」並行，不僅有悖於「一個中國」的基本政治理念，就是在當下的臺灣也糾纏不清。我們知道，在今日，繼續奉「民國」之名的臺灣目前正大張旗鼓地推進「臺灣文學」甚至「臺語文學」，所謂「民國文學」至少也不再是他們天然認同的一個概念，學術考察如何才能反映出研究對象本身的思想追求，這個問題也必須面對。也就是說，在今日臺灣，「民國」之說反倒曖昧而混沌。

2011 年，臺灣學者陳芳明、林惺嶽等著的《中華民國發展史·文學與藝術》出版，較之於此前冷戰時期的文學史，這一著作終於跳出了「黨國」意識的束縛，體現出了開闊的學術視野，〔註9〕但是由於歷史的阻隔，關於民國文學的豐富細節都未能在這一史著中獲得挖掘，我們看到的章節就是：百年來文學批評的開展與轉折，百年女性文學，百年現代詩發展與自我身份的探求，故事萬花筒——百年小說圖志，美學與時代的交鋒——中華民國散文史的視野，百年翻譯文學史，從啓蒙救亡開始：中華民國現代戲劇百年發展史等等。從根本上說，《中華民國發展史·文學與藝術》由多位學者合作，各自綜述一個獨立的文學藝術領域，在整體上更像是一部各種文學藝術現象的概觀彙集，而不是完整的連續的歷史敘述。

也是在 2011 年，大陸學者湯溢澤、廖廣莉出版了《民國文學史研究》

〔註 8〕 丁帆先生試圖繼續延伸民國文學的概念，他區分了政治意義的「民國」和作爲文化遺產的「民國」，試圖以此作爲破解難題的基礎，不過這一延伸也不得不面對與臺灣作家及臺灣學者對話、溝通的問題（見《關於建構民國文學史過程中難以迴避的幾個問題》，《當代作家評論》2012 年 5 期）。

〔註 9〕 陳芳明、林惺嶽等著：《中華民國發展史·文學與藝術》，臺灣政治大學、聯經出版公司 2011 年。

（1912-1949）。〔註10〕湯先生是中國大陸較早呼籲「民國文學史」研究的學者，在這一部近 40 萬字的著作中，他較好地體現了先前的文學史設想：回歸政治形態命名的歷史記事，上溯民國建立的文學發端意義，恢復民國時期文學發展的多元生態。可以說這都觸及到了「民國文學史」的若干關鍵性環節，《民國文學史研究》由「史觀建設」與「編史嘗試」兩大部分組成，前者討論了民國文學史寫作的必要性，後者草擬了「民國文學史綱」，嚴格說來，「史綱」更像是民國時期文學的「大事記」，似乎是湯先生進一步研究的材料準備，尚不能全面體現他的「民國文學史」面貌。

海峽兩岸的學者都開始彙集到「民國文學」的概念下追述歷史，這令人鼓舞，但目前的成果也再次說明，書寫一部完整的《民國文學史》，無論是史觀還是史料，都還有相當的欠缺，時機尚未成熟，同志仍需努力。

## 三

民國文學史，在沒有解決自己的史觀與史料的時候，實在不必匆忙上陣。在我看來，民國文學研究在今天的主要任務還是對民國社會歷史中影響文學的因素展開詳盡的梳理和分析，對現代文學歷史演變中的一些關鍵環節與民國社會各方面的關係加以解剖，如民國建立與新文學出現的關係、民國社群的出現與現代文學流派的形成、民國政黨文化影響下的思想控制與文學控制、民國戰爭狀態下的區域分割與文學資源再分配等等，至於文學自身力量也不能解決的文學史寫作難題當然更可以暫時擱置（如當代臺灣文學進入民國文學史的問題）。只要我們並不急於完成一部完整系統的民國文學史，就完全可以將更多的精力放在民國文學一個一個的具體問題之上，可供我們研究範圍也完全可以集中於民國建立至人民共和國建立這一段，我想，海峽兩岸的學者都可以認定這就是「民國歷史」的「典型」時期，這同樣可以為我們的雙邊交流營造共同的基礎。在民國文學史誕生之前，我們應該著力於歷史更多更豐富的細節，對細節的了悟有助於我們歷史智慧的增長，而歷史智慧則可以幫助我們最終解決這樣或那樣的歷史書寫的難題。

那麼，在一部成熟的《民國文學史》誕生之前，還有哪些課題需要我們清理和辨析呢？

---

〔註10〕湯溢澤、廖廣莉：《民國文學史研究》（1912～1949），吉林大學出版社 2011 年。

　　我覺得在下列幾個方面，還有必要進一步研討。

　　一是「民國文學」研究究竟能夠做什麼。隨著近幾年來學界的倡導，對於「民國文學」研究的優勢大約已經獲得了基本的認識，但是也有學者提出了自己的疑慮：研討民國文學，對於那些反抗民國政府的文學該如何敘述？例如左翼文學、延安文學。或者說，民國文學是不是就是國統區追求民主、自由這類「普世價值」的文學，「民國機制」是不是與「延安道路」分道揚鑣？在我看來，「民國文學」就是一種近現代中國進入「民國時期」以後所有文學現象的總稱，既包括國統區的文學，也包括解放區的文學，因為「民國」不等於「黨國」，也代表了某種「革命者」共同的「新中國」的夢想，左翼文化、解放區反抗的是一黨專制的「黨國」，而不是民主自由均富的「新中國」，尤其在抗戰時期，當解放區轉型為民國的特區之後，更是恰到好處地利用了民國的憲政理想為自己開闢生存空間，為自己贏得道義與精神上的優勢，只有在作為「新中國」的「民國」場域中，左翼文學與延安文學才體現出了自己空前的力量，「延安道路」才得以實現。「民國文學」也不是歌頌民國的文學，相反，反思、批判才是民國時期知識份子的主流價值取向，所以，我們可以發現，「民國批判」往往是民國文學中引人矚目的主題，左翼文學精神恰恰是民國時代一道奪目的風景，儘管它的文學成就需要實事求是地估價。在這個意義上，民國文學史的研究肯定是中國近現代史學的組成部分，而不是大眾時尚潮流（如所謂「民國熱」）的結果。

　　民國文學研究更深入的理論問題還在於，這樣一種新的文學史研究範式的出現究竟有什麼深刻的學術意義？對整個文學史研究的進行有何啓發？我認為，相對於過去強調「現代性」時間意義的「中國現代文學史」而言，「民國文學史」更側重提醒我們一種「空間」的獨特性，也就是說，從過去的關注世界性共同歷史進程的「時間的文學史」轉向挖掘不同地域與空間獨特涵義的「空間的文學史」，以空間中人的獨特體驗補充時間流變中的人類共同追求，這就賦予了所謂「民族性」問題、「本土性」問題與「中國性」問題更切實的內涵，從此出發，中國文學研究的新範式也許可以誕生？

　　二是「民國文學」研究當以大量的具體文學現象的剖析為基礎。這一方面是繼續考察各類民國文化現象對於文學發展的重要影響，包括經濟、政治、法律、教育、宗教之於文學發展的動力與阻力，也包括各區域文化現象對於文學生長的有形無形的影響，包括民國時期一些重要的歷史事件對於文學的

特殊作用，例如國民革命。過去我們梳理中國現代的「革命文學」，一般都從 1927 年大革命失敗之後的無產階級文學倡導開始，其實「革命」是晚清以來就一直影響思想與現實的重要理念，中國現代文學的「革命意識」受到了多重社會事件的推動，從晚清種族革命到國民革命再到無產階級革命等等都在各自增添新的內容，仔細追溯起來，「革命文學」一說早在國民革命之中就產生了，國民革命也裹挾了一大批的中國現代作家，爲他們打上了深刻的「革命」意識，不清理這一民國的重要現象，就無法辨析文學發展的內在脈絡。大量現代文學現象（特別是文學作品）的再發現、再闡釋是民國新視野得以確立的根據。如果我們無法借助新的視野發現文學文本的新價值，或者新的文學細節，就無法證明「民國視野」的確是過去的「現代文學視野」能夠代替的。所幸的是，最近幾年，一些年輕的學者已經在「民國機制」的視野下，發掘了中國現代文學的新的內涵。這裡僅以《文學評論》雜誌爲例：顏同林從「法外權勢的失落與村落秩序的重建」這一角度提出對趙樹理小說的嶄新認識〔註 11〕，周維東結合延安文化，剖析了解放區文學「窮人樂」主題的意味〔註 12〕，李哲發現了茅盾小說中沉澱的民國經濟體驗〔註 13〕，鄔冬梅結合 1930 年代的民國經濟危機重新解讀了左翼文學〔註 14〕，羅維斯發現了民國士紳文化對茅盾小說的影響〔註 15〕，張武軍透過「民國結社機制」挖掘了從南社到新青年同仁的作家群體聚散規律，賦予社團流派研究全新的方向〔註 16〕。在重新研討新文學發生過程的時候，李哲發現了北京大學教育「分科」的特殊意義〔註 17〕，王永祥則解剖了民國初年的國家文化所形成的語境與氛圍〔註 18〕。這樣的研究都在很大程度上突破了過去的「現代文學」研究視域，通過自覺引入民國歷史視角而推動了文學史研究的發展。

〔註11〕 顏同林：《法外權勢的失落與村落秩序的重建——以趙樹理四十年代小說爲例》，《文學評論》2012 年 6 期。

〔註12〕 周維東：《解放區的天是明朗的天——延安時期的移民運動與「窮人樂」敘事》，《文學評論》2013 年 4 期。

〔註13〕 李哲：《經濟‧文學‧歷史——〈春蠶〉文本的三個維度》，《文學評論》2012 年 3 期。

〔註14〕 鄔冬梅：《民國經濟危機與 30 年代經濟題材小說》，《文學評論》2012 年 3 期。

〔註15〕 羅維斯：《「紳」的嬗變——《動搖》的一種解讀》，《文學評論》2014 年 2 期。

〔註16〕 張武軍：《民國結社機制與文學的演進》，《文學評論》2014 年 1 期。

〔註17〕 李哲：《分科視域中的北京大學與「新文化運動」》，《文學評論》2013 年 3 期。

〔註18〕 王永祥：《〈新青年〉前期國家文化的建構與新文學的發生》，《文學評論》2013 年 5 期。

　　當然，類似的文本再解釋、歷史再發現工作還遠遠不夠，我們期待更多的研究者加入。

　　三是對於從歷史文化的角度闡釋現代文學的這一思路本身也要不斷反思和調整。在相當多的情況下，民國文學研究與現代文學研究都擁有相似的研究對象，相近的研究方法，不過，相對而言，「民國」一詞突出的國家歷史的具體情態，「現代」一詞連接的則是世界歷史的共同進程。所以，所謂的民國文學研究理所當然就更加突出民國歷史文化的視角，更自覺地從歷史文化的角度來分析解剖文學的現象，倡導文學與歷史的對話。鑒於民國歷史至今仍然存在諸多的晦暗不明之處，對於歷史的澄清和發現往往就意味著主體精神的某種解放，所以澄清外在歷史真相總是能夠讓我們比較方便地進入到人的內在精神世界之中，因而作為精神現象組成部分的文學也就得到了全新的認識。最近幾年，中國現代文學研究中較有收穫的一部分就是善於從民國史研究中汲取養分，詩史互證，為學術另闢蹊徑，文學研究主動與歷史研究對話，歷史研究的啟發能夠激活文學研究的靈感，「民國文學」的概念賦予「現代文學」研究以新機。雖然如此，我們也應該不斷反思和調整，因為，隨著歷史研究、文化研究在文學考察中的廣泛運用，新的問題也已經出現，那就是，我們的文學闡述因此而不時滑入到了純粹的歷史學、社會學之中，「忘情」的歷史考察有時竟令我們在遠離文學的他鄉流連忘返，遺忘了文學學科的根本其實還是文學作品的解釋。捨棄了這一根本，模糊了學科的界限，我們其實就面臨著巨大的自我挑戰：面向文學的聽眾談歷史是容易的，就像面對歷史的聽眾談文學一樣；但是，如果真的成了面對歷史的聽眾談歷史，那麼無疑就是學科的冒險！對此，每一位文學學科出身的學人都應該反覆提醒自己：我準備好了嗎？

　　在這個意義上，我們應該始終牢記，從歷史文化的角度研究文學，最終也需要回到「大文學本身」，民國文學研究對民國時期文學現象的研究，而不是以文學為材料的民國研究。將來我們可能要完成的也不是信馬由繮的《民國史》而是不折不扣的《民國文學史》。

　　沒有對這些研究前提、研究方法的反思，就不會有紮實的研究，當然最終的文學史是什麼樣子，也就難以預期了。闡釋優先，史著緩行，民國文學史的寫作，當穩步推進。

# 傳播、閱讀反應與新詩生成建構導論
## （代序）

　　中國現代新詩的生成是一個相當複雜的問題，不但與中國文學內在流變規律密切相關，與個體詩人的創作探索有著直接的聯繫，而且受制於中外文化交流、文學碰撞，與包括現代期刊、學校講臺、教材、電臺、熒屏等更爲廣泛的現代傳媒特別是讀者閱讀反應有著深刻的關係。現代傳播場域、傳播方式、讀者閱讀批評相當程度地改變了詩人的生存方式、創作心理和詩學觀念，使新詩生成相應的情感空間和審美品格等。

　　晚清以降，中國開始了由傳統向近現代社會的轉型，新型都市出現了，與之相伴隨的是新式市民階層成爲重要的社會力量。新興階層有著強烈的閱讀、娛樂要求，不但希望獲得日新月異的世界新聞，瞭解周遭之外的世界，瞭解他人的故事；而且有著自我展示、表達的欲望，有著排遣、釋放的需要，渴望發出聲音，與他人進行交流，以使自己成爲新興世界的一員，於是報刊、雜誌、書攤、印書館、譯書館、現代劇場等應運而生，以滿足新型市民的需求。那時，先進的中國知識分子不僅利用報刊雜誌傳播新的思想學說，而且倡導、興辦新式學堂以傳揚近現代思想，興辦劇場、編導話劇以開啓民智，培養適應現代世界潮流的新人。於是，新的傳播場域出現了，且隨時間推移不斷拓展擴大，它由看得見的外在傳媒空間和無形的意義場構成。

　　看得見的外在傳媒空間包括報刊、雜誌、書局、各類新式學堂、教材等等，無形的意義場主要存在於外在傳媒空間，是一個由歷史文化、社會思潮、流行文化風尚、作者主觀訴求和讀者閱讀期待等等共同決定的思想空間。社

會性、公共性是現代傳播場域的重要特徵。傳播場域與社會轉型之間構成互動關係，參與文化、文學生產，進而攪動了中國詩壇格局，賦予舊詩壇以新的質素，加速了中國新詩的發生與生成演變。

對於詩創作來說，公共性傳播場域就是一個高度濃縮的開放型社會，詩人們在這樣一個社會發表詩歌，就等於面向社會公眾言說，這種全新的言說空間自然對他們形成某種約束與影響，改變著他們的存在方式與身份。梁啓超、胡適、郭沫若、劉半農、周作人、李金發、聞一多、徐志摩、戴望舒、艾青等與傳統詩人相比，不再只是自足世界中個體經驗感受者、體驗者，而是公共文化社區的成員，是某種價值理念的彰顯者、傳播者，寫詩在相當程度上成爲一種社會性行爲。於是，創作心理上，他們不再滿足於自我吟花弄月，不再完全以詩創作本身爲目的，陶醉其間，流連往返，而是相當程度上將寫詩看成一種影響社會大眾的嚴肅的工作，一種社會承擔。某種意義上講，詩創作成爲向擬想讀者的訴說，成爲傳播思想的重要方式。

傳播場域在影響詩人的同時，開始培育新的詩歌讀者，營造新詩創作氛圍。現代詩人主要是通過出版物等媒介進行新詩創作實驗，抒個人之情，言家國之志，翻譯外國文化、文學，引進新的文化理念，闡釋現代詩歌觀念，以征服舊詩讀者，同時培育一批認同、欣賞新詩的新型讀者，爲新詩創作開拓現代空間。例如《新青年》問世不久，陳獨秀、胡適等便廣泛譯介西方論著，引進現代科學民主觀念，以進化論思想爲立足點，以中外詩歌發展史爲場景，論證白話新詩出場、取代文言詩歌的歷史合法性；劉半農、周作人等不斷翻譯外國詩歌，整理民間歌謠，進行同題詩歌創作實驗，開展白話詩歌討論、批評，探尋白話詩歌藝術，爲新詩建構提供全新的詩學資源，《新青年》爲新詩發生與建構提供了活動場景和話語依據。又如新式學校推動了新詩的發生、發展，新詩的倡導者、實驗者如胡適、陳獨秀、魯迅、周作人、徐志摩等大都是新式學校教師，學校爲新詩探索提供了相對自足的領地與資源，詩人們借助於講壇介紹現代文學思想，傳播現代詩歌觀念，朗誦自己的作品，引導學生進行新詩創作實驗，在學生中培養了大量的新詩愛好者與詩人。新式學校是新詩攻佔舊詩堡壘的主要陣地，且賦予新詩諸多現代學校的青春品格。

現代傳播場域、傳播語境中讀者閱讀反應直接作用於新詩內在意蘊、情感空間的生成。現代傳播語境是詩人郭沫若、聞一多、戴望舒、艾青、卞之

琳、穆旦等的生存空間，這樣的空間不同於古代詩人那種三朋四友的交談場所，詩人們置身這種現代傳播空間需要考慮廣大的陌生讀者，尊重讀者的審美期待與閱讀反應，於是在書寫自我經驗時總是自覺不自覺地承擔起社會責任，以詩歌表現、傳播現代思想，引領讀者，這樣新詩意蘊空間相對於傳統詩歌而言複雜而豐富，充滿多重色彩、力量與聲音。現代進化論、個性解放、民族主義、愛國主義、民生平等、懷疑主義、存在主義、愛情自由、勞工神聖等構成現代詩歌基本的意蘊空間。不僅如此，作為個體的詩人在現代傳播語境寫詩，陌生化的大眾讀者無形中制約著詩人的想像與表現，使他們難以暢所欲言，難以盡情展示自己，更不用說暴露自己，於是新詩在情感空間上形成許多相應的特點，諸如人格表演性、個人性與公共性相纏繞、真實性與虛偽性相糾葛等矛盾性特點。其中特別突出的就是人格表演性，即有意向讀者展示自己某種「崇高」的人格，掩藏真實的心靈，迴避真情。某些讀者意識強烈的詩人，這方面表現得特別突出。

現代傳播語境中讀者閱讀反應影響著新詩審美形式的生成。審美形式的選擇、創造與個體詩人的性格有關，與其藝術趣味、文學觀念分不開，也與創作所處時代的文學風尚緊密地聯繫在一起；同時，文本意義生成的另一極即讀者，也間接地左右著審美形式的生成走向。一般而言，不同傳播語境下的讀者有著不同的文學性格，換言之，同一語境中的讀者儘管美學取向千差萬別，但往往受語境潮流制約又有著大體一致的審美傾向性，對新詩的審美期待與閱讀反應有著某種一致的特徵，這種一致的特徵相當程度地制約著所處時代的詩人對審美形式的認識與創造。例如五四前後的多數讀者受新思潮感染，對舊的審美規範也許還有所留戀，但還是期待著藝術思潮的某種突破，期待閱讀一些與啟蒙思想相契合的新形式的文學作品，期待同文言格律形式不一樣的作品，這些對於新詩人的創作無疑是一種無形牽制。那是一個啟蒙的時代，啟蒙性是傳播語境的突出特色，新詩人們浸潤在啟蒙的氛圍中，將自己看成是啟蒙者，同時受讀者新的閱讀期待的影響，努力創作新形式的詩歌。當時的一個重要現象是，新詩人在自視為啟蒙者的同時，將讀者看成是啟蒙的對象，於是詩人與讀者的關係就成為啟蒙與被啟蒙的關係，而所謂的啟蒙就是啟蒙者對被啟蒙者講話，向他們灌輸新的觀念，於是以「話」為詩成為當時新詩中一種重要的表意方式。「我」與「你」的對話、潛對話風靡詩壇，成為新詩有別於傳統詩歌的重要的現代審美形式。

　　如前所述，讀者的閱讀反應使不少詩人，特別是那些傳媒意識強烈的詩人，非常顧及自己的聲譽，往往有意隱藏或張揚某種意識傾向，使詩歌生成出一種自我人格表演性。與人格表演性相適應，新詩形成了有別於傳統的表意方式，具體言之，就是新詩中出現了一些新的表意句式，諸如「我要……」、「我是……」句式，可謂之主體表演句；不僅如此，以「啊」開頭的句式，即「啊！……」成為一種普遍現象。有些詩中以「啊」字開頭的句子，包含著豐富的情感，但有些卻是虛偽的表演。又如「也許……」句式，在新詩中也很普遍，單從句意看，它無疑表現了一種不確定的徵詢語氣與態度，有助於展示現代平等人格；但是，在一些詩人那裡卻相反地彰顯了一種非坦蕩的心理，遮蔽著某些真實的話語，誇張一點說，他們以現代的方式玩弄著背離現代人格的詩歌遊戲。

　　讀者閱讀反應影響著現代詩學的生成。現代新詩與舊詩不同，它尚處於實驗之中，沒有定型，現代詩學亦處在探索中，讀者對現代詩歌的閱讀批評同對現代詩學的總結往往聯繫在一起，對詩歌文本的閱讀接受就是對其所體現的某種詩學的接受認同，閱讀反應使詩人堅持或改變某種詩歌傾向，總結並提出相應的詩學觀。例如：聞一多、周揚、沈從文、朱湘等對郭沫若《女神》的批評與接受，就是對作品所呈現出的浪漫主義詩學的傳播張揚，並使郭沫若在一個時期裏更為自覺地堅守這種詩學；黃參島、鍾敬文、張家驤、蘇雪林、朱自清、孫玉石等對李金發詩歌的閱讀批評，就是對中國獨特的象徵主義詩學的闡釋與總結；對聞一多《紅燭》、《死水》的批評，在相當程度上就是對現代新格律詩理論的探討，就是對聞一多的支持，使他更為自覺地總結新格律詩學；杜衡、雪葦、胡風、常任俠、呂熒、孟辛、黃子平、龍泉明等對艾青詩歌的閱讀批評，就是對艾青的自由詩理論的探討，與艾青之間形成直接、間接的詩學交流對話，促進了現代自由詩學的建構；對卞之琳《魚化石》等詩歌的批評，同中國現代非個人性詩學的總結聯繫在一起；聞一多、徐志摩、卞之琳以及中國新詩派的詩人們積極實驗創作「戲劇化」詩歌，不少讀者從戲劇化詩學角度言說他們的作品，總結現代漢語詩歌戲劇化經驗等。讀者與詩歌、讀者與詩人之間的「對話」是現代詩學歸納、建構的重要途徑。

　　讀者閱讀反應一定程度地制約著新詩流變。新詩如何流變？這是一個相當複雜的問題，社會政治思潮、文化風尚、時代審美趣味等直接、間接地左

右著詩歌發展方向，文學社團、詩人群落、創作方法等牽引著詩潮流變；與此同時，讀者是時隱時現的另一極力量，它有時直接站出來說話，有時暗中向詩人傳遞信息，制約著詩人的自我認識與審美反思，使其堅持或者改變既有的探索路徑與創作傾向，使某種創作傾向消歇或者強化，從而影響著新詩的流變。例如：五四白話自由詩的發生，與讀者不滿晚清那些不流暢的「新學之詩」相關；而五四白話自由詩在胡適的話怎麼說詩就怎們寫的觀點指導下，只注意流暢的問題，直抒胸臆，郭沫若更是以《女神》將它引向絕端自由的境地，詩歌情緒一瀉千里，口語化，散文化，失去了詩歌的含蓄美、音樂美，引起讀者不滿。成仿吾以五四文學參與者這種特殊讀者的身份，提出要開展一場「詩之防禦戰」，阻擊白話自由詩非詩化傾向；五四時的刪詩活動反映了讀者的不滿；還有讀者致信《新青年》反饋不滿信息；梁實秋對白話詩提出深刻的批評等等，所有這些影響了詩歌流向，一定程度上改變了白話自由體新詩過於散文化的傾向，使新詩開始自覺探索音節、格律等問題。新格律詩和五四小詩的消歇以至被新的詩潮所取代，也與讀者的批評有著直接的關係。

現代傳播語境中讀者的閱讀反應遴選、塑造了新詩史上的「重要詩人」。中國現代詩人郭沫若、聞一多、徐志摩、戴望舒、卞之琳、馮至、艾青、穆旦等自作品發表後便進入讀者閱讀視野，在大半個世紀中，《女神》、《死水》、《再別康橋》、《雨巷》、《斷章》、《十四行集》、《大堰河——我的保姆》、《詩八首》等等，被不同時代的讀者反覆閱讀闡釋，被不同傾向的新詩選本反覆收錄傳播，被文學史敘述定位，以致成為新詩的代表作，與此同時，詩人的地位得以確立。他們之所以成為「重要」詩人，與其作品的詩美價值及其詩學對於新詩發展的貢獻分不開，但從接受美學角度看，則離不開讀者的閱讀接受，是不同時代的讀者共同「發掘」出他們的詩學價值，「塑造」了他們在文學史上的形象，賦予他們以「重要」地位與意義。

傳播與讀者閱讀反應遴選出「新詩經典」。「新詩經典」是由一系列經典化活動所推出的，而經典化活動最為重要的環節是傳播、讀者閱讀批評。那些在情感上藝術上與不同時代的傳播場域、審美期待相契合的作品，被大眾讀者反覆閱讀稱讚，被理論家、批評家贊許，收入不同的詩集、教材，不斷傳揚，其詩性在不斷講述中被詩壇認可，被後來者研究甚或模仿，遂逐漸沉澱為經典；反之則淡出讀者視野，銷聲匿跡。例如：《嘗試集》儘管在不同時

代反覆出版發行，不同時代的新詩選本反覆遴選其作品，不同時代的文學史、新詩史也都要拿專門章節敘述它，但史家和編選者大都是將它作爲嘗試性、開拓性作品，看重的是它的開創性而不是詩美，讀者也常常談論它，但並不高看其藝術性，即不認爲其詩是傑出的詩作，所以它只能是新詩史化石意義上的重要詩集而不是詩美意義上的經典，讀者的閱讀反應決定了它的地位。郭沫若的《女神》是在近一個世紀的傳播語境中，在文本、傳媒與讀者的互動互涉過程中確立起經典地位。李金發的詩歌內容晦澀，一般讀者難以讀懂，傳播受阻，故詩人有「詩怪」之稱；雖然不少專業讀者喜歡《棄婦》，但其作品能否成爲經典尚需閱讀傳播的考驗。徐志摩《再別康橋》深受現代讀者喜愛，廣爲閱讀傳播，遂成經典。穆旦《詩八首》直到 1990 年代中後期才在新的傳播空間確立起自己的「經典」地位，但它是否能沉澱爲眞正的經典，還需此後相當長歷史時期讀者閱讀考驗。

新詩得失與現代傳播、讀者閱讀反應亦有著深刻的關係。現代傳播與讀者閱讀的介入，加速了古詩向新詩的轉型，使新詩更多地關注現實人生，參與文化啓蒙，面對大眾言說，獲得了諸多現代性特徵。例如郭沫若《女神》那種自由開放的氣度，那種新的宇宙觀、世界觀，那種破除權威崇尚創造的精神，是舊詩所無法比擬的；戴望舒的《雨巷》那種於朦朧美、幽婉美中展示的現代執著精神，是古典詩歌所沒有的；艾青的《大堰河——我的保姆》抒發了作爲知識分子的「我」對於農婦「大葉荷」的深情，張揚了一種新的人文情感，這也是古典詩歌中所缺乏的；穆旦《詩八首》對愛情的重審，對生命的思考、追問所達到的深度，所體現的意義也是空前的；新詩在審美形式上充分考慮普通讀者的閱讀能力與趣味，建立了一套對應讀者審美期待的藝術規範。所有這些可謂是新詩的功績，與現代傳播語境中讀者的閱讀參與分不開，是新詩對於中國文化建設的卓越貢獻。但也有一些詩人由於過於看重傳媒與讀者的閱讀反應，特別是在某些歷史的非常時期，過於遷就時代需求，遷就讀者口味，自我探索的空間被擠壓，藝術上一些獨特的嘗試由於得不到傳媒和讀者的支持而被放棄，於是他們的不少詩歌呈現出明顯的傳媒化特點，傳媒所追求的時事新聞性及其誇張炒作抑制了詩性的生成，特定時期的一些作品甚至完全淪爲非詩性的傳媒話語。

# 目次

# 第一編　閱讀接受與新詩生成

# 一、譯詩與中國詩歌轉型

　　中國詩歌在「五四」前後完成了由傳統文言格律詩向現代白話自由詩的轉型。這個轉型並非靜態的瞬間現象，而是一個在 19 世紀後期業已啟動的動態的歷史過程。這個過程非常複雜，它的發生、走向與形態特徵等是多重合力共同作用的結果，其間外國詩歌翻譯同轉型的關係相當密切，譯詩也許是促使中國詩歌轉型發生、完成最為重要的力量。

　　鴉片戰爭以後，詩歌翻譯成為中國詩壇引人矚目的重要現象，許多重要的政治人物、思想家、文化人士有意無意地參與了外國詩歌的翻譯活動。清末民初逐漸出現的大量報刊雜誌上，外國譯詩同政治、經濟、文化等方面的文章一同刊發，佔據相當的版面。政治、文化人士從事文學活動，是近代以來文壇的重要特點，不過在他們那裡，文學活動不再只是一種個人消遣行為，而是政治、文化活動的重要組成部分，他們翻譯外國詩歌同樣不再是一種傳統意義上的詩歌行為，而主要是藉以表達某種政治理想，抒發政治情懷，所以近代報刊等公共領域傳播的譯詩一開始並非為了詩歌本身的建構。

　　然而，外國譯詩畢竟是一種新型的詩歌，且許多重要人物參與了譯詩活動，使譯詩成為一種新的詩歌景象，所以它不可能不影響中國詩歌的演變與走向。於是，我們不禁要問，晚清以降的譯詩到底經歷了怎樣的一個流變過程？它對於中國詩歌的轉型、發展究竟起了怎樣的作用？或者說譯詩與中國詩歌轉型之間到底存在著一種怎樣的關係？

　　就現有資料看，鴉片戰爭以後最早的一首漢譯外國詩歌不是出於中國人筆下，而是外國人所為，英國人威妥瑪於 1864 年以漢語翻譯出美國詩人朗費羅的《人生頌》，該譯詩後經中國人董恂修改，題為《長友詩》。威妥瑪以一

種較爲自由、無韻的漢語詩體翻譯《人生頌》，其譯文詩味明顯不足；董恂則以七絕形式譯之，營造出了某種詩意，但他的詩意完全來自中國傳統七絕，散發著中國古氣息，且詩體又不自由，所以經他修改後的譯詩失去了原詩的韻味〔註1〕。從當時的詩壇狀況看，該譯詩並未觸動中國人的詩學觀念，沒有動搖既有的古詩創作格局，其影響主要表現在外國詩歌翻譯上，即開了以古詩體翻譯外國詩歌的風氣。

清末民初外國詩歌翻譯者，大都爲憂國憂民的志士，他們對外國詩歌中那些具有民族主義、愛國主義思想傾向的作品極感興趣，諸如拜倫的《哀希臘》、裴多菲的《故國》、丁尼生的《哀波蘭》等，法國的《法國國歌》（即《馬賽曲》）、德國的《祖國歌》等也倍受青睞。王韜1871年與人合譯出《法國國歌》，其中反覆詠歎如此詩句：「奮勇興師一世豪／報仇寶劍已離鞘／進兵須結同心誓／不勝捐軀義並高」，表現了反封建專制、爭取民族獨立的精神，感人肺腑。他的另一譯詩《祖國歌》中則不斷回響著「誰爲日耳曼之祖國兮」這一詩句，以激勵國人意志，據稱蔡鍔曾爲之動容，曰：「吾讀其《祖國歌》，不禁魄爲之奪，神爲之往也。德意志之國魂，其在斯乎！其在斯乎！今爲錄之，願吾國民一讀之。」〔註2〕那一時期，胡適譯了堪白爾的《軍人夢》；梁啓超、胡適、馬君武、蘇曼殊等均翻譯過拜倫的《哀希臘》，他們從該詩中獲得了一種精神上的共鳴，翻譯該詩旨在宣傳民族獨立思想。

當時這些譯者大都青春年少，又接受了現代西方個性解放思想，不滿中國傳統的婚姻觀念，渴望眞正的愛情，所以在憂國憂民同時，他們的愛情意識開始覺醒，於是愛情題材的詩歌成爲又一翻譯熱點。蘇曼殊翻譯過雪萊、拜倫、彭斯、歌德等人的愛情詩，在當時頗引人注意；魯迅翻譯了海涅的《少女的愛》；黃侃翻譯了拜倫的《留別雅典女郎》；馬君武也譯了一些情詩，如雨果的《重展舊時戀書》，其中有如此詩句：「百字題碑記恩愛／十年去國共難虞／茫茫天國知何處／人世蒼黃一夢如」，這種將人生意義與愛情相結合的情詩，在清末民初譯詩中頗具代表性；胡適也翻譯過海涅的情詩。

上述兩類題材、主題的外國譯詩，在今天看來，自然沒有什麼特別的地

---

〔註1〕 參見郭延禮：《中國近代翻譯文學概論》，湖北教育出版社1998年版，第79～81頁。

〔註2〕 參見郭延禮：《中國近代翻譯文學概論》，湖北教育出版社1998年版，第87頁。

方，但在當時中國詩歌語境中卻令人震驚，甚至給人以驚世駭俗之感。為什麼會這樣呢？因為中國自古以來崇尚的是天下主義、家族主義，以天下為公，以家族為立足之地，中國人追求的是修身、齊家、治國、平天下，而所謂的「國」也是天子的「國」，這就是說，中國傳統社會只有空泛的天下主義，沒有真正的民族主義，所以文學創作上幾乎沒有真正意義上的民族主義、愛國主義作品。在男女關係上，中國傳統社會講究的是父母之命、媒妁之言，男女情感受壓抑，文學上正面而直接表現愛情的作品不發達。對這些特點，20世紀初中國知識分子所感很深，劉半農就曾說過：「余嘗謂中國無真正的情詩與愛國詩，語雖武斷，卻至少說中了一半」〔註3〕；朱自清亦曾嚴肅地指出：「中國缺少情詩，有的只是『憶內』『寄內』，或曲喻隱指之作；坦率的告白戀愛者絕少，為愛情而歌詠愛情的更是沒有。」〔註4〕劉朱二人「語雖武斷」，但還是頗有道理的。中國古代詩歌非常發達，但古代詩歌中表現愛國主義和直接歌詠愛情的作品卻很少，現代意義上的民族主義詩歌更是無從尋覓。這一詩歌背景，決定了上述翻譯詩歌的重要性。就是說，清末民初的外國詩歌翻譯者，從個人興趣出發所翻譯的那些表現民族獨立主題、愛國主題和青年男女愛情自由主題的詩歌，有意無意間為中國詩壇輸入了一種西方現代的民族主義、愛國主義和愛情自主觀念，震撼了中國傳統詩壇，動搖了中國舊詩壇的精神結構與價值取向，即是說翻譯詩歌為中國詩壇引入了一股全新的思想活水，為中國詩歌在思想層面上的轉型開啟了一扇閘門。日後，中國詩歌的轉型，一個重要的表現就是詩歌內在思想主題的轉型，如果沒有這些翻譯詩歌打前站，中國詩歌要完成由所謂的「天下主義」詩歌、「忠君」詩歌和「憶內」「寄內」詩歌向現代民族主義、愛國主義詩歌和愛情詩歌的轉型，那是難以想像的。

當然，清末民初那些譯詩，並非真正的現代詩歌，它們最致命的問題是詩體形式仍是傳統的。幾乎所有的譯者，都是以中國古代文言詩歌的形式翻譯外國詩歌，譯語是文言，形式是五言、七言或詞曲，講究押韻、對仗，追求整齊劃一，所使用的語詞基本上是傳統詩歌中慣用的意象詞，這樣許多譯詩，便失去了原語詩的味道，成為地道的中國詩歌。梁啟超對此感受頗深，

---

〔註3〕劉半農：《詩與小說精神上之革新》，《新青年》1917年第3卷第5號。
〔註4〕朱自清：《中國新文學大系·詩集·導言》，上海良友圖書印刷公司1935年版，第4頁。

他曾談到譯拜倫《哀希臘》的體會:「翻譯本屬至難之業,翻譯詩歌,尤屬難中之難。本篇以中國調譯外國意,填譜選韻,在在窒礙,萬不能盡如原意。」〔註5〕以中國調翻譯西方詩歌,自然是無法真正傳達西方詩的神韻。當時之所以採用古詩詞形式翻譯外國詩歌,主要是由於多數譯者心中古代文言詩歌仍是最理想的詩歌,他們的認識尚未上昇到革新古詩形式的高度。

近代譯詩開啓了中國詩歌變革的大門,但形式上的歸化特點,決定了它無力真正完成中國詩歌的轉型,事實上近代外國詩歌譯者也沒有真正意識到譯詩形式對於詩歌轉型的意義,他們尚無完成中國詩歌轉型的志向。隨著時代發展,到「五四」前後一些人開始認識到翻譯詩歌語言、形式的重要性,對過去那種以文言古詩體述譯、意譯外國詩的做法進行了反思。周作人在《點滴·序》中就認爲:「此後譯本應當竭力保存原作的風氣習慣,語言條理,最好是逐字譯,不得已也應逐句譯。寧可中不像中,西不像西,不必改頭換面。」〔註6〕他認識到了直譯不是簡單的語言問題,而是思維、文化問題,「不必改頭換面」強調的是對他者的完整引入,也就是希望以外來文學的語詞、思維、詩學真正衝擊中國文言詩學體系,擴展中國詩歌的內在張力,以促使中國詩歌的更新。這種直譯觀念無疑建立在對晚清以降述譯、意譯理性反思的基礎上,它帶來的將不只是譯詩形式的變化,而且將改變譯詩與新詩關係,促使中國詩歌完成由傳統向現代的轉型。

「五四」前後《新青年》的翻譯詩歌,是中國現代直譯詩歌的先行者,代表了當時譯詩的最高成就,由它們可以看出譯詩與中國詩歌轉型的實質性關係。事實上,《新青年》的翻譯詩歌並非一開始就是直譯,其最初幾年的譯詩多爲文言古詩,沿襲的是梁啓超、蘇曼殊等人清末民初時的述譯、意譯方法,對外國詩歌進行了歸化處理;到「五四」前後隨著其成員的文學革命意識日漸清晰,特別是白話自由詩創造意識開始覺醒,《新青年》的譯詩語言、形式便隨即作了大的調整。這一時期,《新青年》仍然致力於翻譯愛國主義詩歌和情詩,例如劉半農翻譯的《馬賽曲》(第2卷第6號)和胡適翻譯的蘇格蘭女詩人 Lady A Lindsay 的《老洛伯》(第4卷第4號),繼續向中國詩壇「輸入現代愛國、愛情觀念」〔註7〕,輸入現代民族主義思想和婚姻自主意識,但

---

〔註5〕 梁啓超:《新中國未來記》,阿英編《晚清文學叢鈔·小説卷一》(上冊),中華書局1980年版,第61頁。
〔註6〕 周作人:《點滴·序》,北京大學出版部1920年版。
〔註7〕 方長安:《〈新青年〉對新詩的運作》,《學術研究》2006年第1期。

譯詩語言則發生了很大的變化，由文言變成了白話，形式也解放了，由格律詩變成了自由詩。胡適曾談到《老洛伯》這首詩，認爲它「向推爲世界情詩之最哀者」，是經典情詩，而其語言則是蘇格蘭「白話」，「全篇作村婦口氣，語語率眞，此當日之白話詩也。」〔註 8〕胡適看重的是原詩的「村婦口氣」，推崇其白話詩形式，所以將它轉譯成漢語白話自由詩，以傳達其情感意蘊。劉半農的譯詩在近現代翻譯詩歌史上地位很高，他在《新青年》上翻譯了大量譯作，其《馬賽曲》較之以前王韜等人對該詩的翻譯更符合原語詩歌的神韻，他的直譯意識非常明確，且不斷實踐，用他自己的話說，就是要在中國詩壇「自造一完全直譯之文體」〔註 9〕。「直譯的文體」就是盡量保持原語詩歌的文體，也就是一種新的漢語詩歌樣式，直譯文體意識的自覺意味著對既有詩歌文體的不滿，它的出現有力地衝擊、改變了中國詩人的詩體觀念，成爲他們白話詩寫作時新的參照對象和模仿資源。

如果說清末民初的外國詩歌譯者，其文學意識尚未眞正覺醒，尚未將譯詩作爲中國詩歌自身建構的重要環節；那麼「五四」前後《新青年》的外國詩歌譯者，則自覺地將外國文學翻譯納入中國文學革命進程中，將譯詩與新詩創作視爲同一問題進行思考，譯詩成爲新詩創作主要的參照對象，二者在互動中相互滲透、發展。1918 年，《新青年》第 4 卷第 2 號發表了周作人的《古詩今譯》，即 2 千年前的希臘古詩。在譯詩前面的《Apologia》中，周作人認同「翻譯如嚼飯哺人」這種觀點，在他看來，譯詩即是爲了「哺人」，也就是哺育中國新興的白話自由詩，這是譯詩與新詩創作間的一種直接關係。在談到希臘詩歌時，他還指出：「中國只有口語可以譯它」，「口語作詩，不能用五七言，也不必定要押韻；止要照呼吸的長短作句便好。現在所譯的歌，就用此法，且來試試；這就是我的所謂『自由詩』。」〔註 10〕這段話尤爲重要，它不僅表明周作人已經深刻地意識到口語翻譯詩歌優於文言翻譯詩歌，更表明他開始將外國詩歌翻譯視爲自己的新詩創作實驗，開始將詩歌翻譯等同於新詩創作，開始將譯詩看成新詩，譯詩與漢語新詩合二爲一了，這是一種全新的詩歌翻譯觀念，它意味著譯詩與新詩創作間的關係已超越了前述二元性的哺育關係，譯詩即是新詩，二者渾然一體了。

---

〔註 8〕胡適：《老洛伯‧引言》，《新青年》1918 年第 4 卷第 4 號。
〔註 9〕劉半農：《我行雪中‧譯者導言》，《新青年》1918 第 4 卷第 5 號。
〔註 10〕周作人：《古詩今譯》，《新青年》1918 年第 4 卷第 2 號。

當時，不只是周作人如此看待譯詩與新詩關係，其他主要的譯者在實踐上也是這樣做的，其中最富代表性的是胡適及其譯作《關不住了》。該詩是美國詩人 Sara Teasdale 所作，題爲 Over the Roofs，胡適將它翻譯成白話自由詩，刊登在《新青年》1919 年第 6 卷第 3 號上。胡適對自己的譯詩非常滿意，甚至掩飾不住內心的驚喜，曰：「《關不住了》一首是我的『新詩』成立的紀元」〔註 11〕，這一表達頗有意味。倘若用今天的版權標準看，胡適似乎屬於剽竊他人成果，但詩歌翻譯不同於一般文類翻譯，它本身就是一種創造性生產，且胡適當年確實是以自己多年來所積累的白話詩創作經驗創造性地翻譯這首詩的，他是以創作新詩的原則翻譯這首詩的，從譯詩中不難看出其白話詩的痕跡。

中國白話新詩成立的標誌在哪裏？中國詩歌由傳統向現代轉型的標誌是什麼？嚴格意義上講，我們確實很難找到一個爲大家所共識的答案。然而，胡適畢竟是新詩的倡導者、開拓者，他的言論與作品無疑是有相當權威性的，就是說從狹義上講，我們可以認同胡適的觀點，將其譯詩《關不住了》看成是現代新詩成立的「紀元」，看成是中國詩歌轉型的標誌。然而，這個「紀元」卻並非他的原創，而是一首翻譯詩歌，這確實耐人尋味，但有一點卻是可以肯定的，即「五四」時期譯詩與新詩創作在相互滲透中合而爲一了，新詩的探索、發展離不開譯詩的哺育，譯詩對中國詩歌轉型的貢獻似乎無能怎樣形容都是不過分的。

〔註 11〕 胡適：《嘗試集‧再版自序》，《中國新文學大系‧建設理論集》，上海良友圖書印刷公司 1935 年版，第 315 頁。

# 二、《新青年》譯詩與早期新詩生成 [註1]

　　《新青年》在傳播現代思想、倡導青年文化過程中，發表了大量的外國詩歌。這些詩歌的譯者大都又是新詩的探索者，他們一邊翻譯，一邊思考中國新詩問題，不斷更新舊的詩歌觀念，探尋新的表意方式。那些白話譯詩相當程度地傳達了原語詩歌的情感意蘊，保留了原語詩歌的審美特徵，賦予「五四」前後詩歌讀者以新的閱讀感受，為早期新詩作者提供了別樣的參照對象，加速了早期新詩的生成過程。

　　那麼，《新青年》譯詩究竟在哪些方面影響了早期新詩的生成呢？

## （一）「國家」意識和「人」的觀念

　　早期新詩實驗者，在探索如何以白話為媒介創作新詩時，並沒有忽視詩歌內在的思想問題，他們努力以現代意識更新舊詩的精神結構。那麼現代意識從何而來呢？從當日情況看，一個重要途徑就是譯詩，胡適、劉半農、陳獨秀、周作人等在《新青年》刊發譯詩，以引進西方現代思想。

　　那些譯詩雖情感各異，但從主題上看，大都為表現現代「國家」意識和「人」的觀念的作品，愛國主義、人道主義和愛情自由是其三大主題，它們為初期新詩探索在觀念層面提供了迥異於舊詩的模本。

　　受儒家思想影響，中國古詩表現的多是「天下主義」觀念，「國家」意識不發達。費孝通曾談到中國傳統社會「國家」概念的模糊性，認為在傳統中國人那裡，「國是皇帝之家，界線從來就是不清不楚的，不過是從自己這個中心

―――――――――――――――
〔註 1〕合作者 紀海龍

裏推出去的社會勢力裏的一圈而已。」﹝註2﹞誠然，古代邊塞詩、抵禦外族之作很多，但「忠君」思想制約了詩歌主題的伸展，它們不具備真正愛國主義詩歌的品格，正如劉半農所言，「中國無真正的情詩與愛國詩」﹝註3﹞。但是，近代以來列強的入侵致使中國社會滿目瘡痍，也使得建立一個現代獨立的民族國家成爲普遍的追求。先進的知識分子紛紛將西方的現代「國家」觀念介紹到中國來，《新青年》上的外國詩歌譯者參與了這個過程。重要的愛國主義譯詩有陳獨秀翻譯的美國國歌《亞美利加》（1卷2號）、劉半農翻譯的法國國歌《馬賽曲》（2卷6號）、拜倫的《弔希臘》（2卷4號）以及三位愛爾蘭詩人的21首愛國詩（2卷2號）。這些詩歌表現了自由獨立的民族國家觀念，以及個人爲建立現代民族國家而不惜「犧牲」的精神。例如，陳獨秀翻譯的《亞美利加》：「愛吾土昔自由鄉／祖宗之所埋骨／先民之所誇張／頌聲作兮邦家光／群山之偎相低昂／自由之歌聲抑揚。」其中，「邦家」、「自由」被突出；劉半農所翻譯的《馬賽曲》則反覆吟詠道：「我國民，秣而馬，屬而兵，整而行伍，冒死進行，瀝彼穢血以爲糞，用助我耕。」旨在喚醒現代國民意識。

《新青年》譯詩的另一主題是「人道主義」。「人道主義」是一個西方概念，它捍衛個人的自由與尊嚴，反對宗教神權等對人的貶損與壓制。20世紀初，中國傳統道德對個體人的壓迫與束縛，刺激了譯者對國外人道主義詩歌的引進。劉半農翻譯了英國詩人虎特的《縫衣曲》（3卷4號），他介紹這首詩說：「就其性質言，不過 Song of Labour 之一，就其命意言，實爲鼓吹人道主義最力之作」﹝註4﹞。這首11章的詩歌生動地描述出了一個地位低下的縫衣女生活的困苦。中國古代雖然不乏揭露統治階層的殘暴、同情勞動人民疾苦的詩歌，如白居易的《賣炭翁》、杜甫的「三吏」、「三別」等，但它們並不具備現代人道主義精神，劉半農將《縫衣曲》定位爲「人道主義」詩歌，將它與中國古代那些同情下層民眾之作區別開來，表明了他借鑒西方思想資源的態度。此外，天風所譯《奏樂的小孩》（6卷6號）、任鴻雋所譯《路旁》（7卷1號）等也屬於此類詩歌。

婚戀自主作爲「人的自由」的重要組成部分，也是《新青年》譯詩的一大主題。中國古代由於封建禮教的束縛，男女之間要「發乎情，止乎禮」，婚

---

﹝註2﹞ 費孝通：《鄉土中國生育制度》，北京大學出版社1998年版，第30頁。
﹝註3﹞ 劉半農：《詩與小説精神上之革新》，《新青年》1917年第3卷第5號。
﹝註4﹞ 劉半農：《縫衣曲・引言》，《新青年》1918年3卷4號。

姻則需聽從「父母之命，媒妁之言」，因此，詩歌中正面表現愛情的並不多。朱自清對此深有感觸，他說：「中國缺少情詩，有的只是『憶內』『寄內』，或曲喻隱指之作；坦率的告白戀愛者絕少，爲愛情而歌詠愛情的更是沒有。」〔註5〕新文化運動中，先進的知識分子紛紛提出要將人從這種封建禮教的桎梏中解放出來，提倡婚戀自主。《新青年》的譯詩中即有不少表現此類情感的作品，如胡適翻譯的《老洛伯》（4卷4號）、《關不住了》（6卷3號），周作人翻譯的《古詩今譯》（4卷2號）中的希臘牧歌、《雜譯詩二十三首》（8卷3號）中的波斯尼亞民歌《牧歌》、捷克民歌《鷦鴣》等。這些譯詩一方面鼓勵男女雙方主動表白情感，自由戀愛，如《關不住了》就大膽表現了愛情意識的蘇醒與力量，《牧歌》、《鷦鴣》等歌頌了青年男女之間單純、熱烈的情感；另一方面，又關注女子婚姻問題，《老洛伯》這首詩據胡適稱就是「世界情詩之最哀者」〔註6〕，它表現了一個普通女性的婚戀悲劇。

在翻譯過程中，譯者們並沒有完全忠實原文，而是常常有意渲染某種思想傾向，尤其是在1918年《新青年》尚未改爲白話出版之前，其譯詩均爲文言，對原詩的改動特別明顯。以劉半農所譯的愛爾蘭詩人柏倫克德的《火焰詩》第三首爲例：「我昔禱上帝，哀哀乞帝憐。／帝靈如答我，鐵石我心堅。／我心堅，我力雖弱，何懼虎狼當我前。」如果按原詩直譯則爲：「因爲我過去尋求／你對我祈禱的回應。／尋求你的靈魂的聲音／來鼓勵弱者／奮鬥著，絕望著。」兩相對比，我們發現，劉的譯詩突出了不懼犧牲、勇往直前的精神，「何懼虎狼當我前」一句就是他改動原文意思加譯的。同樣，劉半農所譯拜倫的《弔希臘》一詩，原文中本沒有「遵此路已入奴謬之域兮，吾見爾之永不復出也」，但劉爲了凸顯希臘人不抗爭以致被外強奴役的事實，在原文末尾加入這兩句，實際上是爲正告中國人必需抗爭，否則會落入希臘人一樣的境地。胡適所譯的《關不住了》一詩，原詩題爲 Over the Roofs 直譯應爲「在屋頂上」，但爲了突出「情感」與「理智」之間的矛盾，以及最後「情感」勝過「理智」的結果，而將標題改譯爲《關不住了》。劉半農所譯的《縫衣曲》，原詩題爲 Song of the Shirt，直譯爲「襯衫之歌」，但爲了突出「縫衣」，則將題目改爲《縫衣曲》。這些改譯，無疑是爲突出愛國、人道主義等思想。

〔註5〕　朱自清：《中國新文學大系‧詩集‧導言》，上海良友圖書印刷公司1935年版，第4頁。
〔註6〕　胡適：《老洛伯‧引言》，《新青年》1918年4卷4號。

　　這些譯詩不僅引導讀者思索「國家」與「人」的問題，起到了思想啓蒙的作用；而且爲早期新詩作者提供了新的價值理念與創作模本，使張揚現代「國家」意識和「人」的觀念的作品成爲時尚。胡適的《他》、《你莫忘記》、《威權》，劉半農的《D──！》，陳獨秀的《答半農的 D──詩》等，都不同程度地表現了打破舊政權、建立現代民族國家的主題。譯詩中頻繁出現的「自由」、「創造」、「犧牲」等詞語，也成爲早期新詩的重要語彙，如劉半農《D──！》中詩句：「要有光，應該自己做工，自己造光──／要造太陽的光，不要造螢火的光」、「D──！／……／你現在犧牲著，我就請你定著心犧牲；／並且唱一章『犧牲的讚歌』給你聽：──／犧牲的神！犧牲的神！／你是救濟人類的福星！」，著力讚揚了「創造」與「犧牲」的精神。愛情詩歌方面，魯迅的《小愛神》表現了沒有愛情寧可死去的思想；胡適的《應該》也是一首大膽的「告白」之作。不過，早期新詩中直接書寫愛情的作品數量並不多，影響也不大，詩人們更著重表現的是封建禮教壓迫下男女婚戀的不自由，以及這種不自由所帶來的苦悶，如俞平伯的《鶯兒吹醒的》、汪靜之《青年的苦悶》等。這與詩人的「社會問題」意識相關，也與時代的思想局限有關，正如康白情所言：「七八年前，社會上男女風俗，大與今日不同。著者雖也爲主倡男女道德解放的先驅，而鑒於舊人物的屛斥，尤其是新青年的猜忌，竟不敢公然發表，生怕淺人以詞害意，枉礙解放運動的前途。」〔註7〕人道主義主題的詩歌在早期新詩的創作中則蔚爲大觀，劉半農的《學徒苦》、胡適的《人力車夫》、沈尹默的《人力車夫》等都是此類作品。劉半農的《學徒苦》在內容上就表現出了對《縫衣曲》的繼承，如「生我者，亦父母」與《縫衣曲》的「人亦有姊妹，更有母與妻」這一句，就有相似之處。

　　總之，《新青年》上那些表現愛國主義、人道主義和婚戀自由的譯作，不僅對中國早期白話新詩情感走向、主題書寫起了重要的引導作用，而且翻譯詩歌本身就是一種創作實驗，是新詩創作的重要環節，它加速了早期新詩的生成。

## （二）「歐化」的文法

　　朱自清認爲，在早期新詩中，「只有魯迅氏兄弟全然擺脫了舊鐐銬，周啓明氏簡直不大用韻。他們另走上歐化一路。走歐化一路的後來越過越多。──

---

〔註7〕康白情：《草兒在前集・四版重校後記》，上海亞東圖書館 1929 年版。

一這說的歐化，是在文法上。」〔註8〕這裡所謂的「文法」，主要指新詩語句的內部結構，各成份之間的關係。白話與文言不同，文言詩歌未給白話詩人提供有效的文法摹本，於是他們只能將眼光投向國外，《新青年》的白話譯詩在「五四」前後就承擔起將異域陌生的文法介紹到國內的任務，為包括譯者本人在內的初期新詩作者提供文法探索的參照樣本。

　　《新青年》的白話譯詩，一個突出特點就是句中限定、指示性成份的增多。中國古詩中主語人稱代詞、指示代詞、形容詞這類起限定修飾作用的成份常常缺失，句意主要通過詩人內在情感意蘊的發展來加以連綴，從而造成跳躍、朦朧的效果。較之中國古詩的含蓄與暗示，西方詩歌則追求語言的明晰性。其句子成份通常是完整的，一個句子除主語、謂語、賓語外，還通過指示代詞、定冠詞、形容詞以及從句等指義成份的運用，來加強句意的明確性。詩歌的朦朧性往往靠整首詩的篇章、結構而獲得。《新青年》上的文言與白話兩類譯詩就鮮明地體現了中、西詩歌語言文法的不同特性。以劉半農用文言翻譯的愛爾蘭詩人皮亞士的 *To His Ideal*、麥克頓那的 *On A Poet Partriot* 兩詩的第一句為例，它們分別是「Naked I saw thee／O beauty of beauty!」，「His songs were a little phrase／of eternal song」。句中有「I」、「His」，表意非常明確，但劉半農將之譯為：「矚爾玉體／美中之尤」、「聊聊數章，矯然千古」，「我」、「他的」兩詞沒有譯出。又如，劉半農翻譯的英詩 *Go, Iovely Rose*（3卷2號），應該譯為「去吧，可愛的玫瑰」，而劉譯為「玫瑰爾今去」，「可愛的」這一定語沒有譯出。但是，1918年《新青年》4卷1號改為白話文出版後，其上的白話譯詩則非常注重這些修飾、限定性成份。例如，周作人翻譯的希臘牧歌第十章 *Theokritos* 中：「你沒氣力的笨漢，你怎麼了？你不能一徑割草，同平常一樣。又不能同兩邊的人一樣的割的快。」「我為了愛神的緣故，我門外的田，自從秋田時候，還不曾耕過。」其中，「你」、「我」不斷重複，使得詩句指涉對象非常明確，並且作為修飾成分的定語、狀語、補語很完整，甚至還出現了「同平常一樣」這樣的後置狀語。胡適翻譯的《老洛伯》一詩中，「我」、「他」、「我的」亦經常出現，如「我的好人兒」、「我的吉梅」、「我的心頭冤苦」等。魯迅的譯詩一個突出特點就是多個形容詞連用，共同修飾一個中心語。如其翻譯的俄國詩歌《狹的籠》（9卷4號）中的詩句：「石牆圍著的別館

---

〔註8〕　朱自清：《中國新文學大系・詩集・導言》，上海良友圖書印刷公司1935年版，
　　　　第3頁。

的高壯的屋頂」、「那胸脯是燃燒著連自己也不知道的到現在未嘗感著過的苦痛的熱情」，典型的歐化句式，中心語「屋頂」、「熱情」前面各有三個限定成爲，追求表意的明確。

《新青年》白話譯詩的另一特點是詩句之間表示邏輯推理關係的連接媒介的增多。中國古詩追求將詩人瞬間所見所感的事物自然呈露出來，毋須加入知性的文字去說明，因而詩句內、詩句之間較少表示邏輯推理關係的詞語。但西方人往往將創作看成是一種有跡可循的知性活動，因此詩句之間的邏輯關係非常明確。詩中經常出現「and」、「but」、「because」和「since」等關聯詞語，表示並列、轉折、因果、讓步等關係。如劉半農譯介的柏倫克德的 *The Spark* 一詩，原詩前三章的首個詞語都是「because」，表示與後面章節之間的因果關係；前文提到的麥克頓那的 *On A Poet Partriot* 一詩，最後一章的第一個詞語是「but」，表示和前文形成轉折關係，在劉半農的文言譯詩中，這些詞語都沒有譯出。但是，《新青年》上的白話譯詩則有意識地突出了西詩的這種邏輯結構。如胡適翻譯的《關不住了》第二節的詩句：「但是屋頂上吹來／一陣陣五月的濕風」，「但是」便是翻譯原詩的「but」一詞，表示與上一節形成轉折關係。雖然胡適這首譯詩中其它很多地方都是意譯，但這個詞卻明確地譯出來了。又如劉半農翻譯的《夏天的黎明》（9卷 4 號）中的詩句：「B：若是夏天的夜長了，／你的孩子們，冬天便要赤腳。／／L：不過這在一個男人身上，總覺得重些，／因爲他還有整天的工作。」（B、L 是詩中的人物）這兩句對話中出現了「若是」、「不過」、「因爲」三個關聯詞語，分別表示假設、轉折、因果關係，使原詩的邏輯層次非常清晰。甚至周作人翻譯的日本詩歌，也有意突出詩歌的邏輯結構。例如他翻譯日本近代詩人石川啄木的《無結果的議論之後》（9卷 4 號）一詩中的詩句：「我們知道我們所求的是什麼，／也知道民眾所求的是什麼，／而且知道我們應該做的是什麼事。／我們實在比五十年前的俄國青年知道的更多。／但是沒有一個人用拳擊桌，叫道『到民間去！』」這節詩幾乎每句都有連詞來表示上下句之間的關係。由此可見，連接媒介的增多確實是《新青年》白話譯詩的一個突出特點。

周作人認爲翻譯應當「竭力保存原作的『風氣習慣，語言條理』」〔註9〕，

---

〔註 9〕周作人：《新青年・通信》，《新青年》1918 年 5 卷 6 號。

因為翻譯的目的是「嚼飯哺人」〔註10〕。不只是哺人，還是反哺自己，更新自己的言說方式，他說：「口語作詩，不能用五七言，也不必定要押韻；只要照呼吸的長短作句便好。現在所譯的歌，就用此法，且來試試，這就是我的所謂『自由詩』。」〔註11〕他將翻譯視為自己創作白話自由詩的實驗，讓翻譯與創作相互作用，以促進新詩文法的生成。

不只是周作人，當時幾乎所有的譯者都是如此處理翻譯與創作的關係，他們用白話漢語直譯西方詩歌，使譯詩保持西方詩歌的文法特點，將這種譯詩視為自己的創作；與此同時，在自己的寫作中有意無意仿用譯詩的文法，使自己創作的白話詩具有不同於文言詩句的歐化特點，這是當日的普遍做法，於是早期白話新詩在與譯詩的互動中形成了鮮明的歐化文法。例如周作人《蒼蠅》一詩中的詩句：「我詛咒你的全滅／用了人力以外的／最黑最黑的魔術的力。」句中「我」、『你的』使指涉對象非常明確，而「力」前面出現了三個限定成分，句式明顯是歐化的。又如雙明的《一個農夫》中的詩句：「兩隻精赤的胳膊紫堂堂地擁著寬闊的胸膛」，定語、狀語成分的增多使這句詩一改古詩的短小精悍，而變得非常長。在詩句的連接媒介方面，試以有「新詩第一首傑作」之稱的周作人的《小河》與胡適的《應該》為例。《小河》中詩節之間的關係很清晰，如第二節開始一句是「一個農夫背了鋤來，在小河中間築起一道堰」，第三節則用了「又」字：「一日農夫又來……」，表示意思的並列，第四、五、六節描述小河附近的稻子、桑樹、草與蛤蟆對小河被困的感受，五、六節用了「也」字表示與前面一段的關係。胡適《應該》一詩的前兩句：「他也許愛我——也許還愛我，——／但他總勸我莫再愛他。」句中用「還」、「但」分別表示意思的遞進與轉折，思想性很強，但是卻並不難以理解。胡適自己對這首詩非常滿意，認為：「這首詩的意思神情都是舊體詩所達不出的。別的不消說，但說『他也許愛我，——也許還愛我』這十個字的幾層意思，可是舊體詩能表得出的嗎？」〔註12〕其表意的豐富性與句中關聯詞語的運用不無關係。

譯詩對於新詩歐化文法的生成起了無論怎樣評價都不會過分的作用；但

---

〔註10〕周作人：《古詩今譯》，《新青年》1918 年 4 卷 2 號。
〔註11〕周作人：《古詩今譯》，《新青年》1918 年 4 卷 2 號。
〔註12〕胡適：《談新詩》，《中國新文學大系·建設理論集》，上海良友圖書印刷公司1935 年版，第 296 頁。

話又說回來，假如五四前後沒有《新青年》等刊物致力於翻譯、發表白話譯詩，那新詩會形成怎樣的文法呢？

## （三）「對話體」

　　這裡所謂的「對話體」指以「對話」為文本基本框架的文體。「對話體」詩歌主要包括兩種形式，一是顯在的對話，發話人與受話人同時出現在詩中，相互交流，有問有答；另一種則是潛在的對話，詩中只有發話人，受話人沒有出場，但在發話人心中卻潛在地存在著，發話人將其作為擬想聽者，與之對話。「對話體」不僅在再現事件場景、抒發人物情感、拉近作者與讀者距離等方面，有獨特的效用；而且它本身即體現了一種平等交流的精神，對於中國現代新文化重要組成部分的新詩無疑具有重要意義。

　　中國古詩儘管也有這種形式，如《詩經》中的《溱洧》、《庭燎》等，但總體看來古詩多為詩人自我抒懷，缺少對話意識，且常常隱匿主語，以致罕見真正的對話體詩歌。《新青年》譯詩的出現改變了這種狀況。不過，值得注意的是，《新青年》初期的譯詩均為文言作品，文言詞彙、格律不僅改變了外國詩歌的結構形式，也歪曲了其精神，原語詩歌中的對話意識被弱化甚至被根除，對話體作品十分罕見，只有美國國歌 America 和英國詩人 Edmud Waller 的 Go, lovely Rose 具有某種潛在對話的特點。這兩首英文原詩中都出現了說話人——「我」與「受話者」——「你」，書寫了「我」對「你」的感情傾訴；但在文言譯詩中，譯者並沒有傳達出這種內容，「你」被置換為第三人稱「他」，對話關係消失了，所表達的情感不如原詩直接、濃烈。到 1918《新青年》4 卷 1 號後，譯者們才突破文言藩籬，開始以白話譯詩，將原語詩歌中的對話形式和對話意識保留下來，對話體成為此後譯詩的重要形式。如周作人翻譯的希臘牧歌第十章，《雜譯詩二十三首》中的波蘭民歌《赤楊樹》、英國民歌《不安的墳墓》，胡適翻譯的《關不住了》，劉半農翻譯的《訪員》、《夏天的黎明》，任鴻雋翻譯的《路旁》等等，都出現了兩者或多人之間的對話。周作人翻譯的「希臘牧歌」就是在「甲」、「乙」兩人的對話中展開，一唱一和，互動關係很明顯，因此雖然這兩人都是普通勞動者，場景也極平常，但詩歌卻顯得生動活潑，趣味盎然。劉半農翻譯的《夏天的黎明》是一個夏天的早上發生在丈夫與妻子之間的對話，妻子催促丈夫起床，丈夫卻因為勞累過度不想起來，詩的最後二人一起出發去田裏勞動，對話使詩歌的畫面生活化。

任鴻雋翻譯的《路旁》開始時是丈夫與妻子之間的對話，後來一個路人加入進來，這樣形成了三者之間的對話。胡適翻譯的《關不住了》亦頗有意味。這首譯詩中出現了「我」與「愛情」之間的對話，第一節是「我說」，第三節則變為「他說」（「他」指代愛情）。但在英文原詩中，實際只在第一節出現了「I said」，第三節中並沒有出現「he said」。因此，原詩中「愛情」與「我」之間並沒有形成明顯的對話關係，作者彷彿是在陳述「愛情」所說的話。但胡適為了突出「愛情」與「理智」之間的衝突，以及愛情力量的強大，有意將原文中的陳述句式改換成了對話句式，在第三節加譯了「he said」之意，以與第一段的「我說」形成呼應。這樣，愛情擁有了與「我」同樣的主體地位，其形象更加鮮明、突出。

「五四」是一個啟蒙的時代，一個思想解放的時代，對話體詩歌無疑更適合於個體的傾訴、言說，適合於知識者的啟蒙言說，這是譯者直譯外國詩歌內在對話形式、對話意識的重要原因；不僅如此，對話體因契合於啟蒙話語言說的需要，在客觀上也促使包括譯者在內的新詩實驗者對於這種形式的認同，激發他們借鑒這種形式進行創作，使對話體成為早期新詩的重要文體。僅以《新青年》上的新詩為例，就有諸如周作人的《小河》、魯迅的《小愛神》、劉半農的《賣蘿蔔人》、沈尹默的《人力車夫》等不少具有顯在對話關係的作品。這些詩中，對話展示了情感的發生場景，引發讀者積極參與其中，從而十分有利於詩人傳達個體情感，傳播新的思想。周作人的《小河》就是在稻桑、野草、蛤蟆的對話中逐層展開，生動地表現了小河兩邊的生物對小河「憂懼」的心理；魯迅的《小愛神》則借愛神之口表現了愛情自身力量的強大；劉半農的《賣蘿蔔人》與沈尹默的《人力車夫》在賣蘿蔔人與警察、坐車人與拉車人的對話中，表現了作者對黑暗社會的鞭笞，對底層勞動者的同情。

受啟蒙思潮影響，早期新詩作者還亟需在詩歌中表現啟蒙思想，將新的觀念傳達給讀者，所以「我說你聽」，即潛在的對話模式在詩歌中亦非常流行，正如葉維廉所言：白話新詩擔負著將新文化傳達給更多的人的任務，於是新詩在語言上便形成了「『我有話對你說』，所以『我如何如何』」的特點，並「頓然成為一種風氣」〔註13〕。早期的新詩中，胡適的《你莫忘記》、周作人的《對於小孩的祈禱》、劉半農的《D——！》、陳衡哲的《人家說我發了癡》等等，便都是以「你」、「你們」為潛在會話對象的「我說你聽」形式的詩歌。《你莫

---

〔註13〕葉維廉：《中國詩學》，人民文學出版社 2006 年版，第 279 頁。

忘記》描述的是一位父親對兒子的訓導，通過「父親」之口批判了社會的黑暗以及打破舊政權的決心；周作人的《對於小孩的祈禱》表達了對兒童的喜愛與崇拜；劉半農的《D──！》則鼓勵人們衝破黑暗政權的桎梏，建立一個自由獨立的國家；陳衡哲的《人家說我發了癡》通過一位美國女人向她傾訴受到的不公平待遇，諷刺了社會上那些以貌取人的勢力者，寄託著作者對社會此種現象的批判精神。

這些詩歌不僅以對話方式為詩人提供了直接傾訴的渠道，而且以對話擴充了中國詩歌的言說空間；不僅在對話中傳播現代思想，而且對話本身所具有的不等精神，使詩歌獲得了更為內在的現代品格。

新詩的生成是一個綜合性現象，其維度相當複雜，包括情感、精神方面新質的生成，主要表意方式的獲得，詞彙、文法、形體的革新等等，其中上述「國家」意識、「人」的觀念、「歐化文法」和「對話體」等則相當重要，它們為早期新詩搭建起了基本的構架。不可否認，這些特點的出現是多種因素合力作用的結果，然而如上所論，《新青年》上的譯詩則起了最為重要的作用。

# 三、《新青年》與新詩的生成發展

　　《新青年》創刊於民族歷史轉型期，想像、構建青年文化是其基本宗旨，而中國是一個詩的國度，文化問題往往與詩歌聯繫在一起，所以《新青年》問世不久便積極倡導白話新詩，將其視為一種重要的青年文化。《新青年》是最早刊發白話新詩的雜誌，對新詩進行了自覺而有效的運作，推進了新詩的生成與發展。

## （一）為新詩出場提供依據

　　中國古代雖也有白話詩，但文言詩歌觀念居於人們詩學意識系統的中心，白話詩並未獲得存在的合法性。《新青年》同人敏銳地意識到了這一問題，創刊伊始便自覺地為白話新詩出場，替代文言詩，探尋話語依據。

　　早在 1915 年，陳獨秀就在《現代歐洲文藝史譚》中，從進化立場，敘說歐洲文藝從古典主義向理想主義、寫實主義、自然主義遞進的歷史〔註1〕，為白話文學替代文言文學提供歷史必然性依據。1917 年初，胡適在《歷史的文學觀念論》中提出「歷史的文學觀念」，即「一時代有一時代之文學」〔註2〕，同樣以進化論為思想資源言說白話文學之合法性，為白話詩出場製造輿論。在他們那裡，白話詩替代文言詩被理解成為歷史邏輯的必然，具有歷史理性之力量。

　　不僅如此，《新青年》還從中國古代詩歌創作中尋找白話詩取代文言詩歌

---

〔註 1〕　陳獨秀：《現代歐洲文藝史譚》，《新青年》1915 年第 1 卷第 3～4 號。
〔註 2〕　胡適：《歷史的文學觀念論》，《新青年》1917 年第 3 卷第 3 號。

的依據。胡適在《旅京雜記》中特意介紹南宋張九成的《論語絕句》，認為其中多為白話詩，尊稱他為「專意作白話詩的一位老前輩」〔註3〕。張九成進士出生，封建官員，如此身份尚且作白話詩，可見白話詩在古代也是有魅力的，這對於那些崇古而反對白話新詩的舊派文人是一個有力的回擊。1918 年第 5 卷第 2 號《詩》欄目後面刊有劉半農的一個補白，記述啟明自紹興來函內容，即：「今日天氣熱，臥讀寒山和尚詩，見一首甚妙」，該詩為：「有個王秀才笑我詩多失：／云，不識『蜂腰』，仍不會『鶴膝』，／平仄不解壓；凡言取次出。／我笑你作詩，如盲徒詠日！」〔註4〕，周作人認為該詩「可代新青年新體詩作者答人批評之用」。這同樣是一種話語策略，旨在借古代詩人作品，回擊時人反新體詩之觀念。

他們還從外國詩歌尋找詩歌語言革命依據。1918 年 4 月，《新青年》刊發了胡適翻譯的蘇格蘭女詩人 Lady A Lindsay 的《老洛伯》（Auld Rodin Gray）。胡適認為：「此詩向推為世界情詩之最哀者，全篇作村婦口氣，語語率真，此當日之白話詩也。」〔註5〕且正是這首「白話詩」開風氣之先，將英國詩歌引向革新成功之路。這對當時那些崇尚西方而又反對白話新詩的人來說，同樣是一拳重擊。

《新青年》這些策略性活動，為白話新詩出場，掃清了道路，開闢了存在場景。

## （二）探尋資源

在《新青年》同人的想像中，白話新詩是一種與古代白話詩、文言詩完全不同的新型詩歌，它必須具有一種有效參與現代對話、表現現代人審美需求的美學特質，既如此則亟需整理、開掘新的詩學資源，以滿足新詩創作需要，那麼新的資源在哪裏呢？

從《新青年》同人積極譯介外國詩歌看，他們首先將眼光轉向國外，力圖從域外引入異質資源。一為思想資源，《新青年》最初譯介的詩歌多為愛國詩與情詩，旨在輸入現代愛國、愛情觀念。1915 年第 1 卷第 2 號刊發了陳獨秀翻譯的美國國歌《亞美利加》，它表現的是愛國與自由觀念：「愛吾土兮自

---

〔註 3〕 胡適：《旅京雜記》，《新青年》1918 年第 4 卷第 3 號。
〔註 4〕 劉半農：《補白》，《新青年》1918 年第 5 卷第 2 號。
〔註 5〕 胡適：《老洛伯·引言》，《新青年》1918 年第 4 卷第 4 號。

由鄉／祖宗之所埋骨／先民之所誇張／頌聲作兮邦家光／群山之隈相低昂／自由之歌生抑揚。」愛國與自由相聯繫，這種觀念正是中國文化、詩歌所缺失的。緊接著劉半農的《靈霞館筆記‧愛爾蘭愛國詩人》、《靈霞館筆記‧阿爾薩斯之重光馬賽曲》分別刊於第 2 卷第 2 號和第 6 號上，均為譯介外國愛國詩人及其愛國作品。愛國詩歌形態、精神成為他重點關注、輸入的內容。第 3 卷第 2 號則將劉半農的《靈霞館筆記‧詠花詩》列為封面要目，它譯介的是西方詠花詩歌，這些詩歌詠花意在歌吟愛情，如詠紫羅蘭之詩「都用以代表高潔之愛情」〔註6〕。第 4 卷第 4 號發表了胡適翻譯的蘇格蘭女詩人創作的《老洛伯》，「此詩向推為世界情詩之最哀者」〔註7〕。劉半農曾說：「余嘗謂中國無真正的情詩與愛國詩，語雖武斷，卻至少說中了一半」〔註8〕，可見《新青年》對外國愛國詩、愛情詩的譯介旨在輸入新的詩歌類型與觀念，為白話新詩創作提供新的思想資源。

　　與思想資源同樣重要的是形式資源。劉半農在第 3 卷第 2 號發表《靈霞館筆記‧詠花詩》，稱英國詩人摩亞氏的《最後之玫瑰》「立言忠厚，措辭平易」，是一首值得借鑒的優秀作品。而上述胡適譯介的《老洛伯》（Auld Rodin Gray），其「村婦口氣」更是被胡適視為西方詩歌的一大特徵而加以介紹，認為它是中國白話新詩應直接仿傚的。第 4 卷第 2 號發表了周作人的《古詩今譯》，翻譯的是 2 千年前的希臘古詩。在譯詩前面的《Apologia》中，周作人認同「翻譯如嚼飯哺人」的觀點，在他那裡「哺人」意識非常強烈，也就是以希臘古詩哺育中國新詩。這首希臘詩歌以甲乙對話形式展開，對話體可謂是周作人著力輸入的一種外國自由詩形式。

　　輸入異域詩歌形式是一個非常複雜的問題，《新青年》最初基本上是以文言詩歌形式翻譯外國詩歌，那時看重的是思想資源，到後來譯詩形式意識覺醒了，不斷強調平易性、「村婦口氣」，開始以白話口語譯詩，並嘗試直譯，「意中頗欲自造一完全直譯之文體」〔註9〕，力圖盡可能地呈現外國詩歌的基本形式，以衝擊、改變中國詩人的詩體觀念，為他們的白話詩寫作提供參照或模仿資源。

---

〔註 6〕　劉半農：《靈霞館筆記‧詠花詩》，《新青年》1917 年第 3 卷第 2 號。
〔註 7〕　胡適：《老洛伯‧引言》，《新青年》1918 年第 4 卷第 4 號。
〔註 8〕　劉半農：《詩與小說精神上之革新》，《新青年》1917 年第 3 卷第 5 號。
〔註 9〕　劉半農：《我行雪中‧譯者導言》，《新青年》1918 年第 4 卷第 5 號。

在探尋詩歌資源時，《新青年》同人發現了歌謠這一「小傳統」對於白話新詩創作的價值，並予以積極地開掘。1918 年《新青年》第 4 卷第 3 號刊登了沈尹默、劉半農、周作人、沈兼士、錢玄同等共同署名的《北京大學征集全國近世歌謠簡章》，強調「歌辭文俗，一仍其眞，不可加以潤飾；俗字俗語，亦不可改爲官話。」要求盡可能地保持其「俗」的本眞面貌。征集歌謠的一個重要目的，在於爲白話詩創作注入民間詩歌的生命力。1919 年第 6 卷第 4 號發表了蘇菲用民歌體翻譯的《德國農歌》，胡適以白話自由體翻譯的波斯詩人的作品。1920 年第 8 卷第 3 號刊有周作人的譯詩 23 首，均爲白話翻譯，且多爲外國民歌。自此以後，歌謠傳統一直受到詩人們的重視。

關於詩歌資源問題，還有一個非常重要的現象值得關注，那就是詞。詞以其較爲自由的形式，本可以作爲白話新詩創作充分挖掘、利用的傳統資源。然而，從新詩史實際情形看，詞並未受到足夠重視，更未被充分開掘、利用。何以如此？《新青年》給了一個直接的答案。

胡適最初構想白話新詩時，對詞是相當重視的。1917 年 2 月，他在《新青年》發表《白話詩八首》，不久即在《新青年》第 3 卷第 4 期發表一組《白話詞》，他當時是將白話詞寫作視爲新詩試驗的重要環節。然而，《新青年》同人對於詞的資源性價值的認識卻存在分歧，1917 年 8 月錢玄同致函胡適：「日前獨秀先生又示我以先生近作之『白話詞』，鄙意亦嫌太文。且有韻之文，本有『可歌』與『不可歌』二種。尋常所作，自以『不可歌』者爲多。既不可歌，則長短任意，倣古新創，無所不可。至於『可歌』之韻文，則所塡之字，必須恰合音律，方爲合格。『詞』之爲物，在宋世本是『可歌』者，故各有其名。後世音律失傳，於是文士按前人所作之字數、平仄，一一照塡，而云『調寫某某』。此等塡詞，實與做『不可歌』之韻文無異。」「玄同之意，以爲與其寫了『調寫某某』而不知其調則何如直做『不可歌』之韻文乎。」〔註 10〕錢玄同反對塡詞，亦不認同白話詞試驗。

對於錢玄同之批評，胡適很快予以回應：「先生與劉半農先生都不贊成塡詞」，然而「詞舊名長短句，其長處正在長短互用，稍近語言之自然耳」，「此決非五言七言之詩所能及也。故詞與詩之別，並不在一可歌而一不可歌，乃在一近言語之自然而一不近言語之自然也。作詞而不能歌之，不足爲病」，「詞之重要，在於其爲中國韻文添無數近於言語自然之詩體」，「詞之好處，在於

〔註10〕 《通信》，《新青年》1917 年第 3 卷第 6 號。

調多體多，可以自由選擇。」〔註11〕胡適認為詞是一種「近於言語自然之詩體」，是白話新詩創作可資借鑒的重要資源。

但錢玄同並不罷休，他立馬給胡適回信：「惟我之不贊成填詞，正與先生之主張廢律詩同意，無非因其束縛自由耳。」「總而言之，今後當以白話詩為正體，（此白話，是廣義的，凡近乎言語之自然者皆是。此詩，亦是廣義的，凡韻文皆是）其他古體之詩，及詞、曲，偶一為之，固無不可，然不可以為韻文正宗也。」〔註12〕他還緊接著在《嘗試集序》裏進一步闡釋自己的看法：「現在做白話韻文，一定應該全用現在的句調，現在的白話。那『樂府』『詞』『曲』的句調，可以不必效法；『樂府』『詞』『曲』的白話，在今日看來，又成古語，和三代漢唐的文言一樣。」〔註13〕胡適所看重的「白話」詞在他這裡被理解成為「古語」、「文言」，失去了表現力，無法有效言說現代人複雜的情感世界。胡適後來雖也偶而借用詞的形式創作白話新詩，但總的看來不再堅持自己原來的立場，他的態度也影響到了那一時代其他新詩探索者，於是詞便逐漸淡出新詩草創者的視野，其形式特徵在新詩形體創格過程中沒有受到應有的重視，當然也就談不上有效地轉化、利用。

## （三）創作試驗

《新青年》自 1917 年 2 月第 2 卷第 6 號發表胡適的《白話詩八首》，至 1922 年 7 月第 9 卷第 6 號，幾乎每期都刊發新詩，對新詩進行了長期的試驗，是新詩最重要的試驗場地。其同人不僅自己試驗，而且相互切磋、探索，主要表現為：

1、以外國詩歌、中外歌謠為摹本進行試驗。在新詩試驗過程中，《新青年》同人將模仿、學習外國詩歌史上那些近於自然的作品及中外歌謠作為創構中國現代白話新詩的重要途徑。1918 年第 4 卷第 2 號發表了周作人的《古詩今譯》，翻譯的是 2 千年前的希臘古詩。他認為「中國只有口語可以譯他」，「口語作詩，不能用五七言，也不必定要押韻；止要照呼吸的長短作句便好。現在所譯的歌，就用此法，且來試試；這就是我的所謂『自由詩』。」〔註14〕

〔註11〕胡適：《論小說及白話韻文》，《新青年》1918 年第 4 卷第 1 號。
〔註12〕《通信》，《新青年》1918 年第 4 卷第 1 號。
〔註13〕錢玄同：《嘗試集序》，《新青年》1918 年第 4 卷第 2 號。
〔註14〕周作人：《古詩今譯》，《新青年》1918 年第 4 卷第 2 號。

他將譯詩視爲白話自由詩試驗，力求借翻譯將希臘古詩神韻化入中國白話新詩中。他的《小河》既與波特萊爾的散文詩「略略相像」，內容又「大致仿那歐洲的俗歌」〔註15〕；而其《秋風》則是從日本元祿時代的俳句變化而來的〔註16〕；至於《兒歌》則爲直接「仿兒歌而作的」，他深信「俗歌——民歌與兒歌——是現在還有生命的東西，他的調子更可以拿來利用。」〔註17〕劉半農等人在這方面也作了積極的探索。

那一時期，模仿外國詩歌與中外歌謠進行白話詩試驗，幾乎成爲一種風氣，它使初期新詩顯得清新、自然，一掃舊詩陳腐氣息。一定程度上講，是《新青年》開啓了中國新詩西化與歌謠化的方向，對後來詩歌發展影響甚大。

同題詩歌創作。新詩沒有統一的形式要求，詩人們從自己的知識背景、詩學觀念出發進行試驗，在充分尊重詩人創作自由的前提下，《新青年》同人曾進行過同類題材詩歌寫作，最重要的一次是第4卷第3號上發表的沈尹默、胡適、陳獨秀、劉半農等創作的同題詩《除夕》。題材相同，題目相同，但主題、形式卻不同，紀實、抒情、議論與哲思各有所重。沈尹默在敘寫多年來除夕之喜樂消長經驗後，落筆於「將以前所有的歡喜，今日都付你！」，境界極高；胡適以平實筆調回敘除夕與朋友吃飯、喝茶及談天情形，從容自如；陳獨秀則追問了「我是誰？」、「他是誰？」、「他何爲？」、「我何爲？」這類抽象而相當「現代」的問題，但落腳點仍是中國社會現實，不同於西方同類主題作品的一味抽象；劉半農記述了除夕與周氏兄弟談天之事，最後一句「地上只一個我！天上三五寒星！」，倒是耐人尋味。

以詩相唱和是中國古代詩人熱衷的表達方式，其中多有遊戲意味；而《新青年》同人這種同題唱和，則是一種相當嚴肅的行爲，他們不單是以詩抒情言志，而主要是探討白話詩這一事關中國啓蒙、詩歌轉型的時代課題，詩歌本體試驗的莊嚴性取代了傳統唱和的遊戲氛圍，而以《新青年》這一公共空間展示白話詩歌本體試驗，則改變了傳統唱和的私人性，向讀者展示了白話的詩性魅力。

3、改詩。《新青年》的新詩試驗還有一個非常重要的環節，那就是對已經發表的白話新詩進行修改。1918年初，王敬軒致《新青年》信，曰：「貴報

---

〔註15〕周作人：《小河・引言》，《新青年》1919年第6卷第2號。
〔註16〕周作人：《.秋風・後記》，《新青年》1920年第8卷第4號。
〔註17〕周作人：《兒歌・後記》，《新青年》1920年第8卷第4號。

之白話詩則尤堪發噱，其中有數首若以舊日之詩體達之，或尚可成句，如『兩個黃蝴蝶』改爲『雙蝶』，『飛上天』改爲『凌霄』，『不知爲什麼』改爲『底事』，則辭氣雅潔遠乎鄙倍矣。此外如胡君之《他》，通首用他字押韻，沈君之《月夜》，通篇用着字叶韻，以及劉君之《相隔一層紙》，竟以老爺二字入詩，則眞可謂前無古人，後無來者」〔註 18〕。顯然，他是站在舊派文人立場按文言詩歌規範修改白話新詩。

對此，劉半農進行了針鋒相對的駁難：「承先生不棄，擬將胡適之先生《朋友》一詩代爲刪改；果然改得好，胡先生一定投過門生帖子來。無如『雙蝶』『凌霄』恐怕有些接不上；便算接得上了，把那首神氣極活潑的原詩，改成了『雙蝶凌霄，底事……』的『烏龜大翻身』模樣，也未必是『青出於藍』吧！又胡先生之《他》均以『他』字上一字押韻；沈尹默先生之《月夜》，均以『着』字上一字押韻；先生誤以爲以『他』『着』押韻。」至於「《相隔一層紙》以『老爺』二字入詩」，他認爲不僅符合詩歌的現代發展趨向，甚至從傳統詩文中也可找到依據：「且就『老爺』二字本身而論，《元史》上有過『我董老爺也』一句話；宋徐夢莘所做的《三朝北盟會編》也有『魚磨山寨軍亂，殺其統領官馬老爺』兩句話——這一部正史，一部在歷史上極有價值的私家著作，尚把『老爺』二字用入，半農啓有不能用入詩中之理。」〔註 19〕

這次通信改詩是《新青年》同人策劃的一個重要事件，關涉到白話詩的語言、押韻等問題，劉半農的回擊表明白話詩有自己不同於文言詩的規律，倘以文言詩規則對其進行修改，就會擾亂它的內在脈絡，使其失去生命活力。

同年 5 月劉半農寫了首「斗方派」詩寄呈周作人、魯迅，請求指教，詩云：「蒼天萬丈高，／翠柏千年古。／我身高幾何？／我壽長幾許？／以此問夕陽，／夕陽黯無語！」魯迅看完後覺得「形式舊，思想也平常」；周作人也認爲「不大好」，並和詩一首，詩云：「『蒼天』不知幾『丈高』，／『翠柏』也不知幾『年古』。／『我身』用尺量，／就知『高幾何』；／『我壽』到死時，／就知『長幾許』。／你去『問夕陽』，／他本無嘴無耳朵，／自然是『黯無語』。」〔註 20〕顯然，周作人是借「和詩」方式改詩，就是將劉半農的「斗方詩」修改擴充爲白話自由詩。

〔註 18〕　《文學革命之反響・王敬軒君來信》，《新青年》1918 年第 4 卷第 3 號。
〔註 19〕　《文學革命之反響・半農回信》，《新青年》1918 年第 4 卷第 3 號。
〔註 20〕　《補白》，《新青年》1918 年第 4 卷第 5 號。

　　劉半農還曾以記者身份同筆名為 Y.Z.的讀者就白話詩歌問題進行過切磋，對 Y.Z.的作品進行修改。Y.Z.將自己試做的白話詩寄贈劉半農，懇請指教，並坦言自己的作品「是我學步你們的」〔註 21〕，也就是仿學《新青年》同人的白話詩。劉半農對它們一一點評，並認為其中《小河呀》一首不錯，代為修改，刊發在第 5 卷第 3 號上。Y.Z.發表在《新青年》第 5 卷第 6 號上的《戀愛》一詩也是經劉半農修改過的。1918 年，李劍農「套襲」胡適的《你莫忘記》，創作了《湖南小兒的話》，請胡適指教、修改〔註 22〕，該詩後經修改發表在第 5 卷第 4 號上。

　　《新青年》的改詩活動，無疑起了推廣經驗的示範作用，一定程度上規範了白話新詩的走向與初期形態。

## （四）詩學探尋與批評

　　在創作試驗同時，《新青年》不斷開展白話詩歌討論與批評，及時探尋現代白話詩藝術，總結經驗教訓，為白話新詩寫作提供新的詩學資源。

　　以白話寫詩，語言媒介是創作者遇到的首要問題，為提升白話表現力以有效地呈現主體豐富複雜的內心世界，初期白話詩人自覺地化用文言語彙與外來語。這一現象引起不少人的關注與討論。1917 年 8 月錢玄同致函胡適，曰：「惟玄同對於先生之『白話詩』竊以為猶未能脫盡文言窠臼。如《詠月》第一首後二句，是文非話。《詠月》第三首，及《江上》一首，完全是文言。又《贈朱經農》一首，其中『辟克匿克來江邊』一句，以外來語入詩，亦似可商。」〔註 23〕他反對文言入詩，亦不贊成使用外來語，主張以地道的現代白話為詩。這種看法在當時有一定的代表性。

　　對此觀點，胡適於 1918 年初作出回應：「先生論吾所作白話詩以為『未能脫盡文言窠臼』此等諍言，最不易得。吾於去年（五年）夏秋初作白話詩之時，實力屏文言，不雜一字。如《朋友》《他》《嘗試篇》之類皆是。其後忽變異宗旨，以為文言中有許多字盡可輸入白話詩中。故今年所作詩詞，往往不避文言。」〔註 24〕他認為白話創作中可以夾雜幾個明白易曉的文言字眼

〔註 21〕 Y.Z：《對於新青年之意見種種》，《新青年》1918 年第 5 卷第 3 號。
〔註 22〕 李劍農：《湖南小兒的話‧來函代序》，《新青年》1918 年第 5 卷第 4 號。
〔註 23〕 《通信》，《新青年》1917 年第 3 卷第 6 號。
〔註 24〕 胡適：《論小說及白話韻文》，《新青年》1918 年第 4 卷第 1 號。

以提升白話的表現力。不過，他還是認同錢玄同的如此觀點：「應該盡量用白話去做才是。倘使稍懷顧忌，對於『文』的一部分不能完全捨去，那麼便不免存留舊污，於進行方面，狠有阻礙」，並且：「我極以這話為然，所以在北京所做的白話詩，都不用文言了。」〔註25〕顯然，胡適對於文言能否入詩，頭腦非常清醒，他個人覺得文言入詩可以擴展白話詩的詩性空間，但在轉型期還是不用文言為好。至於外來語問題，倒是錢玄同做了妥協，1918 年初，他在為胡適的詩集作序時表示：「我以前覺得以外來語入詩，似乎有所不可；現在仔細想想，知道前此所見甚謬。」他開始堅信「不但方言，就是外來語，也可採用。」〔註26〕就這樣，胡適與錢玄同在文言、外來語能否入詩問題上，統一了觀點。語言取捨關乎文化的擇取，捨文言取外來語體現了《新青年》向世界吸取現代養分以促使中國文化轉型的價值立場，對白話新詩初期形態確立與發展產生了直接影響。

　　文言詩歌，特別是近體詩，在歷史發展中逐漸形成了許多寫作範式，不少人談到詩首先想起的便是形式格律，以為詩就是一種文字遊戲，這種傳統詩歌觀念致使一些人呼籲為白話詩擬定相應的規則。1918 年朱經農致函胡適，提出「白話詩應該立幾條規則」〔註27〕，否則無規可循，白話詩的發達難以想像。對此觀點，胡適不以為然，他說：「即以中國文言詩而論，除了『近體』詩之外，何嘗有什麼規則？即以『近體』詩而論，王維、孟浩然、李白、杜甫的律詩又何嘗處處依著規則去做？」，文言詩歌為他提供了話語依據；接著他指出：「白話詩的大宗旨，在於提倡『詩體的釋放』。有什麼材料，做什麼詩；有什麼話，說什麼話；把從前一切束縛詩神的自由的枷鎖鐐銬籠統推翻：這便是『詩體的釋放』」。所以，他不贊成給白話詩制定規則。而且，他認為當時尚處在白話詩嘗試時代，連「我們自己也還不知什麼叫著白話詩的規則」〔註28〕，又如何制定規則呢？詩的生命來自創造性、獨特性，與統一規則不相容，看來胡適是懂詩的。白話詩遵循的是自由、開放的詩學原則，它後來被稱為自由詩，與這一原則密不可分。

　　到 1919 年，《新青年》對於白話詩學的探索向前邁進了一大步，這年 3

---

〔註25〕　胡適：《論小說及白話韻文》，《新青年》1918 年第 4 卷第 1 號。
〔註26〕　錢玄同：《嘗試集序》，《新青年》1918 年第 4 卷第 2 號。
〔註27〕　《通信·新文學問題之討論》，《新青年》1918 年第 5 卷第 2 號。
〔註28〕　《通信·新文學問題之討論》，《新青年》1918 年第 5 卷第 2 號。

月俞平伯以詩人身份爲白話詩擬出三大條件：一是「用字要精當，造句要雅潔，安章要完密」；二是「音節務求諧適，卻不限定句末用韻」；三是「說理要深透，表情要切至，敘事要靈活」〔註 29〕。這無疑是針對初期白話詩過於粗糙而言的，是一個更高的要求，可謂是初期白話詩由「白話」向「詩」轉變的一篇重要文章。胡適對俞平伯的思考予以了肯定：「我對於俞君所舉的三條，都極贊成」，〔註 30〕看來包括胡適在內的《新青年》同人已將思考重心由破除文言、倡導白話轉向了白話的詩性問題。爲白話詩擬定精緻的詩學原則，意味著《新青年》對新詩的運作、思考進入到了一個新的階段。

---

〔註 29〕《通信‧白話詩的三大條件》，《新青年》1919 年第 6 卷第 3 號。
〔註 30〕《通信‧白話詩的三大條件》，《新青年》1919 年第 6 卷第 3 號。

# 四、《新詩年選（一九一九年）》與新詩生成發展

　　新詩發生於 1917 年前後，到 1922 年已有五、六年的歷史，這期間胡適、周作人、劉半農、沈尹默、俞平伯、郭沫若等在創作和理論上積極拓荒耕耘，《新青年》、《新潮》、《少年中國》、《晨報副刊》、《學燈》等報刊雜誌不斷推出新詩作品和理論文章，白話是否可以為詩的問題解決了，白話自由體詩歌獲得了存在的合法性；然而，新詩如何進一步發展的問題，也不斷凸顯出來，諸如新詩應追求怎樣的內外在詩美品格，應置重怎樣的寫作方法，在自覺借鑒外國詩歌經驗的同時應如何處理與民族傳統詩歌的關係等等。1922 年，上海亞東圖書館出版了北社編輯的《新詩年選（一九一九年）》，朱自清後來認為，《新詩年選（一九一九年）》之前出版的兩個選本即《新詩集（第一編）》、《分類白話詩選》，「大約只是雜湊而成，說不上『選』字；難怪當時沒人提及」，相比而言，《新詩年選（一九一九年）》「就像樣得多了」〔註1〕；阿英也曾說：「中國新詩之有年選，迄今日為止，也可謂始於此，終於此。」〔註2〕那他們為何如此看重該選本？換言之，《新詩年選（一九一九年）》是如何選詩的，其編選體現出怎樣的詩學主張和立場？它們對於解決當時詩壇問題和推進新詩生成發展的價值、意義何在？

---

〔註 1〕　朱自清：《中國新文學大系・詩集・選詩雜記》，上海良友圖書印刷公司 1935 年版，第 15 頁。

〔註 2〕　阿英：《中國新文學大系・史料索引》，上海良友圖書印刷公司 1936 年版，第 301 頁。

## （一）

　　《新詩年選（一九一九年）》是北社編輯的，北社成立於 1920 年，是一個熱衷於新詩事業的同人團體，其成員由詩人和讀者構成，他們讀詩、寫詩，不斷思考新詩發展建構問題，並以孔子刪詩典故相激勵，編選新詩，「以餉同好」〔註3〕。古今中外的選家，費盡心力編選集子，或爲後世留存經典，或爲當下讀者提供閱讀範文，或爲學校提供教材；北社的意願很明確，就是與關心新詩創作的同人們分享新詩作品，爲同人們欣賞乃至創作新詩提供可資借鑒的文本，目的不是要遴選流傳百世的經典，而是以選本展示幾年來的創作實績，繼往以開來，促進新詩自身建構與發展。

　　他們是如何圍繞這一目的編選新詩的呢？1917～1919 年新詩人很多，詩歌數量很大，各種傾向的作品都有，藝術上魚目混珠。如何汰選作品對於編選者來說是一個問題，《新詩年選（一九一九年）》從自己的目的出發，「折衷於主觀與客觀之間，又略取兼收並蓄。凡其詩內容爲我們贊許的，雖藝術稍次點也收；其不爲我們所贊許，而藝術特好的也收。」〔註4〕這是他們的選詩原則，意思很明白，即不管是寫實主義、浪漫主義，還是象徵主義的詩歌；不管是抒情的，還是敘事的作品；不管西化的，還是傳統的；取折中、兼容的態度，均收入。所以，選集裏有象徵主義的《小河》，有浪漫主義的《天狗》，有寫實主義的《湖南的路上》；有說理詩《你莫忘記》，有敘事詩《賣蘿蔔的》，有抒情詩《新月與白雲》等等，體現、張揚了一種開放多元的精神。在詩歌取捨上，內容特好藝術稍次點和藝術特好內容不爲他們所贊許的作品都收錄，這表明他們並不是完全從是否優秀的角度遴選作品，意味著有些作品雖然藝術上不夠成熟，但如果代表了一種新的探索發展趨勢，具有某種開創性、生長性，那也選入，以鼓勵多重創作傾向自由競爭、發展。

　　作品能否收入選本，對於作者意義很大，1920 年代初新詩還處在起步發展期，穩定、發展作者隊伍很重要。《新詩年選（一九一九年）》在編選作品時無疑考慮到這一問題：「對於其著者不大作詩的選得稍寬；對於常作詩的選得嚴；其有集子行世的選得更嚴。」〔註5〕因人而異，對常寫詩的、出版了集

---

〔註3〕　北社編：《新詩年選（一九一九年）·弁言》，上海亞東圖書館 1922 年版，第 1 頁。

〔註4〕　北社編：《新詩年選（一九一九年）·弁言》，上海亞東圖書館 1922 年版，第 2 頁。

〔註5〕　北社編：《新詩年選（一九一九年）·弁言》，上海亞東圖書館 1922 年版，第 2 頁。

子的作者選擇標準嚴，對不大作詩的則寬。全書收錄了 41 位詩人的 89 首詩歌（包括附錄胡適的 7 首詩），覆蓋面很大，既有胡適、沈尹默、周作人、康白情、郭沫若、劉復這些新詩弄潮兒的詩作，也有卜生、五、余捷、寒星、陸友白這類名不見經傳的作者的作品。它既是對那幾年新詩整體風貌的展示，更是試圖以選本穩定、建立新詩創作隊伍，以選本鼓勵作者們發揚個性，自由創作。

選本不以遴選精品為目的，那入選作品的整體水平究竟如何呢？怎樣排列它們呢？對於習慣於排座次論英雄的國人來說，這是一個頗為敏感的尊嚴問題，但《新詩年選（一九一九年）》編者考慮更多的還是新詩自身的發展問題。「凡選入的詩都認為在水平線以上，不加次第（卻不是說凡沒選的都不在水平線以上）人名以筆畫繁簡為序，詩以年月先後為序。」〔註6〕這段話包含幾層意思：一是肯定所有入選作品在水平線以上，就是以言語褒獎入選詩人，鼓勵他們繼續努力，創作出更多高水平詩歌，同時告訴讀者和新詩作者這些詩作可以作為閱讀範本和創作時體味與借鑒的樣本，即表明經過幾年的實驗探索，新詩終於有了可以借鑒的對象了；二是說明入選詩人先後位置是以筆畫繁簡為序，而不是以成就大小為依據排列，既是告訴入選詩人不要糾結於先後排序，排列在後並不意味著水平低，同時也表明新詩壇不是只有幾首優秀詩作，而是出現了一批藝術水準較高的作品，表明他們也無意過於凸顯少數詩人及其作品，旨在鼓勵不同創作傾向的詩人平等競爭；三是特別說明沒有入選的作品不意味著藝術水準不高，所以那些落選詩人不要因此氣餒，而是應無顧慮地繼續從事白話新詩創作。

《新詩年選（一九一九年）》編者的主體意識鮮明，在編選中，不斷彰顯自己的詩學觀，不斷發出聲音：「為便於同好的觀摩起見，偶有刪節的地方，對於原著者不能不道歉！但改寫卻是沒有的；我們也不敢，除非印刷上有錯落。」〔註7〕他們雖鼓勵藝術上多元發展，雖然說「道歉」、「不敢」，但還是大膽地為「同好」而「刪節」詩歌，刪節的標準自然是他們自己的，而不是「同好」的，這其實某種程度上是對作者和「同好」的不夠尊重。何以如此

---

〔註 6〕 北社編：《新詩年選（一九一九年）‧弁言》，上海亞東圖書館 1922 年版，第 2頁。

〔註 7〕 北社編：《新詩年選（一九一九年）‧弁言》，上海亞東圖書館 1922 年版，第 3頁。

爲之？我以爲其目的是試圖以刪節詩歌彰顯詩學立場與主張，以引導新詩壇的發展。他們不只是借刪節詩歌的方式發出聲音，更主要的則是以批評話語表述自己的詩學觀，「偶有批評，只發表讀者個人的印象，不強人以從同。本社同人也不負共同的責任；但相對的責任卻是敢負的。」〔註8〕這段話看似柔和，實則強硬，立場鮮明，就是要借批評負相對的責任。如何批評呢？《新詩年選（一九一九年）》詩後時有評語、案語，案語署名編者，據考證編者是「康白情以及應修人等一批年輕的新詩人」〔註9〕；評語署名愚菴、粟如、溟泠、飛鴻等四位，其中愚菴點評最多，特點最突出，最具代表性，據考察愚菴「當是康白情先生」〔註10〕，其他三位則「大概是參與編選的湖畔社詩人」〔註11〕，編評者是同一批人，即新潮社的康白情和湖畔詩社的應修人等。他們是「五四」詩歌的參與者、創作者，對新詩有較爲深刻的理解，對新詩壇狀況非常熟悉，對感興趣的詩歌予以點評，旨在張揚那些詩歌所包蘊的詩歌美學，闡揚、鼓勵某種創作傾向，回答新詩發展所面臨的問題。選與評相結合，批評闡發、揭示所選詩歌內在的價值與意義，詩作則印證點評，二者相得益彰，形成一種合力，從而負「相對的責任」。

總之，《新詩年選（一九一九年）》的編選原則、策略是與對新詩發展問題的思考聯繫在一起的，目的性很明確，就是以之選詩、評詩，張揚詩學主張與立場，解答新詩壇所面臨的問題，以引領新詩創作走出困境，繼續發展。

## （二）

編選新詩集，在 20 年代初是一個與現代詩學建構、創作走向等密切相關的問題。選哪些詩人的詩作，不選哪些詩人的詩作，涉及到對新詩的總體認知與評價；如何編排選取的詩歌，涉及的也是詩歌評價的標準問題。在《新詩年選（一九一九年）》之前的《新詩集（第一編）》開分類選詩、排詩之先

〔註8〕 北社編：《新詩年選（一九一九年）·弁言》，上海亞東圖書館 1922 年版，第 3 頁。

〔註9〕 姜濤：《「選本」之中的讀者眼光》，《江漢大學學報》（人文科學版）2005 年第 3 期。

〔註10〕 《中國新文學大系·詩集·選詩雜記》，上海良友圖書印刷公司 1935 年版，第 15 頁。

〔註11〕 姜濤：《「選本」之中的讀者眼光》，《江漢大學學報》（人文科學版）2005 年第 3 期。

河，建構起白話新詩選本的最初模式。它將新詩分爲四類——寫實、寫景、寫意和寫情。《吾們爲什麼要印新詩集？》對四類詩如此定義：寫實類「都是描摹社會上種種現象」；寫景類「都是描摹自然界種種景色」；寫意類「都是含蓄很正確，很高尚的思想」；寫情類「都是表抒那很優美，很純潔的情感。」〔註12〕如此分類編列，不只是爲了讓讀者「翻閱便利」〔註13〕，而其中實則包含著一種正面的詩歌價值判斷：「新詩的價值，有幾層可以包括他」，那就是「（1）合乎自然的音節，沒有規律的束縛；（2）描寫自然界和社會上各種眞實的現象；（3）發表各個人正確的思想，沒有『因詞害意』的弊病；（4）表抒各個人優美的情感。」〔註14〕後三點對應的就是寫景、寫實、寫意和寫情，如此看來，《新詩集（第一編）》是以「新詩的價值」爲尺度編排新詩的，分類的編選體例體現乃至彰顯了編者對新詩價值的總體認知。後來許德鄰的《分類白話詩選》步武了《新詩集（第一編）》的分類體例，「至於分門別類的編製，原不是我的初心。因爲熱心提倡新詩的諸君子，卻好有這一個模範，我就學著步武，表示我『同聲相應』的誠意。」〔註15〕

那麼，這種分類編詩的方法、體例是否科學，它所彰顯的詩學觀念是否有利於新詩發展？從兩個選本看，它們確實相當程度上囊括了最初幾年的新詩，給人以簡潔明快之感；但問題也很突出。一是這四類並不能涵括所有的作品，致使有些詩歌只能編入與自己特徵不相符的類別中，例如周作人的《小河》是一首象徵主義作品，在《新詩集（第一編）》中卻收入寫景類，這是一種誤讀；《兩個掃雪的人》也屬於象徵主義傾向的詩歌，在兩個選本中都被收入寫實類，這不僅與對新詩的理解相關，恐怕更與四類本身的局限有關。二是一些詩歌具有多重特徵，諸如寫實寫意無法絕然分開、寫景抒情合二爲一的特點等，對它們進行分類很困難，強行歸入某類則對讀者閱讀理解是一種誤導，如《一念》、《威權》、《耕牛》、《四月二十五日夜》、《雞鳴》、《愛情》等10首詩歌同時入選了兩個選本，卻被歸入不同的類別中，細究起來都有道

---

〔註12〕　《新詩集（第一編）·吾們爲什麼要印新詩集？》，上海新詩社出版部1920年版，第3頁。

〔註13〕　《新詩集（第一編）·吾們爲什麼要印新詩集？》，上海新詩社出版部1920年版，第2頁。

〔註14〕　《新詩集（第一編）·吾們爲什麼要印新詩集？》，上海新詩社出版部1920年版，第1頁。

〔註15〕　許德鄰：《白話詩選自序》，上海崇文書局1920年版，第4頁。

理，出現如此情形顯然不是編者鑒賞眼光問題，而是很多詩有多重特點，可以歸入不同類別。三是分類編列體例，將四類詩歌作為範本加以肯定，特別張揚寫實、說理詩歌，這在「五四」語境中有其合理性；但從詩歌層面看則存在著隱患：首先它在以題材分類詩歌的時候表現出鮮明的價值判斷，容易導致以題材取捨作品，以題材決定詩歌的優劣，陷入題材決定論的誤區；其次，它在高揚寫實、寫景、寫意和寫情的同時，對不能納入這幾類創作傾向與風格的作品是一種壓制，譬如象徵主義、表現主義等創作思潮自然會被壓抑，這樣無形中便壓縮了新詩探索的空間，限制了新詩的自由發展，與「五四」張揚個性、白由發展的精神相違背；再次，容易導致詩人和讀者對詩性問題的忽視，對於詩人來說，詩意、詩性才是創作中應自覺追求的東西，至於寫什麼並不是關鍵問題。

上述《新詩集（一九一九年）》、《分類白話詩選》分類編選詩歌所置重的寫實、抒情、說理等觀念，是「五四」初期詩壇所張揚的正面理念。陳獨秀在《文學革命論》中倡導「平易的抒情的國民文學」、「新鮮的立誠的寫實文學」、「明瞭的通俗的社會文學」〔註16〕；胡適在《談新詩》中曰：「就是寫景的詩，也須有解放了的詩體，方才可以有寫實的描寫」〔註17〕，認為「凡是好詩，都是具體的；越偏向具體的，越有詩意詩味。」〔註18〕寫實說理成為一種普遍現象，成為早期白話詩歌的共同特點，關注現實為人生是其優點；但另一方面又過於黏連於現實，缺乏想像，平鋪直敘，以至於詩意不足。

正是在這樣的語境下，《新詩年選（一九一九年）》反思並突破了分類編選的體例，以筆畫繁簡和發表年月先後為序編錄詩人詩作，這種突破是以相應的詩學觀念為基礎的：「我們覺得詩是很不容易分類的」〔註19〕。這句話看似平淡，其實強調了「詩」的特點與獨立性。分類是閱讀後的行為，是一種判斷，《新詩年選（一九一九年）》以詩人為單位收錄詩歌，不分類，也就是沒有替讀者做類型判斷，對讀者是一種尊重；不分類，給所有風格的作品收

---

〔註16〕陳獨秀：《文學革命論》，《中國新文學大系・建設理論集》，上海良友圖書印刷公司 1935 年版，第 44 頁

〔註17〕胡適：《談新詩》，《中國新文學大系・建設理論集》，上海良友圖書印刷公司 1935 年版，第 297 頁。

〔註18〕胡適：《談新詩》，《中國新文學大系・建設理論集》，上海良友圖書印刷公司 1935 年版，第 308 頁。

〔註19〕北社編：《新詩年選（一九一九年）・弁言》，上海亞東圖書館 1922 年版，第 1 頁。

錄的機會，特別是給那些無法歸入四類的其他傾向的作品以機會，能更完整地展示初期詩歌面貌與成績；不分類，破除了先在的價值判斷與引導，也就是消除了分類對於詩人創作探索的無形壓制，給新詩實驗以更大的自由度，對不同傾向的詩歌探索是一種解放與激勵，展現的是一個更為開闊的創作空間；不分類，意味著對新詩評價標準的反思，即反對潛在的題材決定論，要求回到詩性維度上評說詩歌，衡量詩歌的優劣，從詩性維度上規範新詩創作方向。

縱觀新詩選本史，《新詩年選（一九一九年）》之後，很少再有選本以寫實、寫景、寫意和寫情分類選詩了，最初分類編詩的模式被突破，「分類白話詩選」所體現的詩學原則被揚棄，新詩創作也逐漸擺脫了寫實、說理的束縛，走出了平鋪直敘的創作範式，浪漫主義尤其是象徵主義等新傾向的詩歌獲得了生存的合法空間，得到了較為充分的發展。所以，從新詩發展史的角度看，《新詩年選（一九一九年）》對於改變早期新詩創作過於黏連於現實的傾向，對於推進白話新詩以詩美為中心的多元發展，具有重要的價值與意義。

## （三）

初期白話詩人大都是外國詩歌譯者，他們以創作的態度翻譯詩歌，且心安理得地將譯詩看成是自己的作品。周作人曾談到希臘詩歌翻譯問題，認為「口語作詩，不能用五七言，也不必定要押韻；止要照呼吸的長短作句便好。現在所譯的歌，就用此法，且來試試；這就是我的所謂『自由詩』。」〔註20〕他將翻譯視為創作，將譯詩看成自己的新詩。胡適也是一邊實驗白話新詩，一邊譯詩，《新青年》4卷4號刊發了他的譯詩《老洛伯》，6卷3號發表了他翻譯的美國詩人 S.Teasdale 的 Over the Roofs，譯為《關不住了》。在《嘗試集·再版自序》中，他將包括這兩首譯詩在內的十四首詩稱為自己的「白話新詩」，並曰「《關不住了》一首是我的『新詩』成立的紀元」〔註21〕。譯詩等於創作是初期白話詩壇的共識，以至於最初的兩本志在展示白話新詩創作成就的選本毫不猶豫地大量收錄譯詩。《新詩集（第一編）》是中國第一部新詩選集，收錄了吳統續翻譯的《羅威爾（Lowell）的詩》、孫祖宏翻譯 Southey 的《窮

〔註20〕周作人：《古詩今譯》，《新青年》1918年第4卷第2號。
〔註21〕胡適：《嘗試集·再版自序》，《中國新文學大系·建設理論集》，上海良友圖書印刷公司1935年版，第315頁。

人的怨恨》、王統照翻譯 Helen Uneer wood Hoyt 的《山居》、郭沫若翻譯 W. Whitmau 的《從那滾滾大洋的群眾裏》，以及王統照翻譯的《蔭》等詩歌。稍晚出版的《分類白話詩選》收錄譯詩更多，如郭沫若翻譯歌德的《暮色垂空》、《感情之萬能》，劉半農翻譯泰戈爾的《海濱》，田漢翻譯呂斯璧的《一個大工業中心地》、《最後的請願》、《罵教會》，吳統續翻譯的《羅威爾（Lowell）的詩》，孫祖宏翻譯 Southey 的《窮人的怨恨》，黃仲蘇翻譯的《太戈爾的詩六首》、《太戈爾詩十六首》，S.Z 翻譯 S.M.Hagemen 的《不過》、C.Swain 的《贈君薔薇》和 A.Webster 的《兩個女子》，胡適翻譯 S.Teasdale 的《關不住了》，蔚南翻譯泰戈爾的《雲與波》，胡適翻譯找默‧伽亞謨的《希望》等，總共竟達 36 首，極為醒目。

將譯詩視為自己的白話新詩作品，我想主要原因，一是以詩歌是不能翻譯的觀念為認識前提，將翻譯看著創作，也就是高度肯定譯者的創造性勞動；二是以外國詩歌尤其是西洋詩歌支持中國的白話新詩運動，賦予中國的詩歌革命和白話新詩創作以世界潮流性、進步性，也就是賦予中國白話新詩存在的合法性。然而，這樣的認識，也存在著隱患，那就是表面上是將外國譯詩看成中國詩歌，甚至不惜冒侵犯版權之名，但事實上因為是借外國詩歌以證明中國新詩革命的合法性，拉大旗作虎皮，所以實際上暗含著中國白話新詩的不自信，其隱患就是肯定那時中國詩歌一味地去民族化傾向，忘記自己還有幾千年悠久的詩歌傳統，肯定那時詩壇盲目地向國外詩歌學習的傾向，其結果將是使白話新詩逐漸失去民族詩歌個性，失去民族文化神韻。

《新詩年選（一九一九年）》問世於如此詩壇背景，針對上述情況，其編輯思路相比於《新詩集（一九一九年）》和《分類白話詩選》作了相應的調整，呈現出兩大特點。一是只選 1919 年及其前幾年中國白話詩人自己原創的新詩，不收錄譯詩。這一現象只有與此前兩個選本相對照，放在當時極度重視外國詩歌的詩壇語境中才能認識到其重要性，即它昭示了編者對詩壇將譯詩視為創作之觀念的不滿，對胡適將《關不住了》視為自己新詩成立的紀元的不認可，昭示了編者心中新的詩學觀念即中國新詩只能是中國詩人自己原創的作品，只能是以深切的中國經驗、中國感受寫作的反應中國主體生活與情緒的作品。所以，該選本特別青睞那些具有中國獨特標誌性的文本，例如俍工的《湖南的路上》、五的《遊京都圓山公園》、胡適的《你莫忘記》、康白情的《暮登泰山西望》、羅家倫的《天安門前的多夜》等詩歌。換言之，《新詩

年選（一九一九年）》自覺地以選什麼不選什麼的方式，糾正了當時詩壇流行的視譯詩爲新詩的詩歌觀念，引導白話新詩寫作回到了民族原創的軌道。

　　二是針對當時詩壇一味西化、不重視中國傳統舊詩的普遍現象，《新詩年選（一九一九年）》以點評形式，突出了舊詩對於新詩創作發展的價值與意義。胡適曾認爲新潮社的康白情等都是「從詞曲裏變化出來的，故他們初做的新詩都帶著詞或曲的意味音節。」〔註 22〕傳統詞曲功底深厚是他們創作新詩、看重舊詩的基礎。《新詩年選（一九一九年）·弁言》曰：「自從孔子刪詩，爲詩選之祖，而我們得從二千年後，讀其詩想見二千年前的社會情形。中國新文學自五四運動後而大昌，凡一切制度文物都得要隨世界潮流激變；今人要采風，後人要考古，都有賴乎徵詩。」〔註 23〕這是以孔子刪詩結集的典故說明他們編選新詩集的必要性與目的。

　　以什麼方式置重舊詩呢？《新詩年選（一九一九年）》的主要做法是以舊詩爲視角審視新詩，以舊詩爲標杆談論新詩成就，舊詩是他們言說的主要資源，也是他們品評作品成績的重要尺度。湨泠點評傅斯年的《嗒們一夥兒》時說，「《九歌》裏有兩句說，『春蘭兮秋菊，長無絕兮終古』，可以說異曲而同工。」〔註 24〕這是以舊詩擡高新詩。愚菴稱譽玄廬的《忙煞！苦煞！快活煞！》時認爲它「帶樂府調子」〔註 25〕；而《想》則有《詩經》的特點，認爲「讀明白《周南》的《芣苢》，就認得這首詩的好處了。」〔註 26〕提醒讀者從樂府、《詩經》角度理解這些新詩作品。康白情的詩歌收錄了《草兒在前》、《女工之歌》、《暮登泰山西望》、《日觀峰看浴日》4 首，愚菴認爲，「康白情的詩溫柔敦厚，大概得力於《詩經》。其在藝術上傳統的成分最多，所以最容易成風氣。」〔註 27〕這裡說得非常清楚，認爲其藝術上中國傳統成分最多，且有《詩經》溫柔敦厚風格，喜愛之情溢於言表。在他們眼中，「凡選入的詩都認爲在水平線以上」〔註 28〕，就是說《想》、《草兒在前》這些作品在水平

〔註 22〕　胡適：《談新詩》，《中國新文學大系·建設理論集》，上海良友圖書印刷公司1935 年版，第 301 頁。
〔註 23〕　北社編：《新詩年選（一九一九年）·弁言》，上海亞東圖書館 1922 年版，第 1 頁。
〔註 24〕　北社編：《新詩年選（一九一九年）》，上海亞東圖書館 1922 年版，第 190 頁。
〔註 25〕　北社編：《新詩年選（一九一九年）》，上海亞東圖書館 1922 年版，第 31 頁。
〔註 26〕　北社編：《新詩年選（一九一九年）》，上海亞東圖書館 1922 年版，第 29 頁。
〔註 27〕　北社編：《新詩年選（一九一九年）》，上海亞東圖書館 1922 年版，第 154～155 頁。
〔註 28〕　北社同人：《新詩年選（一九一九年）·弁言》，上海亞東圖書館 1922 年版，第 2 頁。

線以上，收錄它們，其實是肯定白話新詩創作的《詩經》路線，肯定傳統溫柔敦厚美學對於新詩寫作的正面價值。胡適曾主張新詩創作向詞學習，以詞為重要借鑒對象，愚菴在點評俞平伯的《風的話》等詩時說：「俞平伯的詩旖旎纏綿，大概得力於詞。」〔註29〕這是對胡適之觀念的呼應，對詞於新詩創作借鑒價值的承認，同時也是對旖旎纏綿風格的肯定。愚菴也許受胡適影響，特別認可沈尹默的《三弦》。胡適曾說：「新體詩中也有用舊體詩詞的音節方法來做的。最有功效的例是沈尹默君的『三弦』」，「這首詩從見解意境上和音節上看來，都可算是新詩中一首最完全的詩。」〔註30〕愚菴如此點評《三弦》：「這首詩最藝術的地方，在『旁邊有一段低低的土牆，擋住了個彈三弦的人，卻不能隔斷那三弦鼓蕩的聲浪』一句裏的音節。三十二個字裏有兩個重唇音的雙聲，十一個舌頭音的雙聲，八個元韻的疊韻，五個陽韻的疊韻，錯綜成文，讀來直像三弦鼓蕩的一樣。據說『低低的』三個字是有意用的。」〔註31〕這明顯受到了胡適的影響，肯定了舊詩雙聲疊韻方法對於新詩和諧音節的價值與意義，選錄並高度評價《三弦》的音節藝術，就是肯定、倡導向舊詩學習，以之作為新詩實驗探索的重要路徑。

一方面不收錄外國詩歌；另一方面以中國傳統詩歌為視野閱讀早期白話新詩，從舊詩藝術角度肯定新詩成就，體現了《新詩年選（一九一九年）》編者當時的良苦用心，即向那時詩壇同仁、新詩作者和廣大讀者表明中國現代白話詩創作不能一味地西化，不能偏至地以西方詩歌為衡量中國新詩水準的尺度，應高度重視民族詩歌傳統，自信地從幾千年民族詩歌智庫中獲取資源。對譯詩和民族傳統詩歌的這種態度，不僅有助於讀者和詩人走出中外詩歌關係認識上的誤區，幫助新詩壇建立自信心；從詩歌史的角度看，對民族傳統詩歌的置重，作為一種正面價值迴蕩在新詩天際，1930 年代戴望舒、林庚、廢名等對舊詩經驗的重視和化用與之不無關係，甚至可以說一個世紀以來新詩理論探索與創作實踐始終沒有真正切斷與傳統詩歌的關係，與《新詩年選（一九一九年）》所開創的重視舊詩的傳統有著深刻的關係。

---

〔註29〕 北社編：《新詩年選（一九一九年）》，上海亞東圖書館 1922 年版，第 109 頁。
〔註30〕 胡適：《談新詩》，《中國新文學大系·建設理論集》，上海良友圖書印刷公司 1935 年版，第 303 頁。
〔註31〕 北社編：《新詩年選（一九一九年）》，上海亞東圖書館 1922 年版，第 54 頁。

# （四）

　　經過幾年的實驗探索，白話是否可以為詩的問題解決後，新詩自身建構與發展問題，諸如新詩應具有怎樣的內在品格，書寫與表達怎樣的情懷，以什麼方法寫詩，新詩應具有怎樣的審美風格等等，作為核心問題擺在了詩人面前。《新詩年選（一九一九年）》編者通過編評新詩，回答了這些問題。在他們看來，新詩應具有 20 世紀氣度，書寫與彰顯人類現代文明，以之為內在品格。現代文明的代表者何在？愚菴在評胡適的《上山》時寫道：「適之的詩，形式上已自成一格，而意境大帶美國風。美國風是什麼？就是看來毫不用心，而自具一種有以異乎人的美。近代人過於深思，其反動為不假思索。美國文明自是時代的精神。」〔註32〕在他看來，「美國風」具有獨特的美，美國文明就是 20 世紀現代文明，胡適的《上山》意境上大帶「美國風」，表現了美國文明即現代文明，所以精神風骨上屬於 20 世紀品格的詩歌，白話新詩在情感空間建構上，應走《上山》的路線，張揚現代自我超越意識。

　　新舊文明的一個重要區別，體現在對女性的態度上。傳統中國是一個典型的男權社會，女性是男子的附屬品，中國舊詩表達的主要是男性的喜怒哀樂，對女性的歌吟、欣賞隨著歷史的演變，自《詩經》以降少之又少。現代文明是一種尊重女性、欣賞女性的文明，因此 20 世紀新詩應該是一種關注女性生存、欣賞女性美的詩歌，這是《新詩年選（一九一九年）》編者的共識，愚菴借評傅彥長的《回想》、《女神》將這種觀念表達得淋漓盡致。在他看來，文藝復興以後的文明，就是希臘文明的近代化，而「希臘文明的菁華在性的道德少拘束，而於物質美上尤注重裸體美。」〔註33〕光明磊落地鑒賞人體，不遮掩，不猥褻，不以虛偽的倫理道德束縛人的自然美，這是一種絕對不同於中國傳統男女授受不親觀念的美學態度。他以此審視當時中國思想文化界，發現「近幾年來的新文化運動，儘管以中國文藝復興相標榜，卻孜孜於求文字枝節的西方化而忽略西洋文明的菁華」〔註34〕對舍本求末的所謂西化不滿，對新文化運動中無視西洋文明精華的傾向不滿。關注裸體美，歌吟女性身體，是他閱讀批評中國詩歌時所持的重要的美學立場：「中國詩詠歎女性

---

〔註32〕　北社編：《新詩年選（一九一九年）》，上海亞東圖書館 1922 年版，第 130～131 頁。
〔註33〕　北社編：《新詩年選（一九一九年）》，上海亞東圖書館 1922 年版，第 182 頁。
〔註34〕　北社編：《新詩年選（一九一九年）》，上海亞東圖書館 1922 年版，第 182 頁。

物質美的,『三百篇』以後,只六朝人偶然有幾首。唐宋以來,可謂入黑暗時代,實爲社會凋敝的主因。」〔註35〕這是一種頗有見地的思想,他肯定了《詩經》對女性的書寫,認爲其後自然的審美風範受到壓制,六朝時還有幾首讚美女性的作品,進入唐宋情況則大變,步入文學的「黑暗時代」,這是從希臘文明的角度審視唐宋文學所得出的新觀點。當然,愚菴所著眼的是新詩:「新詩人果有志於文藝復興運動,不可不著眼此點。傅彥長的詩,只見《回想》和《女神》兩首,彷彿都具鼓吹希臘文明的意思,這是很可喜的。」〔註 36〕新詩人自胡適始,以中國的文藝復興爲己任,既如此,就「不可不著眼此點」,即著眼於引進近代化的希臘文明精華,注重裸體美,大膽地讚美女性身體,這是 20 世紀新詩應具有的一種現代品格。

　　《新詩年選(一九一九年)》在強調新詩應具有 20 世紀品格,應歌吟女性美以彰顯現代文明的同時,倡導兼容並包的現代文學精神,要求新詩建構具有融通中外、多元融合的現代氣度。周作人的《小河》被胡適稱爲「新詩中的第一首傑作」〔註 37〕,《新詩年選(一九一九年)》收入該詩,愚菴對它作如此點評:「兩年來的新詩,如胡適、傅斯年、康白情他們的東西,翻過日本去的頗不少。這首詩也給翻成日本文,登在《新村》上,頗受鑒賞家的稱道。他的詩意,是非傳統的;而其筆墨的謹嚴,卻正不亞於杜甫、韓愈。不是說外國人看做好的就是好的,正說他在中國詩裏也該是傑作呵。」〔註 38〕顯然,他是在倡導一種中西融合的詩風。該詩前面有一段詩人小引,曰:「有人問我這詩是什麼體,連自己也回答不出。法國波特萊爾(Baudelaire)提倡起來的散文詩,略略相像,不過他是用散文格式,現在卻一行一行的分寫了。內容大致仿歐洲的俗歌;俗歌本來最要叶韻,現在卻無韻。或者算不得詩,也未可知;但這是沒有什麼關係。」體式對於當時詩壇來說很重要,該詩體受波特萊爾影響無疑,但分行了,內容仿歐洲俗歌,但不叶韻。就是說,它受西方詩歌影響,但又不拘泥西方格式,是一種留有西方印跡的自由體詩歌。它的詩意被愚菴理解爲非傳統的,而「其筆墨的謹嚴,卻正不亞於杜甫、韓

---

〔註35〕北社編:《新詩年選(一九一九年)》,上海亞東圖書館 1922 年版,第 182 頁。
〔註36〕北社編:《新詩年選(一九一九年)》,上海亞東圖書館 1922 年版,第 182～183頁。
〔註37〕胡適:《談新詩》,《中國新文學大系・建設理論集》,上海良友圖書印刷公司 1935 年版,第 295 頁。
〔註38〕北社編:《新詩年選(一九一九年)》,上海亞東圖書館 1922 年版,第 80 頁。

愈。」就是說它既是非傳統的，具有西方詩歌審美神韻，因此受到國外鑒賞
家的喜歡；同時又傳承了中國舊詩筆墨「謹嚴」的特點，是一首以現代漢語
創作的中西詩藝融合的現代自由體詩歌。這正是該詩的魅力所在。《新詩年選
（一九一九年）》選入該詩，評說該詩，認為它的出現「新詩乃正式成立」〔註
39〕，其實是在倡導它所體現出的融通中外的散文化自由體詩歌風格。

　　郭沫若的詩歌收錄《三個泛神論者》、《天狗》、《死的誘惑》、《新月與白
雲》、《雪朝》五首，既有豪放粗獷之歌，也有柔和溫婉的低吟，選者無疑注
意到了審美風格的多元化。愚菴評道：「郭沫若的詩筆力雄勁，不拘拘於藝術
上的雕蟲小技，實在是大方之家。」〔註 40〕「筆力雄健」是郭沫若詩歌的主
體風格，自然應提倡，但愚菴「更喜歡讀他的短東西，直當讀屈原的警句一
樣，更當是我自己作的一樣。沫若的詩富於日本風，我更比之千家元麿。山
宮允曾評元麿的詩，大約說他真摯質樸，恰合他自己的主張；從技巧上看是
幼稚，而一面又正是他的長處；他總從歡喜和同情的真摯質樸的感情裏表現
出來；惟以他是散文的，不講音節，終未免拖沓之弊云云。我想就將這個評
語移評沫若的詩，不知道恰不恰當。不過沫若卻多從悲哀和同情裏流露出來，
是與元麿不同的。」〔註 41〕神遊中日文學天際，雖看到了郭詩的拖沓幼稚不
講音節的散文特點，但肯定其筆力「雄健」，更推崇其屈原式警句和千家元麿
類的「真摯質樸」，這裡面就有一種現代審美意識的包容性。在愚菴看來，新
詩還處在起步階段，實驗探索是其生命力所在，各種審美風格的作品都可以
並存。郭沫若曾說：「新詩沒有建立出一種形式來，倒正是新詩的一個很大的
成就……不定型正是詩歌的一種新型。」〔註42〕《新詩年選（一九一九年）》
編者雖有總體性詩美取向，但胸襟開闊，認為中外融通才是新詩的發展方向。

　　愚菴點評沈尹默的《月夜》「在中國新詩史上，算是第一首散文詩。其妙
處可以意會而不可以言傳。」〔註43〕在《一九一九年詩壇略紀》中，編者也

---

〔註39〕編者：《一九一九年詩壇略紀》，《新詩年選（一九一九年）》，上海亞東圖書館
　　　　1922 年版。
〔註40〕北社編：《新詩年選（一九一九年）》，上海亞東圖書館 1922 年版，第 165 頁。
〔註41〕北社編：《新詩年選（一九一九年）》，上海亞東圖書館 1922 年版，第 165～166
　　　　頁。
〔註42〕郭沫若：《開拓新詩歌的路》，《郭沫若論創作》，上海文藝出版社 1983 年版，
　　　　第 280 頁。
〔註43〕北社編：《新詩年選（一九一九年）》，上海亞東圖書館 1922 年版，第 52 頁。

以爲：「第一首散文詩而備具新詩的美德的是沈尹默的《月夜》」〔註44〕第一首散文詩，這是頗高的評價，因爲在當時白話詩又被理解爲散文詩。那爲何說它備具新詩美德呢？全詩四句：「霜風呼呼的吹著，／月光明明的照著。／我和一株頂高的樹並排立著，／卻沒有靠著。」「霜風」、「月光」是傳統詩歌意象，使該詩有中國舊詩味道；然而，它又是相當現代的，「我」的出現，我的獨立意志，改變了詩歌意蘊的傳統走向，使傳統意象只起到營構境的作用，主體人成爲詩歌的核心意象，這就是新詩的重要美德吧。這首詩既有舊詩風味，又具現代風骨，胡適認爲：「沈尹默君初作的新詩是從古樂府化出來的」〔註45〕，羅家倫則說它「頗足代表『象徵主義』Symbolism」〔註46〕，就是說，《月夜》是一首具有中西融通特點的現代自由體詩歌。俞平伯曾談到如何寫新詩時就主張：「西洋詩和中國古代近於白話的作品，——三百篇樂府古詩詞曲我們都要多讀。」〔註47〕顯然，《新詩年選（一九一九年）》編者由沈尹默的《月夜》看到了中國新詩如何融通中西詩藝的一種可能性路徑。沈尹默的另一首詩《赤裸裸》，也被收錄，胡適認爲它是「一篇抽象的議論，故不成爲好詩。」〔註48〕但愚菴點評該詩時卻說「沈尹默的詩形式質樸而別饒風趣，大有和歌風，在中國似得力於唐人絕句。」〔註49〕二人的尺度顯然有別，愚菴從中讀出了和歌和唐人絕句的風味，肯定其融通中外而形成的「形式質樸」的風格。

　　如何寫新詩是那時新詩壇的核心問題，《新詩年選（一九一九年）》編者無疑通過選詩、評詩表達出一種認同，引導一種寫作傾向。胡適曾專門談到做新詩的方法：「我說，詩須要用具體的做法，不可用抽象的說法。凡是好詩，都是具體的；越偏向具體的，越有詩意詩味。凡是好詩，都能使我們腦子裏

---

〔註44〕編者：《一九一九年詩壇略紀》，《新詩年選（一九一九年）》，上海亞東圖書館1922年版。

〔註45〕胡適：《談新詩》，《中國新文學大系‧建設理論集》，上海良友圖書印刷公司1935年版，第300頁。

〔註46〕羅家倫：《駁胡先驌君的中國文學改良論》，《新潮》1919年5月1日第1卷第5號。

〔註47〕俞平伯：《社會上對於新詩的各種心理觀》，《新潮》1919年10月第2卷第1號。

〔註48〕胡適：《談新詩》，《中國新文學大系‧建設理論集》，上海良友圖書印刷公司1935年版，第310頁。

〔註49〕北社編：《新詩年選（一九一九年）》，上海亞東圖書館1922年版，第55頁。

發生一種——或許多種——明顯逼人的影像。這便是詩的具體性。」〔註 50〕
胡適所言具體寫法，其實是中國古詩的寫法，後來被西方意象主義所張揚。
愚菴特別推崇周作人的《畫家》，認爲：「這首詩可算首標準的好詩，其藝術
在具體的描寫。無論唐人的好詩，宋人的好詞，元人的好曲，日本人的好和
歌俳句，西洋人的好自由行子，都尚這種具體的描寫。不過這種質樸的體裁，
又是非傳統的罷了。這首詩給新詩壇的影響很大。但襲其皮毛而忽其靈魂，
失敗的似乎頗多。」〔註 51〕以世界文學爲背景，倡導「具體的描寫」方法，
認爲它既是傳統的，又是現代的，是中國的，又是世界的，是具有經久生命
力的詩歌寫法，周作人的《畫家》因運用了這種「具體的描寫」，所以是首「標
準的好詩」。滇泠評傅斯年的《老頭子和小孩子》：「這首詩的好處在給我們一
種實感，使我們彷彿身歷其境；尤在寫出一種動象。藝術上創造力所到的地
方，更有前無古人之概。」〔註 52〕它應該說是標準的以「具體的描寫」創作
的詩歌，「雨」、「蛙鳴」、「綠煙」、「知了」、「蛐蛐」、「溪邊」、「流水」、「浪花」、
「柳葉」、「風聲」、「高粱葉」、「野草」、「野花」、「河崖」等意象繁複，構成
一幅水接天連的畫面，一個老頭和一個小孩立在堤上，「彷彿這世界是他倆的
一樣」，具體的寫法，表現出一種生活的動感、實感，滇泠顯然是藉此倡導這
種寫法。

　　《新詩年選（一九一九年）》收錄胡適詩歌 9 首，另附錄 7 首，共 16 首，
幾乎都是運用具體描寫方法創作的作品，尤其是《江上》、《老鴉》、《看花》、
《你莫忘記》等。關於具體描寫方法，胡適還認爲，「抽象的題目」也可以用
「具體的寫法」，並以自己的《老鴉》爲例，證明其可行〔註 53〕，《新詩年選
（一九一九年）》收錄《老鴉》，也昭示著對新詩具體描寫方法的倡導。1930
年代中期，朱自清回顧五四新詩時還專門談到胡適這一方法，他說：「方法，
他說須要用具體的做法。這些主張大體上似乎爲《新青年》詩人所共信，《新
潮》、《少年中國》、《星期評論》，以及文學研究會諸作者，大體上也這般作他

〔註 50〕胡適：《談新詩》，《中國新文學大系·建設理論集》，上海良友圖書印刷公司
　　　　1935 年版，第 310 頁。
〔註 51〕北社編：《新詩年選（一九一九年）》，上海亞東圖書館 1922 年版，第 86～87
　　　　頁。
〔註 52〕北社編：《新詩年選（一九一九年）》，上海亞東圖書館 1922 年版，第 187～188
　　　　頁。
〔註 53〕胡適：《談新詩》，《中國新文學大系·建設理論集》，上海良友圖書印刷公司
　　　　1935 年版，第 311 頁。

們的詩。」〔註54〕這也表明,《新詩年選(一九一九年)》在新詩觀念倡導上既有自己的個性,又反映了新詩壇的主流聲音。

　　《新詩年選(一九一九年)》在白話新詩存在合法性問題解決後,適時地對詩藝自身建構、繼續發展問題所做的思考與言說,雖然不成系統,也不具備完整的理論體系,甚至有個別相互牴牾的地方,但卻爲詩壇提供了一種有效的走出困境的方案,尤其是關於新詩必須具備內在的現代文明品格的思想,關於創作走融通中西、多元發展道路的詩學觀念,不僅爲當時尚處於萌芽狀態的不同創作傾向提供了繼續發展的話語依據,使新詩創作獲得了自由而開放的空間;而且作爲一種精神沉澱爲新詩的一種傳統,在此後近一個世紀裏抵禦、弱化著不同形式出現的單一化話語霸權對新詩的制約,使新詩壇時隱時現地激蕩著自由探索的精神,從這層意義上說,《新詩年選(一九一九年)》在新詩史上具有重要的價值與意義。

---

〔註54〕朱自清:《中國新文學大系·詩集·導言》,上海良友圖書印刷公司 1935 年版,第 2 頁。

# 五、新詩生成與民族詩歌傳統的邏輯關係

　　新詩雖爲現代白話詩，與古典詩歌之間存在著明顯的分野，但新詩並沒有眞正切斷與民族詩歌傳統的關係，對傳統詩歌稍有瞭解的讀者不難從現代新詩中發現傳統詩歌時顯時隱的影跡。這種影跡是如何留下的呢？人們可以將之簡單地歸結爲主體無意中的承傳，因爲傳統根深蒂固，不是任何主體能夠輕易擺脫得掉的；然而，考察新詩萌動、生長歷史，又不難看出傳統並非完全是無意識的自然留存，而主要是創作主體的自覺沿傳。那麼現代詩人究竟是以怎樣的態度、立場自覺審視、擇取與沿傳民族詩歌傳統呢？新詩生成與民族傳統詩歌究竟存在著怎樣的邏輯關係呢？

　　總體而論，我以爲在新詩發生、生成過程中，現代詩人是遵循啓蒙邏輯以審視、擇取民族詩歌傳統的。所謂遵循啓蒙邏輯，指的是詩人們在西方現代啓蒙思想浸染下，以思想啓蒙爲訴求革新中國詩歌，努力使詩歌走向民眾，成爲啓蒙利器。是否有利於啓蒙是他們審視、看取民族詩歌傳統的基本原則。早在晚清詩界革命時期，黃遵憲就曾在《雜感》一詩中宣稱：「我手寫我口，古豈能拘牽？即今流俗語，我若登簡編，五千年後人，驚爲古爛斑」，主張擺脫古典詩歌陳舊範式的束縛，以當代俗語爲詩，使詩歌走出泥古迷津，成爲傳播維新思想之利器。到五四時期，胡適、傅斯年、劉半農、俞平伯、康白情、鄭振鐸、郭沫若等更是自覺持守啓蒙立場以審視、擇取古典詩歌傳統。

　　那麼，究竟什麼是啓蒙邏輯呢？中國現代思想啓蒙說到底就是要將人從封建蒙昧狀態中解救出來，賦予人以尊嚴與自由，崇尚自然，強調人的自然

本性，而啓蒙的一個重要依據和思想武器便是西方的進化論，所以「自然」與「進化」構成了現代啓蒙邏輯的核心。

胡適等人以啓蒙眼光審視中國古典詩歌的一個基本特徵，就是將中國詩歌史闡釋成爲不斷走向「自然」的進化史。1919 年，胡適在《談新詩》中說：「我們若用歷史進化的眼光來看中國詩的變遷，方可看出自《三百篇》到現在，詩的進化沒有一回不是跟著詩體的進化來的。」而詩體進化也就是詩體「解放」，走過了幾個漫長的時期，一個時期向另一時期轉換遵循的便是「自然」的法則，如「騷賦體用『兮』『些』等字煞尾，停頓太多又太長，太不自然了。故漢以後的五七言古詩刪除沒有意思的煞尾字，變成貫穿篇章，便更自然了。」「五七言詩是不合語言之自然的，因爲我們說話決不能句句是五字或七字。詩變爲詞，只是從整齊句法變爲比較自然的參差句法。」〔註1〕

古典詩歌這種向「自然」「進化」的歷史，給胡適最大的啓示就是以「自然」爲基本尺度審視、擇取古典詩歌資源以建設現代新詩，換言之，就是擇取古典詩歌中那些他認爲「自然」的因子，捨棄那些束縛情感、精神自由的非「自然」的傳統，使中國詩歌進一步向「自然」進化，完成「第四次的詩體大解放」。那麼，哪些是非「自然」性的傳統呢？在他看來，五七言詩體、詞調曲譜、格律、平仄等均屬於非自然的因子，應統統打破，用他的話說，就是「不但打破五言七言的詩體，並且推翻詞調曲譜的種種束縛；不拘格律，不拘平仄，不拘長短」〔註2〕，使新詩創作眞正做到「有什麼話，說什麼話；該怎麼說，就怎麼說」〔註3〕。

既如此，古典詩歌中是否有在他看來屬於「自然」性的傳統資源可以利用呢？在《戲和叔永再贈詩卻寄綺城諸友》一詩中，他說：「詩國革命何自始？／要須作詩如作文」。「作詩如作文」就是他從古典詩歌中挖掘出的一個以「自然」爲訴求的詩學傳統。這一傳統來自宋詩，「由唐詩變到宋詩，無甚玄妙，只是作詩更近於作文，更近於說話」，「我那時的主張頗受了讀宋詩的影響。」

〔註1〕 胡適：《談新詩》，《中國現代文論選》（1），貴州人民出版社 1982 年版，第 14～15 頁。

〔註2〕 胡適：《談新詩》，《中國現代文論選》（1），貴州人民出版社 1982 年版，第 15 頁。

〔註3〕 胡適：《嘗試集・自序》，《胡適學術文集・新文學運動》，中華書局 1993 年版，第 381 頁。

〔註4〕不只是胡適接受了宋詩這一傳統，那一時期絕大多數詩人都以「作詩如作文」爲依據，追求詩歌創作的「自然」境界。1920年初，宗白華發表《新詩略談》，認爲：「新詩的創造，是用自然的形式，自然的音節，表寫天眞的詩意與天眞的詩境。新詩人的養成，是由『新詩人人格』的創造，新藝術的練習，造出健全的、活潑的，代表人性、國民性的新詩。」〔註5〕運用「自然」的形式，目的是爲造出「代表人性、國民性的新詩」，詩與人的啓蒙聯繫起來了；同年，康白情亦認爲「詩要寫，不要做；因爲做足以傷自然的美。不要打扮，而要整理；因爲整理足以助自然的美。」「最戕賊人性的是格律，那麼首先要打破的就是格律。」〔註6〕「自然」的便是人性的，格律就是戕害人性，成爲他面對傳統言說詩歌的基本邏輯。1922年，俞平伯在《〈冬夜〉自序》中寫道：「我不願顧念一切做詩底律令」，「我只願隨隨便便的，活活潑潑的，借當代的語言，去表現出自我」〔註7〕，在他看來，「當代的語言」才是「自然」的語言，人性化的語言；同年，鄭振鐸也主張：「詩的主要條件，決不是韻不韻的問題。」「詩之所以爲詩，與形式的韻毫無關係了。」〔註8〕古典詩歌所尊崇的韻成爲與詩無關的形式。「作詩如作文」是他們從民族詩歌傳統中獲取的一大資源，成爲那一時期他們共同的詩學立場，難怪胡適稱當時大多數詩人「都屬於『宋詩運動』」〔註9〕。

除宋詩外，他們還將視線轉向「元白」詩派和民間歌謠曲調，從中挖掘具有「自然」屬性的資源。「元白」詩派強調「歌詩合爲事而作」，「不求宮律高，不務文字奇」，力求「言直而切」，通俗平易，這種詩風深受胡適等早期白話詩人歡迎，成爲他們倡導白話詩歌的重要資源。廢名在《談新詩》中就曾明確地道出這一現象：「胡適之先生於舊詩中取元白一派作爲我們白話新詩

〔註4〕胡適：《逼上梁山》，《中國新文學大系·建設理論集》，上海良友圖書公司1935年版，第8頁。
〔註5〕宗白華：《新詩略談》，《中國現代文論選》（1），貴州人民出版社1982年版，第29頁。
〔註6〕康白情：《新詩底我見》，《中國現代文論選》（1），貴州人民出版社1982年版，第35～38頁。
〔註7〕俞平伯：《〈冬夜〉自序》，《中國現代文論選》（1），貴州人民出版社1982年版，第61頁。
〔註8〕鄭振鐸：《論散文詩》，《中國現代文論選》（1），貴州人民出版社1982年版，第48～52頁。
〔註9〕胡適：《胡適文存》（2），臺北遠東圖書公司1975年版，第214頁。

的前例」〔註 10〕。與此同時，劉半農、沈尹默、周作人等人於五四前後曾大
量徵集、編輯歌謠，研究歌謠藝術，並以歌謠形式進行創作。後來中國詩歌
會在新形勢下亦將視線轉向民間歌謠：「我們要用俗言俚語，／把這種矛盾寫
成民謠小調鼓詞兒歌，／我們要使我們的詩歌成為大眾歌調，／我們自己也
成為大眾的一個。」〔註 11〕由俗言俚語、民間歌謠等挖掘詩學資源實際上已
演化為新詩的一個重要傳統，1940 年代國統區、解放區的詩人均不同程度地
開掘過民間詩歌傳統，建國後大躍進民歌就更不用說了。

　　當然，隨著新詩探索的深入，也有不少人開始意識到這種啟蒙邏輯的危害
性。1923 年，陸志韋針對自由詩的「自然」化取向指出：「自由詩有一極大的
危險，就是喪失節奏的本意」，「文學而沒有節奏，必不是好詩。我並不反對把
口語的天籟作為詩的基礎。然而口語的天籟非都有詩的價值，有節奏的天籟才
算是詩。」「詩的美必須超乎尋常語言美之上，必經一番鍛鍊的功夫。節奏是
最便利，最易表情的鍛鍊。」「節奏千萬不可少，押韻不是可怕的罪惡。」〔註
12〕他清楚地意識到「口語的天籟」不一定有詩意，詩美生成於「超乎尋常語
言美之上」，所以節奏、押韻這種古典詩歌經驗對於現代詩美的建構非常重要。
1926 年，聞一多以更強烈的語氣表達了自己對於白話詩人擇取古典詩歌、創造
新詩的自然化啟蒙立場的不滿：「詩國裏的革命家喊道『飯返自然！』其實他
們要知道自然界的格律，雖然有些像蛛絲馬蹟，但是依然可以找得出來。不過
自然界的格律不圓滿的時候多，所以必須藝術來補充它。」「偶然在言語裏發
現一點類似詩的節奏，便說言語就是詩，便要打破詩的音節，要它變得和言語
一樣——這真是詩的自殺政策了。」〔註 13〕他認為詩是靠節奏激發情感的，而
節奏就是格律，所以詩不能廢除格律。同年，穆木天、王獨清等表達了類似的
觀點，穆木天說：「現在新詩流盛的時代，一般人醉心自由詩，這個猶太人發
明的東西固然好；但我們得知因為有了自由句，五言的七言的詩調就不中用了
不成？七絕至少有七絕的形式的價值，有為詩之形式之一而永久存在的生命。」

〔註 10〕　馮文炳：《談新詩》，人民文學出版社 1984 年版，第 28 頁。
〔註 11〕　任鈞：《關於中國詩歌會》，《中國現代文論選》（1），貴州人民出版社 1982 年版，第 232～241 頁。
〔註 12〕　陸志韋：《我的詩的軀殼》，《中國現代文論選》（1），貴州人民出版社 1982 年版，第 66～70 頁。
〔註 13〕　聞一多：《詩的格律》，《中國現代文論選》（1），貴州人民出版社 1982 年版，第 96 頁。

〔註14〕他認為新詩應朝「純粹詩歌」方向發展,認為古典詩人所創造的格律藝術是新詩創作的有效資源,而胡適的「作詩須得如作文」則是一種非詩主張;王獨清與之相呼應:「求人瞭解的詩人,只是一種迎合婦孺的賣唱者,不能算是純粹的詩人!」〔註15〕否定了新詩求人瞭解這種啟蒙主義邏輯。

周作人、梁實秋、陳夢家、何其芳等人後來均表達了對新詩審視、擇取古典詩歌這種「自然」化立場的不滿,他們對於傳統詩歌資源的挖掘、實驗也一定程度地改變了新詩過於自然化的趨向。然而,由於胡適的觀點是在新詩發軔期提出來的,實際上成為五四新詩建構的「金科玉律」,其影響相當廣泛、深入,加之中國現代社會歷史更適宜於口語化、「自然」化詩歌的生長,如穆木天在1930年代初詩歌主張就發生了變化,由「純詩」立場轉為倡導大眾歌調,所以啟蒙邏輯及其給新詩所帶來的「自然」化、口語化傾向,在總體上並未真正改變。

迄今為止,新詩已走過近百年的歷程,我們究竟應該如何評說這一啟蒙邏輯呢?詩貴自然是詩歌史給我們的一大啟示,詩人們在創作中確實應持有一種自覺的「自然」意識,努力將詩歌寫得自然而富有詩意。中國新詩在草創期及其後來不同歷史階段強調詩的「自然」性,對於中國詩歌走出泥古傾向,走進「現代」,拓展新的詩歌空間,創造「現代」話語,確實非常重要,其積極的詩學意義不可低估。然而,我們更不應該低估其深遠的負面影響。胡適等人是在現代啟蒙語境中言說「自然」的,他們的「自然」已經不是傳統詩學中的「自然」,而是著上了濃厚的啟蒙色彩,是一個與封建「腐朽」、「落後」性相對立的具有「進步」內涵的概念。他們以為古典詩歌中那些具有「自然」特點的傳統必然具有歷史「進步」性,所以擇取它們是一種合歷史潮流、目的的「進步」行為,而那些非「自然」的傳統則是封建反動的,必須擯棄。這種啟蒙邏輯使他們將「自然」性與現代詩性等同起來,以為「自然」的就是詩的,將「自然」視為評判詩歌的一個基本標準,一味地追求「自然」化。然而,自然的不一定就是詩性的,詩性的也不一定是「自然」的,這是常識,而啟蒙邏輯的「進步」陷阱使他們在言說新詩與傳統關係和評判詩歌時往往不顧常識,反常識性是現代啟蒙邏輯常犯的一個通病。

---

〔註14〕穆木天:《譚詩》,《中國現代文論選》(1),貴州人民出版社1982年版,第77～82頁。
〔註15〕王獨清:《再譚詩》,《創造月刊》1926年第1期。

　　那麼，以「自然」立場審視看取古典詩歌傳統，創作中一味追求「自然」性，其問題究竟出在哪裏呢？我以爲在根本上是由於對古典詩歌「自然」訴求的語境、現代白話詩與「自然」關係等問題缺乏一種眞正學理性的考察與詩學層面的反思。古典詩歌以「自然」爲訴求的革新是在文言寫作這一言文分離的基本語境中進行的。文言是一種被提純的知識分子話語，具有「貴族」化、非「自然」的特點，格律等藝術又是在文言語境中逐漸建構起來的，它們在催生詩意的同時又不同程度地制約著詩人的自由，並使詩歌藝術不斷地朝貴族化、人爲化發展，這一詩歌語境導致古代詩歌史上不斷興起以「自然」爲訴求的革新運動，以制約貴族化傾向的發展，所以古典詩歌的「自然」化訴求是非常必要的，正是因爲這種不斷向民間、向詩之外求「自然」的行爲，中國詩歌才在總體上避免了陷入言語封閉的象牙之塔。文言語境中這種不斷強調自然性的經驗，對於倡導白話詩以取代文言詩是一個有力的依據，但當眞正以白話進行詩歌寫作時，古典詩歌以「自然」爲訴求的經驗就不一定有效，起碼不能一味地強調自然性。因爲白話本身就是一種極其自然的語言，用這種語言寫出的詩歌有一種天生的自然屬性，而這種自然性總體上看又有一種非詩性的傾向或者說特徵，所以運用白話創作詩歌時應有意識地吸納古典詩歌的審美經驗與形式藝術，將其化入現代白話之中，豐富現代白話的表現力，使白話這種自然化的語言獲得盡可能多的詩性成分，以改變白話詩歌因固有的自然性所導致的非詩性傾向。

　　然而，啓蒙主義使胡適等人在擬構新詩發展路向、想像新詩未來時，考慮的仍是詩歌如何自然化、大眾化的問題，對古典詩歌「自然」訴求的文言語境缺乏應有的考察，誤以爲現代白話詩歌創作完全可以照搬古典詩歌「以文爲詩」這種散文化、自然化之經驗，忽略了「以文爲詩」發生的文言語境，特別是文言轉換爲白話所帶來的詩性問題。他們擇取古典詩歌中那些具有「自然」性的傳統，而堅決擯棄「雅致」的傳統，使白話這種自然的話語失去了必要的「雅化」處理，變得越發「自然」，也就是在「自然」路徑上走向了極端，於是所謂的白話詩歌在許多人那裡事實上成爲一堆大白話。

　　這種啓蒙邏輯給新詩發展帶來的後遺症非常嚴重。由於古典詩歌中許多雅致的傳統被視爲非進步的因子，一代又一代的「青年」詩人（他們中的許多人已經成爲老年）只熱衷於以流暢的白話口語做詩，缺乏自覺吸納古典詩歌形式藝術的意識。他們不讀古典詩歌，不研究古典詩歌藝術，以至於今天

絕大多數詩人不懂古典詩歌中那些優雅的藝術，幾千年的漢語詩歌資源對於他們來說在相當程度上變爲無意義的存在，新詩自然化、口語化傾向愈演愈烈。一些人也意識到這種自然化的非詩性問題，他們往往借用西方現代主義詩歌的某些創作經驗，如通過顛覆現有語法規則製造陌生感以生成詩意，這類探索當然不是沒有成效，但僅靠這種方法顯然是不夠的。

　　白話新詩已有近一個世紀的歷史，它的許多藝術因子來自西方，或者是由自體不斷再生出來的，它與民族古典詩歌已經不是近親，而是相當疏遠了，從優生學角度看，新詩也確實到了應自覺吸納古詩藝術的時候了。所以，新世紀詩人們面臨的一個重要問題就是如何有效地發掘、吸納古典詩歌藝術，以改變新詩要麼過於口語化、要麼過於晦澀的傾向，使新詩眞正成爲極具詩意、詩味的詩。

# 六、郭沫若早期新詩的生成起點

　　近一個世紀以來，郭沫若因其早期詩歌「絕端的自由」〔註1〕的詩思與形式而被闡釋成爲中國新詩的眞正奠基人，這一結論自然是可信的，而且實際上已被一個世紀的讀者所接受。然而，問題是從五四思想革命這一外在角度對郭沫若早期詩歌「絕端的自由」的形成根源的解釋，事實上偏離了作爲個體的詩人創作時的眞實心境，以至於對詩人早期詩歌的解讀在相當程度上變爲一種空洞的時代話語。本文旨在穿越啓蒙話語的迷霧，還原詩人新詩的生成起點，對其包括《女神》在內的早期詩歌創作的心理動力、內在邏輯等作一個全新的闡釋。

　　翻開郭沫若早期詩歌，一個極爲醒目的事實，是以死亡爲詩題或抒寫內容的作品佔了很大的比例，如《死的誘惑》、《火葬場》、《死》、《湘累》、《鳳凰涅》、《Venus》、《夜步十里松原》、《夜》、《心燈》、《爐中煤》、《司健康的女神》、《勝利的死》、《棠棣之花》、《好像是但丁來了》、《地震》、《石佛》、《太陽沒了》、《我們在赤光之中相見》，以及稍後的《瓶·第四十一首》、《懷亡友》、《如火如荼的恐怖》等。這些詩中反覆出現的一些核心意象是：墳墓、幽光、靈光、囚牢、地獄、孤舟、戰慄、黑暗、夜、火、縹緲的天、地底，等等。顯然，死亡是他當時關注的一個中心問題，是其新詩生成的起點。

　　他的第一首詩《死的誘惑》，寫於 1916 年，表現的是生的煩惱所激起的一種自殺衝動，死對於詩人來說被理解成爲擺脫痛苦的終極方式。1919 年創作的《死》同樣將死看成是「眞正的解脫」途徑，將它比作「情郎」，不過此

---

〔註1〕　郭沫若：《論詩三劄》，《文藝論集》，人民文學出版社 1979 年版，第 217 頁。

時詩人的內心卻充滿矛盾,「我心兒很想見你,／我心兒又有些怕你。」詩人開始意識到了死亡的恐怖。同年,在《夜步十里松原》中,他禁不住吟道:「我的一枝枝的神經纖維在身中戰慄」,置身古松原遠望大海「白茫茫一片幽光」,絕望的體驗令生命戰慄。這一時期,詩人整個地被死亡所纏繞,死之恐懼與絕望驅使他不停地思考、寫作,死之思與體驗成為其詩抒寫的基本內容:「我這瘟頸子上的頭顱／簡直好像那火葬場裏的火爐;／我的靈魂兒,早已燒死了!」(《火葬場》);「黑暗的夜!夜!／我真正愛你,／我再也不想離開你。」(《夜》);「我怕我睡了去又來些夢魔來苦我。他來誘我上天,登到半途,又把梯子給我抽了。」「我立在破滅底門前只待著死神來開門。」「我們魂兒戰慄不敢歌」(《湘累》);「一枝枝的煙筒都開著了朵黑色的牡丹呀!」(《筆立山頭展望》);「我把你這對乳頭,／比成著兩座墳墓。／我們倆睡在墓中,／血液兒化成甘露!」(《Venus》)。他在想像中體驗死亡,在死亡威脅中書寫自我與死亡的關係,死亡意識不斷強化自我的無力感。

生存的有限性使人無法迴避對於死亡的思考,但死亡意識的自覺在不同個體那裡發生的年齡段不同,郭沫若是在 20 幾歲的青春期思索死亡問題的,是什麼促使他在人生花季體驗無法逃避的死亡威脅呢?1923 年,他談到了這一問題:「寄居異鄉,同時又蘊含著失意的結婚之悲苦的我,把少年人活潑的心機無形中傾向在玄之又玄的探討上去了。民國五六年的時候正是我最彷徨不定而且最危險的時候。有時候想去自殺。」〔註2〕現實的失意落魄使他想到自殺,希望以死亡解脫人生悲苦,這樣死亡意識在他年輕的心靈中出現、生長,他開始思索玄之又玄的生命存在與死亡問題。自殺是主體的自覺行為,而必死無疑則是與人的主體意識無關的天理:「把我們的心眼睜開內觀外察,我們會知道我們才是無邊的海洋上一葉待朽的扁舟,我們會知道我們才是漫漫的黑夜裏一個將殘的幽夢,我們會知道我們才是沒破的監獄內一名既決的死囚。」〔註3〕「待朽的扁舟」、「將殘的幽夢」、「既決的死囚」表述了詩人此時對於生命有限性的無助體驗與根本絕望,詩人生活在死亡的恐懼之中。

於是,如何擺脫死亡恐懼,便成為困擾詩人的「玄之又玄」的問題,冥

---

〔註 2〕郭沫若:《太戈兒來華的我見》,吳宏聰等編:《創造社資料》(上),福建人民出版社 1985 年版,第 334 頁。

〔註 3〕郭沫若:《波斯詩人莪默伽亞謨》,吳宏聰等編:《創造社資料》(上),福建人民出版社 1985 年版,第 282 頁。

思的結果是：「科學不能答應我們。答應我們這種問題的權能，在他的職分之外，也怕是在我們人類智力的範圍以外。」〔註4〕詩人意識到近代以來被視為神話的科學對人的生命現象只能做一些技術性的分析，未能給出一個根本的答案。對科學的失望使詩人將思考轉向形而上和宗教的層面：「形而上學者假擬出一個無始無終的本體，宗教家虛構出一個全能全智的上帝，從而宗仰之，冥合之，以圖既失了的樂園之恢復；但是懷疑盡了頭的人，這種不兌換的紙幣，終竟要失掉了他的效力。」〔註5〕顯然，哲學史上那些抽象的「本體」論無法說服他；他這裡所說的宗教實為基督教，他因受過現代科學洗禮，主觀意力又非常強烈，所以對基督的上帝之說亦不相信：「不相信那縹緲的天上，／還有位甚麼父親」（《地球，我的母親》），上帝無法拯救他。

怎麼辦？他沒有停止玄思，終於發現必死無疑的「既決囚」只剩下三條路可走：「第一，便是自然的發狂；第二，便是人為的自殺；第三，便是徹底的享樂。」〔註6〕歷史上憂其命至於發狂者、自殺者不計其數，而沒有發狂和自殺的人，大悟一番後便大都走上享樂之途。郭沫若是一個執著於生活的人，他沒有自殺，亦沒有發狂，而是選擇了「享樂」作為生存方式。在他看來，享樂分積極和消極兩種。所謂消極享樂就是意識到自己的「生存日月為一種眼不能見的存在所剝削」，想到「身死之後，一切事業終歸於已無有」，便即時行樂，沉湎於酒。中國古代詩歌對此有大量的記載，如《古詩十九首》第三首曰：「人生天地間，忽如遠行客。斗酒相娛樂，聊厚不為薄。」劉伶的《酒頌》、李白的《春夜燕桃李園序》均表現了「浮生若夢」「唯酒是務」的思想。在郭沫若看來，「酒便是他們的上帝，便是他們的解救者。」「他們正於飲酒的行為之中，發現出一種涅的樂趣。」〔註7〕。然而，這種消極的「享樂」未能解決郭沫若的生存困惑，他無法由此獲得一種生的平靜與滿足，於是，他選擇了一種積極「享樂」的生存方式。

什麼是積極的「享樂」呢？他如此解釋：「想陶醉於一種對象之中，以忘

---

〔註4〕　郭沫若：《波斯詩人莪默伽亞謨》，吳宏聰等編：《創造社資料》（上），福建人民出版社1985年版，第283頁。

〔註5〕　郭沫若：《波斯詩人莪默伽亞謨》，吳宏聰等編：《創造社資料》（上），福建人民出版社1985年版，第283頁。

〔註6〕　郭沫若：《波斯詩人莪默伽亞謨》，吳宏聰等編：《創造社資料》（上），福建人民出版社1985年版，第283頁。

〔註7〕　郭沫若：《波斯詩人莪默伽亞謨》，吳宏聰等編：《創造社資料》（上），福建人民出版社1985年版，第285～288頁。

卻此至可悲憐的自我。司皮諾若（Spinoza）陶醉於神，歌德陶醉於業，便是積極的一種。」顯然，他所謂的積極享樂包括「神」與「業」，是由「神」與「業」所構成的。

「業」是佛教術語，指一切有意識與目的的行爲。郭沫若這裡所謂的「業」指的則是歌德浮士德式的存在行爲。歌德的宇宙觀是「泰初有業」，認爲「宇宙自有始以來，只有一種意志流行，只有一種大力活用。」由這種宇宙觀演繹出來的人生哲學就是：「讓汝一生成爲業與業之連鎖！」〔註8〕歌德的「業」就是不斷地追尋某種至眞至善至美的境界。

這種「業」在郭沫若那裡的具體表現形式就是詩歌創作。郭沫若曾說雪萊的詩是雪萊的生命，而他之所以翻譯雪萊的詩就是要使自己成爲雪萊，獲得雪萊那樣的生命體驗。詩是雪萊的生命，所以也就是郭沫若的生命。郭沫若是以詩歌創作爲「業」，以圖充分領略自我內在的痛苦，宣泄胸中鬱積，盡情燃燒自我，探索人生秘密，希望由此體驗到一種「絕對的自由」〔註9〕。

然而，這種「業」仍是一種現世行爲，未能使郭沫若眞正獲得一種超越死亡的體驗。所以，他沒有僅僅在現實生活層面思考問題，而是努力爲「業」注入某種形上的內容，使其獲得超越性。這種形上的內容在他那裡就是神。是什麼神呢？他說得非常清楚，是「泛神」。

何謂「泛神」？「泛神」出現於16、17世紀的西歐，是當時人們的一種神學觀，代表人物是荷蘭的司皮諾若（Spinoza）和意大利的布魯諾。這種觀念將神視爲非人格的本原，並與自然界相等同，認爲本體即神，神即自然，否認神是自然界的創造主。

郭沫若是如何理解「泛神」的呢？他爲何要爲「業」注入「泛神」？他說：「泛神便是無神。一切的自然只是神底表現，我也只是神底表現，我即是神，一切自然都是我的表現。人到無我的時候，與神合體，超絕時空，而等齊生死。」〔註10〕顯然，他既把握住了西方「泛神」論的基本思想，但又作了自己的闡釋，提出了「我即是神」的看法。由「我」的出場不難看出這段

---

〔註 8〕郭沫若：《波斯詩人莪默伽亞謨》，吳宏聰等編：《創造社資料》（上），福建人民出版社1985年版，第284頁。

〔註 9〕郭沫若：《雪萊的詩》，吳宏聰等編：《創造社資料》（上），福建人民出版社1985年版，第293～294頁。

〔註10〕郭沫若：《〈少年維特之煩惱〉序引》，吳宏聰等編：《創造社資料》（上），福建人民出版社1985年版，第274頁。

話的重心其實在後面部分，即「人到無我的時候，與神合體，超絕時空，而等齊生死」，就是說他言說「泛神」不是爲了作一種抽象的理論探討，而是要將它引入自己的「業」中，使之獲得超越性，以解決困惑自己的生死問題。

需要特別指出的是，長期以來人們在談論郭沫若的泛神思想時，往往只引用這段話的前面幾句，而捨棄了後面的「人到無我的時候，與神合體，超絕時空，而等齊生死」。這無疑是斷章取義，沒有把握住郭沫若言說泛神的眞實心境與目的，自然也就沒有看透「泛神」對於郭沫若的原初意義。

在那段話的後面，郭沫若繼續寫道：「人到一有我見的時候，只見宇宙萬彙和自我之外相，變滅無常而生生死存亡之悲感。萬物必生必死，生不能自持，死亦不能自阻，所以只見得『天與地與在他們圍周生運動的力，除是一個永遠貪婪，永遠反芻的怪物而外，不見有別的』。此力即是創生萬彙的本源，即是宇宙意志，即是物之自身——Ding an sich。能與此力瞑合時，則只見其生而不見其死，只見其常而不見其變。體之周遭，隨處都是樂園，隨處都是天國，永恆之樂，溢滿靈臺。」而「人之究竟，唯在此永恆之樂耳。欲求此永恆之樂，則先在忘我。」〔註11〕顯然，郭沫若「泛神」論的內在思想資源非常複雜，它在西方原初的泛神論基礎上，化入了王陽明的「萬物一體」的宇宙觀、莊子的「天地與我並生，萬物與我爲一」的思想，同時還融入了大乘佛教的「無住涅槃」。

以這種「泛神」爲靈魂，「業」便獲得了一種巨大的能量，追求「業」的過程便眞正成爲一種「享樂」，這種「享樂」實際上就是一種超越性體驗，用郭沫若的話說就是：「人生一切的痛苦都要在他內部的自我中領略，把一切的甘苦都積在胸中，把自身的小己推廣成人類的大我」，「把一己的全我發展出去，努力精進，圓之又圓，靈不偏枯，肉不淩辱，猶如一隻帆船，既已解纜出航，便努力撐持到底，猶如一團星火，既已達到燒點，便盡性猛烈燎原」，〔註12〕其核心是「靈不偏枯」、「肉不淩辱」，也就是進入「無我」境界，「與神合體」，「超絕時空」而「等齊生死」。這種超越性體驗對於主觀意志非常強的郭沫若來說，事實上是沒有太多邏輯可言的，是中外多種思想資源所形成

---

〔註11〕郭沫若：《〈少年維特之煩惱〉序引》，吳宏聰等編：《創造社資料》（上），福建人民出版社 1985 年版，第 274〜275 頁。

〔註12〕郭沫若：《波斯詩人莪默伽亞謨》，吳宏聰等編：《創造社資料》（上），福建人民出版社 1985 年版，第 284〜285 頁。

的結構性力量將爲生死問題所困的詩人導入這種超越性境界的，它有如一種天啓。其實，在人類的情感、精神生活中，這是一種普遍性現象，最典型的就是宗教信仰，它是非理性的，是經不起邏輯推敲的，是沒有太多道理可言的。

其詩《鳳凰涅槃》借阿拉伯神話詩化地呈現了這一形上的存在體驗。詩歌開篇「引言」寫道：「天方國古有神鳥名『菲尼克司』(Phoenix)，滿五百歲後，集香木自焚，復從死灰中更生，鮮美異常，不再死。」菲尼克司死而復生、不再死的神話與詩人的存在體驗相契合，不僅爲他的言說提供了場景與對象，而且進一步強化了他的體驗與形上認識。

詩中的鳳凰即詩人自己，詩歌對決定鳳凰生命存在的時間作了清晰的展示：「他們的死期將近了」、「他們的死期已近了」、「死期已到了」，這是無法逃避的時間宿命。正是這一宿命使鳳凰質問自我生命所寄生的宇宙空間爲何如此冷酷、黑暗，爲何養育生命又將生命推向死亡深淵，使生命在絕望中感到宇宙有如「屠場」、「囚牢」、「墳墓」、「地獄」，爲何到處是「死屍」，使生命彷彿「一剎那的風煙」，使「我們這縹緲的浮生」在孤獨無援中不知「到底要向哪兒安宿？」，他悲憤地質問宇宙來自哪兒，爲什麼存在，而且「你的當中爲什麼又有生命存在？」時間意義上的死亡問題無法解決時，詩人便將它納入空間去思考、探索，將對時間的不滿情緒發泄到宇宙空間，而對詩人這一系列的質問，宇宙天地不應，實際上天地也無法回應，因爲它們無法改變生命必死的現實。其實，發問只是絕望中悲憤情緒的表達，詩人並沒有指望天地作答，質問體現了一種不屈的意志，他要自己駕馭死亡，自己選擇死亡的方式，也就是集香木自焚。這樣，死亡就成爲人的意志控制的一種行爲，而這種自我控制主要還不是體現在死亡方式的選擇上，而是死後的更生。「鳳凰更生歌」是全詩的重心：「死了的光明更生了」、「死了的宇宙更生了」、「死了的鳳凰更生了」，「鳳凰更生」意味著在質問宇宙空間後成功地逃離了時間的控制，人戰勝了時間，或者說打破了時間宿命。所以在詩歌結尾詩人用了很大的篇幅，抒寫鳳凰更生後的歡唱情緒，它們在靈魂深處體味到自我生命的新鮮、淨朗、華美、芬芳，感到從未有的熱誠、摯愛、歡樂、和諧，體驗著自我的生動、自由、雄渾和悠久，這是一幅生命死而復生的壯觀圖景。

正是因爲現世的死亡問題被解決，詩人寫作此詩時才獲得了一種天啓般的神秘體驗：「上半天在學校的課堂裏聽講的時候，突然有詩意襲來，便在抄

本上東鱗西爪地寫出了那詩的前半。在晚上行將就寢的時候，詩的後半的意趣又襲來了，伏在枕上用著鉛筆只是火速的寫，全身都有點作寒作冷，連牙關都在打戰。就那樣把那首奇怪的詩也寫了出來。」〔註13〕這是人戰勝時間宿命時的一種情緒釋放狀態，一種生命更生時的陣痛，是人的意志力充分釋放時的勝利感。

　　那麼。死而復生對詩人來說意味著什麼呢？它給詩人帶來了什麼？死而復生解決了生命的終極歸宿問題。「死」不再可怕，因爲它是獲得更理想的「生」的一個環節，一種由人的意志力控制的行爲，所以它實際上成爲生的鏈條上一個促使生命昇華的短暫過程。於是，死亡問題便轉換成了「生」的問題，詩人的關注點也就隨之轉移到「生」上來了，就是說如何「生」便成爲一個根本性的問題，人的價值、意義也只有在現世生活中去獲得。而此時的詩人已不再是死亡威脅中的無助者，他具有一種戰勝一切的意志力，一種超凡的自信心，自我無限膨脹，獲得凌駕天地宇宙的力量。在這種超凡意志力驅使下，他創作了《天狗》、《立在地球邊上放號》、《我是個偶像崇拜者》、《匪徒頌》、《太陽禮贊》、《晨安》、《巨炮之教訓》等詩。自我在生命本原意義上被徹底解放了，「我崇拜偶像破壞者，崇拜我！」（《我是個偶像崇拜者》），「我讚美我自己！」（《梅花樹下醉歌》），「我自由創造，自由地表現我自己」（《湘累》），「我把全宇宙來吞了，／我便是我了！」（《天狗》），自我橫空出世，將天地萬物統攝在自己意志力下。對他來說，操縱生命存在的時間被打碎而失去意義，時間不再構成詩歌的基本意象與書寫內容，而空間意象則大規模地出現，如地球、宇宙、日、月、星球、火、山嶽、海洋、江河、萬里長城、金字塔、太平洋、大西洋、恒河、喜馬拉雅山，等等。它們是一些對於人類來說尙未完全被認知或根本未被認知的物象，曾經對詩人構成巨大的威脅，令「既決囚」的詩人感到恐懼不安，而現在它們卻被獲得絕對意志力的詩人自由駕馭。在詩人眼中，它們不再是地獄、囚牢、墳墓，詩人由它們所感受的不再是恐懼、陌生與冷酷，而是溫暖和征服的快感。他自由地行走在宇宙萬物間，宇宙萬物已沒有族性區別，只是相對於生命存在的空間，是生命展示精神力量的場景，甚至道具。自我力量既外射於物，又時時指向本身，「我剝我的皮，／我食我的肉，／我吸我的血，／我齧我的心肝」（《天狗》），對

---

〔註13〕郭沫若：《我的作詩的經過》，《郭沫若全集》文學編第 16 卷，人民文學出版社 1989 年版，第 217 頁。

自我進行嚴峻的審視、追問，這是眞正的自我解放者所具有的自信力與品格。

詩人的意志力穿透了宇宙天地，他心中也有天，但那不是西方上帝主宰的天，而是牛郎、織女「閒遊」的「市街」樂園（《天上的市街》），具有人間性，是人間天堂。他不相信基督上帝：「我不相信那縹緲的天上，／還有位甚麼父親」；於是，他將目光由虛幻的上帝轉向「實有性」的地球，相信地球是自我生命的搖籃與證人：「地球！我的母親！／你是我實有性的證人，／我不相信你只是個夢幻泡影，／我不相信我只是個妄執無明。」地球看得見摸得著，給了他自我生存的所需與場景，確證了他生命的存在。他覺得是地球而不是上帝給了他靈魂的安慰，所以他要以勞動報答「實有性」的地球——母親（《地球，我的母親》）。對上帝的不信是以強烈的自我意識爲前提的，自我與上帝構成一種緊張關係：「你在第七天上爲甚便那麼早早收工，／不把你最後的草稿重加一番精造呢？／上帝，我們是不甘於這樣缺陷充滿的人生，／我們是要重新創造我們的自我。／我們自我創造的工程，／便從你貪懶好閒的第七天上做起」（《創世工程之第七日》），上帝不可靠，只有靠自己，自我創造、自我完成構成此時詩人最重要的特徵。

既然自我生命「永遠不死」〔註 14〕，那麼如何生活、如何使永在的生命具有價值和意義就成爲一個非常重要的問題，實際上也是郭沫若此後不斷思索、探尋的中心。他崇仰歌德，而「歌德不求之於靜，而求之於動。……自我之擴張，以全部的精神以傾倒於一切！」〔註 15〕歌德啓示他選擇了一種「動」的生活，這種生活的一個重要特徵是無限崇拜強力，勢以強力穿透一切：「力喲！力喲！」，「不斷的毀壞，不斷的創造，不斷的努力喲！」（《立在地球邊上放號》）。他要以生命的強力毀壞舊的世界：「一切的偶像都在我面前毀破！／破！破！破！」（《梅花樹下醉歌》），破除有礙生命存在、自由發展的既有社會秩序和價值體系；創造新的世界：「我要去創造個新鮮的太陽！」（《女神之再生》），「我創造尊嚴的山嶽、宏偉的海洋，我創造日月星辰」（《湘累》），爲生命創造理想的存在場景。他要以自我強力穿透宇宙人生，特別是藝術，「力的繪畫，力的舞蹈，力的音樂，力的詩歌，力的律呂喲！」（《立在地球邊上

---

〔註14〕郭沫若：《〈創造日〉停刊布告》，吳宏聰等編：《創造社資料》（上），福建人民出版社 1985 年版，第 490 頁。

〔註15〕郭沫若：《〈少年維特之煩惱〉序引》，吳宏聰等編：《創造社資料》（上），福建人民出版社 1985 年版，第 275 頁。

放號》)。這種強力意志在客觀上構成了對溫柔敦厚、思無邪等傳統的人格理想和詩學觀念的挑戰和反叛。他深信「人生之力，全由我們詩人啓示！」〔註16〕所以他要「借文學來以鳴我的存在，在文學之中便借了詩歌的這隻蘆笛。」〔註17〕他要以詩歌作浮士德式的探尋，這是他認爲的理想的生活。他宣稱「20世紀是文藝再生的時候」，「是藝術家賦與自然以生命，使自然再生的時候」，「藝術家不應該做自然的孫子，也不應該做自然的兒子，是應該做自然的老子！」〔註18〕世界本無意義，通過自我的探尋以詩的方式賦予世界以生命、力量和意義，而這個過程對於自我來說則是意志釋放的過程，是自由本質獲取的途徑，更是自我價值和意義的實現。所以，他此時的文學觀是非功利主義的：「可憐的是功利主義的無聊作家之淺薄喲！續貂狗尾，究竟無補於世！」〔註19〕文學特別是詩歌在他看來是揭示、表現自我存在本質的聖業，是自我拯救的有效途徑，而不是無關生命存在的某種工具。詩在他那裡真正成爲一種生命之思，一種靈魂的棲居地。

郭沫若認爲：「生命底文學是個性的文學，因爲生命是完全自主自律的。」「創造生命文學的人只有樂觀：一切逆己的境遇乃是儲集 Energy 的好機會。Energy 愈充足，精神愈健全，文學愈有生命，愈真、愈善、愈美。」〔註20〕郭沫若早期詩歌創作是由生命死亡問題所引起的，是死亡之思詩。死後能否更生在知識的層面上顯然是一個問題，但信仰與知識不同，它不需要證明。「死而更生」作爲一種生存信仰，使詩人逃離了時間的控制，獲得絕對的樂觀與力量，使生命的能量得以完全釋放，獲得絕對自由的形式，所以他的詩歌是真正關於生命的詩歌，他也因此成爲一位真正的詩人。他後來的革命詩歌和革命的人生歷程，與他早期詩歌對於生命的理解之間存在著內在的聯繫性，就是說他後來的文學與人生是他早年對於生存價值、意義探索的一個邏輯發展或變奏。

---

〔註16〕郭沫若：《自然與藝術——對於表現派的共感》，吳宏聰等編：《創造社資料》（上），福建人民出版社 1985 年版，第 67 頁。

〔註17〕郭沫若：《論國內的評壇及我對於創作上的態度》，吳宏聰等編：《創造社資料》（上），福建人民出版社 1985 年版，第 14 頁。

〔註18〕郭沫若：《自然與藝術——對於表現派的共感》，吳宏聰等編：《創造社資料》（上），福建人民出版社 1985 年版，第 66 頁。

〔註19〕郭沫若：《〈少年維特之煩惱〉序引》，吳宏聰等編：《創造社資料》（上），福建人民出版社 1985 年版，第 279 頁。

〔註20〕郭沫若：《生命底文學》，《郭沫若論創作》，上海文藝出版社 1983 年版，第 4 頁。

　　五四以來，許多人深刻地論述了郭沫若早期詩歌所具有的反偶像、自我表現、個性解放的精神，揭示出《女神》抒情主體的獨特性格，其結論具有相當的思想穿透力。然而，他們的論述主要是從啓蒙思想的角度進行的，未能冷靜地弄清詩人創作時的眞實心境與衝動，未能揭示出詩歌的死亡主題，個別論者偶而談到詩人的死亡書寫則往往「將個人性的死亡之思納入社會意義空間進行論說，將其社會化，且大都是支離破碎的」〔註21〕，這樣他們對郭沫若早期詩歌的解讀大都是在脫離詩人生命獨特語境情況下的一種誤讀，他們所謂的「現代性」相當程度上是在脫離個體精神語境情勢下被講述出來的（當然，郭沫若早期詩歌在客觀上確實具有「現代」性徵，與當時時代趨向相暗合，這是它們被講述的主要原因）。不過，五四時期的闡釋、「講述」對於郭沫若來說又起了一種極大的暗示與引導作用，使他不斷地由個體存在之思轉向對外在的時代主題的思索與書寫，自覺地融入到時代的洪流之中，由此成爲時代的弄潮兒。

---

〔註21〕 方長安：《對話與 20 世紀中國文學》，湖北人民出版社 2005 年版，第 308 頁。

# 第二編　文化對話與形象塑造

# 一、1920 年前後新詩中的「西方」

　　1920 年前後，中國社會步入轉型期，傳統秩序受到文化激進主義的猛烈挑戰，「西方」作爲異質存在對舊有文明形成巨大挑戰。這一時期破土而出的新詩，成爲知識分子發抒情感、言說思想的新型載體。文化新人們的詩情畫意，不再如舊式詩人那樣萌生於傳統農耕文明，詩作承載的不再是天下主義的時空理想，而是與「西方」有著直接關聯的個體情感與文化訴求。這一時期的不少詩人書寫了自己對西方社會、歐美文明的感受，表現了對西方現代文化的中國式理解與想像，「西方」作爲他者以不同姿態時現時隱地出現在許多新詩中。

## （一）

　　1920 年前後，那些熱衷於書寫西方的新詩人，對歐美世界、西洋文明的認識，較之於 19 世紀中後期的中國詩人不同，他們的西方意識主要不是來自書本，不是道聽途說，對西方的言說，大都不是主觀臆想，而是基於遊曆西方世界的所見所聞，是切身感受的記錄與表現。弱國子民初臨西方，人地生疏，生活不順，文化不適，心理敏感，主觀感受壓倒了客觀認知，於是詩中的「西方」大都是感受層面的存在，且多不美好。

　　1920 年，劉半農攜妻女留學歐洲，生活困頓、不適，同年 6 月於倫敦創作新詩《稿子》，抒發經濟拮据、生活困苦之情。詩中主人無錢給病中妻子請醫生，無錢滿足孩子吃一個煮雞蛋的小小願望。那時，他眼中看到的是「岑寂的黃昏」、「岑寂的長街」、「冷酷的電光」，倫敦並不美好，「黃昏」「岑寂」是其感受；「我不能把我的腦血，／做你汽車裏的燃料！」，表達了詩人貧困

無助中萌生的對於西方現代文明的警覺、不滿乃至抗拒的心態，個我在與現代「西方」相對時，激起維護生命尊嚴的自主意識。倫敦如此岑寂、冷酷，巴黎又如何呢？1921 年 8 月，劉半農在《巴黎的秋夜》中吟道：那裡同樣沒有「一絲的天日」，沒有光明，只有「陰森森的四座牆」。這是弱國子民眼中的歐洲浪漫之都。有感於拉丁區的生存苦相，聯想到中國北京窮人的苦難生活，劉半農還以京調創作了《麵包與鹽》，曰「咱們不要搶吃人家的，／可是人家也不該搶吃咱們的」，控訴社會不公不正，構成作品的主題基調。浪漫繁華的巴黎同北京一樣，也有不平與貧窮，這是詩人所見，更是所感。如此巴黎不同於未曾親臨歐洲的中國知識分子所幻想出的平等、自由的現代化「西方」。

聞一多留美期間致梁實秋的信中寫道：「一個『東方老憨』獨居在一間 apartment house 底四層樓上，擡頭往窗口一望，那如像波濤的屋頂上，只見林立的煙囪開遍了可怕的『黑牡丹』；樓下是火車、電車、汽車、貨車（trucks，運物的汽車，聲響如雷），永遠奏著驚心動魄的交響樂。」〔註1〕「可怕」、「驚心動魄」是他對美國的真實感受，流露出深層的文化不適感，甚至恐懼感。在另一文章裏，他如此概括許多中國人眼中的西方「現代」形象：「青面獠牙，三首六臂，模樣得怪到不合常理」〔註2〕，這其實是那時他自己眼中的「西方」。為化解心中的不適與恐懼，他祭起了東方民族文化的大旗：「東方底文化是絕對地美的，是韻雅的。東方的文化而且又是人類所有的最徹底的文化。哦！我們不要被叫囂獷野的西人嚇倒了！」〔註3〕「叫囂獷野」是他感受中「西人」的一大特徵，但有東方文化支撐，他認為不可怕。在詩中，他書寫了自己對「西方」這種真實的心理反應。1922 年 11 月發表的《太陽吟》，通過吟誦太陽抒寫置身美國的感受：「太陽啊，這不像我的山川，太陽！／這裡的風雲另帶一般慘色，／這裡鳥兒唱的調子格外淒涼。／／太陽啊，生命之火底的太陽！／但是誰不知你是球東半底情熱，／誰不知又同時是球西半底智光？」在詩人看來，西方灑滿「智光」，東方充滿「情熱」，但詩人一時無法適應智

---

〔註 1〕 孫黨伯等主編：《聞一多全集》第 12 卷，湖北人民出版社 1993 年版，第 175 頁。

〔註 2〕 聞一多：《〈現代英國詩人〉序》，孫黨伯等主編：《聞一多全集》第 2 卷，湖北人民出版社 1993 年版，第 171 頁。

〔註 3〕 聞一多：《〈女神〉之地方色彩》，孫黨伯等主編：《聞一多全集》第 2 卷，湖北人民出版社 1993 年版，第 123 頁。

慧的西方，眼中所有是「慘色」，「格外淒涼」。同年 10 月，在美國創作《憶菊》，認為菊花是中國文化的象徵，而薔薇、紫羅蘭則體現了西方的特徵：「你不像這裡的熱欲的薔薇，／那微賤的紫羅蘭更比不上你。／你是有歷史，有風俗的花。／啊！四千年華胄底名花呀！／你有高超的歷史，你有逸雅的風俗！」思鄉心境下讚美如花的祖國，她有歷史與風俗，「高超」、「逸雅」；而西方則如薔薇激蕩著「熱欲」，又如紫羅蘭般「微賤」。另一首詩《孤雁》如此揭露美國「現代」文明的罪惡：「啊！那裡是蒼鷹底領土——／那鷙悍的霸王啊！／他的銳利的指爪，／已撕破了自然底面目，／建築起財力底窩巢。／那裡只有銅筋鐵骨的機械，／喝醉了弱者底鮮血，／吐出些罪惡底黑煙，／塗污我太空，閉息了日月。」機械蹂躪著自然與弱者，破壞了人類自然和諧的生存環境與秩序。這就是置身美國的詩人感受中的現代「西方」。

1921 年 9 月，俞平伯創作《到紐約後初次西寄》，抒寫初到紐約的所見所感：「可惜此地只有——／高的樓，方的窗，／淒幽的我底面龐」，「只撇下孤孤零零的一個我」。只有冷漠的高樓大廈，沒有詢問、招手，一切那麼陌生，置身其間，詩人無法享受其繁華與美麗，無法由高樓方窗獲得內在的愉悅感，似乎只能顧影自憐，體驗漂泊的「淒幽」與孤獨。

康白情 1920 年赴美留學，途中停留日本月餘，12 月抵達美國。《紫躑躅花之側》於日本東京訪問新村時所作，敘說新村景象，「曼聲歌著」、「自然成韻地和著」，社員們並不留意紫躑躅花的香與色，其中寄託著新村主義者嚮往自由、平等的理想，這些為中國年輕的詩人所激賞；然而，另一首詩即《歸來太和魂》表現的則是另一個日本，「我見你底神性；／見你底獸性；／卻何曾見你底人性！」這樣的日本丟失了太和魂，不見了江戶兒，「貴族官僚軍閥壓平民」、「資本家壓勞動者」、「愛國而不愛人間」、「徒見神性和獸性而不見人性」，詩人禁不住呼籲「歸來，太和魂！」並力勸日本「不要作人間的仇，而作人間的友！」眾所周知，日本從明治維新開始向西方學習，渴望「脫亞入歐」，但其近代化帶來的是軍國主義，丟失了其固有文化，愛國而不愛人間，有獸性而沒有人性，詩人為這樣的日本感到羞愧。寫日本，在詩人那裡其實是寫「西方」，因為近代化的日本相當程度上是另一個「西方」，對近代日本的批判意味著詩人對於日西關係的思考，也可以說是對東西關係的反思，其中包含著詩人對於西方文化的一種警覺、反思態度，從中可以看出五四青年開始形成獨立思考、判斷的思維習慣。

## （二）

隨著時間的推移，詩人們對西方社會、文化的認知不斷深入，詩中的「西方形象」開始由主觀感受型向具體客觀型轉換，且大致經歷了一個由冷漠、灰暗到友善、斑斕的演繹過程。

文化不適感，困頓漂泊感，使多數詩人往往自覺不自覺地將眼光轉向都市底層社會，關注苦難中的邊緣人，以詩敘述「西方」現代文明光環背後真實存在著的破敗與灰暗，展示弱者的不幸與悲哀，加強形象書寫的客觀性，描繪出詩人眼中真實存在著的灰色、冷酷、淒涼的「西方」。劉半農的《巴黎的菜市上》、《在墨藍的海洋深處》、《賣樂譜》、《擬裝木腳者語》、《戰敗了歸來》等均屬這類作品。《賣樂譜》1921 年 9 月作於巴黎，詩曰：「巴黎道上賣樂譜，／一老龍鍾八十許」、「高持樂譜向行人，／行人紛忙自來去。」老無所養，老無所依，冷漠相向，無可奈何，這就是那時的巴黎社會，沒有一絲博愛、文明的痕跡。《巴黎的菜市上》1923 年 6 月寫於巴黎，詩人無心敘寫菜市形形色色的蔬菜，僅聚焦於殺兔、賣兔之角：「活兔子養在小籠裏，／當頭是成排的死兔子，／倒掛在鐵鉤上」，死兔子剛被殺死，腰間的肉還在顫動，「但這已是它最後的痛苦了」，而活兔子則低頭吃草，偷看行人，行將就死。此情此景令敏感的詩人發問、慨歎：「它有沒有痛苦呢？」、「我們啊，我們哪裏能知道！」在詩人看來，菜市場就是巴黎社會一角，兔子有如都市邊緣弱者，生命被奴役、販賣與宰殺竟不自知，這就是彼時詩人所觀察、書寫出的現代「西方」世界。散文詩《在墨藍的海洋深處》作於巴黎，詩曰：「在星光死盡的夜，荒村破屋之中，有什麼個人嗚嗚的哭著，我們也永世聽不見。」荒村破屋斷腸人，然而沒有人聽到他或她的哭聲，沒有人感知他們的苦痛。表面繁榮的都市裏藏著「荒村破屋」，底層生命被漠視，這就是歐洲真實的一角。西方文明被認為是一種藍色的海洋文明，一種以包容、開放、自由、繁富為重要特徵的文明，但在其深處有暗礁、不平與黑暗，「這若不是人間的恥辱麼？／可免不了是人間最大的傷心啊！」這些無疑是現代「西方」的恥辱，是恥辱的「西方」。

第一次世界大戰後的歐洲，社會破敗，民不聊生，這些為敏感的中國詩人所捕捉。劉半農的《擬裝木腳者語》1920 年 3 月作於倫敦，以裝木腳者語氣，敘寫歐洲街市上那些因戰爭失去行走能力不得不裝木腳的人們的生存困境，揭露了戰爭對個體生命的摧殘。1921 年 9 月，詩人在巴黎創作了《戰敗

了歸來》，詩曰：「戰敗了歸來，／滿身的血和泥，／滿胸腔的悲哀與羞辱。／家鄉的景物都已完全改變了，／一班親愛的人們都已不見了。／據說是愛我的妻，／也已做了人家的愛人了！」這就是戰敗後的巴黎景象，歸來者沒有榮耀與勳章，只有鮮血、污泥與羞辱，妻離子散，家破人亡。《柏林》寫於巴黎，全詩共三句：「大戰過去了，／我看見的是不出煙的煙囪，／我看見的是赤腳的孩兒滿街走！」詩後有一小引，交代該詩是記去年初到柏林時的「最新鮮的印象」，工廠停工，社會破敗，人們流離失所，這就是大戰後西方的縮影。置身如此的西方世界，詩人的眞實體驗是「唉！我的靈魂太苦了」（《小詩──許多的琴弦》）。

對西方底層社會邊緣人的關注，或者說置身其間，中國詩人們慢慢地發現了他們人性的善良面，感受到些許溫情，對西方世界的印象漸漸光亮起來。康白情的《和平》、劉半農的《老木匠》、李金髮的《鍾情你了》等表現了這一內容。《老木匠》1921 年 10 月寫於巴黎，詩人自注道：「記小兒語」。全詩寫小兒「我」眼中的「老木匠」。「他的咖啡煮好了，／也給了我一小杯，／我說『多謝』，／他又給我一小片的麵包。」老木匠喜歡孩子，送「我」小桌子、小椅子，給「我」麵包和咖啡，對「我」很友好，「他抱了我親了一個嘴；／我也不知怎麼的，／我也就哭了。」他是一個辛勞、慈祥的勞動者，一個善良的西方人，他對「我」的友好也許是人之爲人的天性，但對於陌生環境中無助的「我」來說，有如荒漠甘泉、天際朝霞，給人溫熱與希望。木匠與「我」的關係看似普通，但放大來看，卻是一種具有啓示意義的寓言，開始改變「我」或者說詩人對於西方人的印象。1921 年 1 月 25 日，康白情創作新詩《和平》，敘寫異國他鄉的瞬間所見所感：「坐在金門公園裏大樹子邊聽音樂，／側邊一個三四歲的美國小孩子望著我笑」，「他只當我一個哥哥那麼親熱我」；小孩的母親也「笑望著我」，「她只當我一個男子那麼親熱我」，美國孩子、母親的一瞥微笑，讓「我」感動得有點自作多情，這其實是弱國子民的一種過分反應，包含著豐富的政治、文化內容。由那極普通的微笑，詩人體味到一種友善，而這種友善可能成爲他確立自己的西方觀念的重要基礎。李金髮的《鍾情你了》，1922 年寫於柏林，耐人尋味。詩題下一行法文：「Célébrous-nous l'amour de Femme de chambre」，意爲「讓我們讚美女僕的愛情」。詩曰：「廚下的女人鍾情你了」，她眼波「流麗」，你如渴了，她有清晨的牛奶、檸檬水、香檳酒，你若煩悶，她給你唱「靈魂不死」和「Rien que nousdeux」(「只有我們倆人」),她不羨慕你少年得志,似乎要與你「精神結合」,「若她給你一個幽會,/是你努力的成功。」女僕出生鄉村,沒有沾染都市酸俗氣,單純,善良,質樸,不以物質主義眼光看人,不以種族膚色等級觀念待人,相信靈魂不死,渴望純貞愛情。對於異國詩人來說,廚下女人的鍾情,超越了男女愛情本身所具有的意義,女僕代表的是西方底層社會,女僕的美麗、善良與友好意味著西方底層社會的善良與友好,女僕的鍾情意味著西方底層社會對異國詩人的接納,這種愛情關係超越了康白情《和平》中的「望著我笑」,當然這裡同樣存在著弱國子民一廂情願的理解,但不管怎麼說該詩可謂是中國詩人與西方社會「愛情」關係的寓言。當然,我們也要注意到情況的複雜性,1923 年李金髮在柏林創作《題自寫像》,可謂是以東西文化為背景給自己畫像,想到古代武士力能縛虎,自己則無縛雞之力,深感羞愧;面對強勢的西方文化,自願認同但又反省道:「耶穌教徒之靈,/吁,太多情了。」表現了詩人與西方基督文化之間的敏感關係,作為一個東方青年,渴望成為基督徒,但迅即意識到基督不是中國的上帝,自覺太多情了。這可謂是中國詩人在認同接受西方文化時的一種焦慮、自卑、矛盾的心態。

聞一多與西方的關係頗有意味。他的《秋色——芝加哥潔閣森公園裏》,寫芝加哥公園秋色,收入《紅燭》詩集,若全盤考察詩人那時的創作,便不難發現該詩的重要意義。在《太陽吟》中,他說:「這裡的風雲另帶一般慘色,/這裡鳥兒唱的調子格外淒涼。」無法認同美國社會;在《憶菊》中,高贊祖國之菊花,貶斥美國的「薔薇」「紫羅蘭」,對西方文化的反感,移情於物;然而,《秋色——芝加哥潔閣森公園裏》的情感傾向則發生了顯著變化,它讚美公園裏的樹是「百寶玲瓏的祥雲」、「紫禁城裏的宮闕」、「金碧輝煌的帝京」,認為它們比「Notre Dame 底薔薇窗」、「Fra Angelico 底天使畫」還要鮮美,禁不住直抒胸臆:「啊!斑斕的秋樹啊!/我羨煞你們這浪漫的世界,/這波希米亞的生活!/我羨煞你們的色彩!」,「我要借義山濟慈底詩,/唱著你的色彩!」對美國景象由反感、拒斥到激賞、羨煞與謳歌,他高呼「哦!我要過個色彩的生活,/和這斑斕的楸樹一般!」這是一種文化觀念的變化,質言之,詩人對美國社會、西方世界由反感走向了認同,認同它的浪漫與色彩。該詩中的「西方」浪漫而美好。

與普通人的交往越深,對西方社會的認識便越全面,原來的不適感、拒斥感漸漸消失,認同感隨之增強,這是普遍的心理歷程。劉半農的《兩個失

敗的化學家》有感於兩位失敗的化學家的探索精神而作。他們爲化學實驗傾家蕩產，鬍子漸漸花白了，沒有勝利，只是失敗，但「他們沒聽見妻兒的咀咒，／他們沒聽見親友的譏嘲，／他們還整天的瓶兒管兒忙。」他們及其親人對待科學的態度，無疑是科學西方的一種縮影，詩人爲之感動，願意做一個「讚頌者」。這首詩寫於西方，表現了劉半農對西方現代科學精神的崇仰。

　　如果說遊學西方的詩人筆下的「西方形象」，大致經歷了一個由灰色、冷漠到陽光、現代的形象轉變過程，表現了詩人們對西方世界由不適、拒斥到認同接受的心理嬗變；那麼未曾親歷西方日常生活的詩人對西方形象的書寫就不一樣，他們對西方的描繪主要停留在主觀想像的層面，筆下的「西方」往往意味著科學與民主，是文明進步的抽象符碼，郭沫若的早期詩歌《女神》最具代表性。《女神》通過西方文化先驅諸如克倫威爾、華盛頓、林肯、羅素、列寧、哥白尼、達爾文、尼采、羅丹、惠特曼、托爾斯泰、歌德、拜倫等，折射西方文明變革史；通過反覆呈現歐美民族國家、城市以及地域名稱，諸如英格蘭、愛爾蘭、比利時、荷蘭、俄羅斯、大西洋、加里弗尼亞州、倫敦等等，粗線條勾勒西方文化地理概圖；通過亞坡羅（Apollo）、Venus、普羅美修士、聖母、耶穌、禮拜堂、摩托車、Energy、電氣、電燈、輪船、太陽系、半工半讀團、圖書館、法庭、Piano、Violin、新芬黨、愛爾蘭獨立軍、黑奴、俄羅斯的巨炮、交響樂、泛神論、德謨克拉西、「大宇宙意志」、「民族解放」、「階級鬥爭」、「返自然」、「社會改造」、「沉思者」、抱破瓶的少女、《牧羊少女》、《仲夏夜的夢》、《哀波蘭》、《哀希臘》等等，標注出西方文化史上的重要符碼。通過這些西方性意象，郭沫若塑造出一個象徵著科學、自由、進步的現代「西方形象」〔註4〕。這一形象不具備日常性、世俗性，與詩人的實際生活沒有直接聯繫，它是詩人以書本間接知識爲依據，充分發揮主觀想像創造出來的；在塑造這一形象過程中，詩人完全掌控著那些西方性意象，讓它們爲自己的主觀意圖服務，形象的塑造過程其實是詩人張揚自我的過程，是詩人表達自己認同西方現代價值理念的過程，所以《女神》中的西方形象邊站立著一個自我膨脹的詩人形象，塑造者較之其所塑造的形象更富生命力。這是《女神》中的「西方形象」與具有歐美生活經歷的詩人筆下的「西方形象」的不同特徵。

---

〔註4〕方長安：《郭沫若〈女神〉中的「西方形象」》，《福建論壇》2011 年第 6 期。

## （三）

值得特別注意的是，1920 年前後的新詩中，還有不以形象的方式存在著的「西方」身影，它們的功能主要是激發主體的創作衝動，是意識生發的觸媒；詩人們既無意為其塑形，亦未期望由它們展示西方文化風貌；確切地說，詩人們只是以「西方」某種文化意象為引子言說自我，抒發特殊語境中萌動的個體情懷，它們到場但不出場，不以自我身份獨立表演，在詩境中幾乎不留痕跡。周作人的《夢想者的悲哀——讀倍貝爾的〈婦人論〉而作》，胡適的《藝術》，朱自清的《睡罷，小小的人》、《自從》，陸志韋的《晚上倦極聽 Schubert 的〈Ave Maria.〉》、《月光在棕樹》，冰心的《嚮往》，以及其他許多詩人詩作裏的「西方」，即具有這種特質。

胡適的《藝術》創作於 1920 年，詩前有一小引，曰：「報載英國第一『莎翁劇家』福北洛柏臣（Forbes-Robertson）（複姓）現在不登臺了，他最後的『告別辭』說他自己做戲的秘訣只是一句話：『我做戲要做的我自己充分愉快。』這句話不單可適用於做戲；一切藝術都是如此。病中無事，戲引申這話，做成一首詩。」交代了該詩創作緣起於 Forbes-Robertson 的「告別辭」：「我做戲要做的我自己充分愉快」，然而詩的主旨卻與 Forbes-Robertson 的「告別辭」涵義不同，表現的是演員的煩惱而不是愉快，「他們看他們的戲，／哪懂得我的煩惱？」就是說人和人其實是相互隔膜難以理解的，所以做戲要做得自己愉快很難，這是胡適的反向引申，是他那時自我心境的反映。詩思雖與西人不同，但它是由西方所引發的，西方藝術經驗成為創作的心理誘因和參照背景。

周作人的《夢想者的悲哀》，1921 年 3 月作，副標題是「讀倍貝爾的〈婦人論〉而作」。該詩主題是表現夢想者的悲哀，夢醒了不知曙光在哪，不知路向何方，「啊，我心裏的微焰，／我怎能長保你的安靜呢？」倍貝爾的《婦人論》引發詩情是該詩值得注意的地方，西方作品是引子，中國詩人是抒情者，抒發的是自己的情感，這一現象頗有意味；擴大言之，它是新詩與舊詩創作的一大區別，即許多新詩的創作衝動、靈感不是來自農業社會，不是來自故國，而是具有更開闊的背景。西方成為新的觸媒，使新詩在創作源頭上相較於舊詩有可能生成新的肌質。

陸志韋：《晚上倦極聽 Schubert 的〈Ave Maria.〉》，寫於 1920 年。詩人的情緒由舒伯特的《聖母頌》所起，但抒發的是自己的情感，言說的是自己的

思想：「你眼前一大推苦惱人／有幾個肯同你一般思想的？」「赤裸裸的一條大路上，／幾次革命，把我刀磨壞。」「只是我仍舊站著，眼巴巴望到開春，野風吹得種子來，教我怎能不長膝根？」西方名曲驅散了詩人的倦意，令其詩情大發，思緒自由翱翔。詩中流動著音樂旋律，承載的則是中國詩人在文化轉型期幾乎難以忍受的精神痛楚與生命欲望。他的另一首詩《月光在棕樹》標題下有一小引：「愛爾蘭詩人 W.B.Yeats 遊新大陸，見月光棕樹而悲，我不知其何以悲。十年三月二十九日作為此詩，以寫我八九年前之奇遇。」這是典型的「西方」誘發詩緒的創作現象。愛爾蘭詩人見月光棕樹生悲，這也許是西方文化薰陶下個體詩人特殊的心理現象，但中國詩人陸志韋不明其何以生悲。在他看來，月光棕樹是妙境，「月光在棕樹，／我的心象天一樣闊，／我的上帝像空氣一樣近，／我見他在棕樹下生活。」「月光在棕樹，／那是何等樣的光！／我以後不再做杜甫的奴隸，／我親自見了宇宙的文章。」月光棕樹令詩人陶醉，頓悟，與天地自然相會，豁然開朗，彷彿讀到了「宇宙的文章」，進入精神自由境界，美極了。

1922 年，冰心因德國詩人歌德九十年紀念而作《嚮往》，詩中寫道：「嚴肅！／溫柔！／自然海中的遨遊，／詩人的生活，／不應當這樣麼？」，「先驅者！可能慢些走？」，「時代之欄的內外，／都是『自然』的寵兒呵！／在母親的愛裏，／互相祝福罷！」詩緒來自西方詩人歌德，詩歌既是獻給歌德的，更是寫給自己的。歌德為冰心開啓了一扇精神窗戶，提供了新的言說表情空間，提供了思想與話語支持，但詩中情思卻是轉型期中國青年特有的，詩中隱現的是中國女詩人的形象，而非歌德的形象。

朱自清的《睡罷，小小的人》，1919 年寫於北京。詩前小引交代詩歌因可愛的「西婦撫兒圖」而作。「『睡罷，小小的人兒。』／我們睡罷，／睡在上帝底懷裏：／他張開慈愛的兩臂，／摟著我們；／他光明的唇，／吻著我們；／我們安心睡罷，／睡在他的懷裏。」明明的月、小小的人、愛和上帝等意象，構成美的畫面。西方藝術誘發詩人創作靈感，昇華其對生命、生活和精神依託的理解。《自從》刊於 1922 年 2 月出版的《詩》1 卷 2 期，「自從撒旦摘了『人間底花』，／上帝時常歎息，／又時常哀哭，／所以才有風雨了。」「自從……」是一個頗有意味的句式，關涉時間、空間與生命。該詩寫自從撒旦摘了人間的花，世界便有了風雨，我們的心上失去了「人間底花」；「我要我所尋的，／卻尋著我所不要的！──／因為誰能從撒旦手裏，／奪回那

已失的花呢？」詩人借撒旦故事寫自我生命感受，西方在這裡不是詩人評說的對象，而是發抒情感的重要觸媒，西方已化為了新詩人自我文化結構的重要部分。

詩可以「興」，先言「他物」以引起所詠之詞，這是古代詩歌創作「興」的核心含義。這種創作傳統被五四新詩人所傳承，上述詩歌中的「西方」相當程度上可以說就是「興」之「他物」，用以牽引詩人的思緒，引發詩人的慨歎。這個「他物」，與傳統詩歌中那些「他物」相比，是一種異質文化存在。傳統詩歌「興」之「他物」來自半開放式的大河民族，是農業社會的典型意象，諸如雎鳩、芭蕉、桃花、孤月、夜雨、煙波、牧童、烽火、夕煙等等，它們所引發的只能是農耕社會讀書人的情懷，詩中意境無法逾越古代天下主義的時空邊界；與之相比，來自「西方」的諸種「他物」，屬於另一文化環境中的存在，與中國傳統詩歌「興」中之「物」有著本質的區別，展示的是另一種文化存在，所以它們雖不獨立言說，但其存在本身即具有話語意義，詩人經由它們所言之志、所道之情、所抒之懷雖是詩人個體的，是中國式的，但與傳統詩中之志、之情、之懷已大大不同，具有一種時空的開放性、延展性，一種超越農業文明的全球文化視野，與現代世界相融通。所以，那些引發詩思的「西方」意象，事實上已超越了引子、「他物」的意義，是一種特殊、隱形的文化存在。

# 二、《女神》中的「西方形象」

　　郭沫若的詩集《女神》中有一個長期以來不為研究者所置重的現象，即它以大量的「西方意象」，有意無意間「塑造」出一個異質於中國傳統文化的「西方形象」。這一形象的「塑造」過程，是詩人發抒胸中鬱積、反思中國古舊文化、想像民族未來的過程，是覺醒的個體言說西方文化的過程，是一種宣泄，一種吶喊，一種建構。經由「西方形象」，《女神》與民族古典詩歌及同時代詩歌區別開來，別具風骨。

## （一）

　　意象是詩歌形象構成的基本元素，《女神》中的「西方形象」由大量的「西方意象」組構融合而成。本文所謂的「西方意象」主要是指作品中所使用的體現西方文化的意象，它們是西方社會歷史與現實、此岸與彼岸、經驗與超驗世界的存在物，是意與象相融合的西方文明的承載者。從所指層面看，《女神》中的「西方意象」可以分為四種類型，它們各有特色，相互融通，形成新的文本意蘊與情感空間。

　　一是西方拼音文字意象。對於習慣於漢字的中國讀者來說，西方拼音字母、單詞、語句等，不僅陌生，而且奇異，它們不只是意味著一種書寫文字的差異，不只是猶如衣著服飾代表著外在裝扮的不同，而且體現為一種由表及裏的陌生文化形象。《女神》中許多詩歌夾雜著西方拼音文字，構成一種特殊的意象群。

　　第一輯的第一首詩即《女神之再生》一開篇就引錄了德國詩人歌德的長篇詩劇《浮士德》結尾的詩句：「Alles Vergaengliche／ist nur ein Gleichnis；／

das Unzulaengliche, ／hier wird's Ereignis; ／das Unbeschreibliche／hier ist's getan; ／das Ewigweibliche／zieht uns hinan. ——Goethe」詩人將最後兩句譯爲「永恒之女性，領導我們走」〔註1〕，它是這些詩句的靈魂，是詩人旨意所在，也是巧妙連接《浮士德》與中國上古女媧神話的紐帶；換言之，詩人找到了中西文化深處女性崇拜意識交互融彙的契合點，而那些西文詩句給人以視覺衝力，一種別樣的文字畫面撲面而來。

《勝利的死》是一首並不爲多數研究者所關注的詩歌，然而詩人卻很看重，專門爲它寫了「引言」和「附白」，《女神》中享受這種待遇的作品少之又少。該詩共四節，每節均以蘇格蘭詩人康沫爾《哀波蘭》中的原文詩句開篇，第一節前的英文詩是「Oh! once again to Freedom's cause return, ／The patriot Tell-the Bruce of Bannockburn!」；第二節前的是「Hope, for a season, bade the world farewell, ／And Freedom shrieked——as Kosciuszko fell!」；第三節前的是「Oh！sacred Truth！thy triumph ceased a while, ／And Hope, thy sister, ceased with thee to smile.」；第四節前的是「Truth shall restore the light by Nature given, ／And, like Prometheus, bring the fire of Heaven!」。詩人不僅藉以鋪排、歌頌了愛爾蘭獨立軍領袖新芬黨員馬克司威尼「勝利的死」，而且作爲一種整體的「英文詩句意象」，以一種新的詩境空間承載、認同與讚美了現代西方不死的「自由」精神。

《無煙煤》第一節詩句，是司湯達（Stendhal）1834 年「被任爲駐羅馬教廷轄區契維塔韋基亞（Civitavecchia，現屬意大利）領事時致狄・費奧爾（di Fiore）信中的話」〔註2〕，即：「輪船要煤燒，／我的腦筋中每天至少要／三四立方尺的新思潮。」雖爲中文譯文，但與別的詩歌中的西文語句構成互動生成關係，豐富了作爲整體的「西文」意象。

《女神》中還有很多作品裏出現了西方拼音意象，如「Energy」、「X」、「Pioneer」、「Pantheon」、「symphony」、「Open-secret」、「Hero-poet」、「Proletarian poet」、「soprano」、「Disillusion」、「unschoeh」等等，它們展示的是一種西方文化存在，一種思維方式，一種價值取向。這些單個的西方拼音意象與前述

〔註1〕 《郭沫若全集・文學編》第 1 卷，人民文學出版社 1982 年版，第 6 頁。後文所引《女神》中的詩句、語詞意象皆出自該版本，如沒有特別情況不再一一注釋。

〔註2〕 《郭沫若全集・文學編》第 1 卷所收《無煙煤》一詩後面的注釋，人民文學出版社 1982 年版，第 61 頁。後文這類注釋均出自該版本，不再一一注釋。

西文詩句在詩集中交相輝映，形成西方拼音文字意象群，使《女神》在文字視覺層面具有一種西方性。

二是西方文化先驅者意象。《女神》詩集中，西方不同領域的名人成爲抒情言志的重要意象。例如：「政治革命的匪徒們」——克倫威爾、華盛頓、林肯等，「社會革命的匪徒們」——羅素、哥爾棟、列寧等﹝註3﹞，「宗教革命的匪徒們」——釋迦牟尼、馬丁路德、耶穌等，「學說革命的匪徒們」——哥白尼、達爾文、尼采、Spinoza 等，「文藝革命的匪徒們」——羅丹、惠特曼、托爾斯泰、歌德、拜倫、Thomas Campbell、Stendhal、貝多芬、愛爾蘭詩人、Carlyle、Millet、Mendelssohn、Brahms 等，「教育革命的匪徒們」——盧梭、丕時大羅啓等。他們是歐美歷史上反叛、變革與創新的先驅，是西方天際閃爍的星星，是人類文明的推進者，構成詩歌中特別的意象群。

三是文化先驅者之外其他文化標籤性意象。在西方文化發展過程中，出現了一些具有標誌性的文化存在物象，它們相當程度上構成歐美文化的重要標籤，看到或聽到它們，西方歷史與現實場景就會立刻浮現眼前。《女神》中的這類意象，有的屬於神話傳說，如亞坡羅（Apollo）、Cupid、司健康的女神、司春的女神、普羅美修士、Venus、Bacchus、Poseidon 等；有的屬於宗教範疇，如聖母、耶穌、禮拜堂等；有的是近現代文明產物，如摩托車、Energy、X 光線、電氣、電燈、輪船、半工半讀團、太陽系等；有的是現實生活中的客觀存在，如圖書館、法庭、Violin、Piano、哈牟尼筩等；有的是歷史現象，如新芬黨、愛爾蘭獨立軍、黑奴、俄羅斯的巨炮、交響樂等；有的則是抽象的思想概念，如德謨克拉西、泛神論、「大宇宙意志」、「民族解放」、「階級鬥爭」、「社會改造」、「返自然」、密桑索羅普等；有的屬於藝術品如「沉思者」、抱破瓶的少女、《牧羊少女》、《The Hero as Poet》、《仲夏夜的夢》、《永遠的愛》、《哀波蘭》、《哀希臘》等等。它們憑依詩人的想像力，穿越時空，閃爍在《女神》那浩瀚而繁複的天際，蘊涵情感，彰顯文明，創造詩意。

四是西方民族國家、地域名稱意象。在《女神》中，詩人還有意識地反覆書寫歐美民族國家、城市乃至更小的地方名稱，如英格蘭、愛爾蘭、比利時、荷蘭、俄羅斯、大西洋、加里弗尼亞州、倫敦、可爾克市、剎里克士通

<hr>

﹝註3﹞人民文學出版社 1982 年版的《郭沫若全集·文學編》所收的《匪徒頌》與 1921 年初版的《女神》略有不同，此處依據初版本，見人民文學出版社 1982 年版《郭沫若全集·文學編》第一卷第 116 頁注釋。

監獄等等。它們作為一種新的意象群落，營造出一種世界性抒情場景；不僅如此，它們本身就是一種自然與人文地理符碼，一種世界意識的體現，經由它們詩人將讀者視線由東方引向西方，拉近了國人與歐美世界的距離，或者說以一種詩意的方式將中國納入世界知識文化體系，以逐漸改變國人的宇宙觀念，形成新的身份認同。

不同類型的西方性意象群，經由詩人的藝術組結、融彙，生成出具有濃厚西方色彩的意境，這是《女神》的重要特徵。

## （二）

「寫什麼」固然重要，但「如何寫」對於意義生成則更為關鍵。郭沫若留學日本，他曾說那時「讀的是西洋書，受的是東洋氣。」〔註4〕西洋書籍為他提供了關於歐美世界歷史與現實的諸種知識，擴展了他思考、書寫的地理場景與人文背景，影響了他的文化價值取向，豐富了其想像空間，使他逐漸形成新的思想邏輯與言說方式。那麼，在《女神》中，他究竟是以怎樣的情感和文化立場觀察、取捨「西方」？以怎樣的語態與方式言說「西方」呢？

一、以比較的方式取捨、言說「西方」。《勝利的死》最初刊登於1920年11月4日上海《時事新報‧學燈》，詩中言說了兩個「西方」，一個是愛爾蘭獨立軍領袖——新芬黨員馬克司威尼和蘇格蘭詩人康沫爾以及拜倫等為代表的「西方」。新芬黨是一個資產階級政黨，建立於1905年，主張愛爾蘭獨立，馬克司威尼（1879～1920）作為新芬黨員積極從事愛爾蘭獨立運動，曾多次被英國政府逮捕，1920年他在監獄中與英政府進行不屈的鬥爭，絕食73天後逝世。在詩人看來，他雖肉體寂滅了，但精神不死，如詩所言「『自由』從此不死了」。康沫爾（1777～1844）是蘇格蘭詩人，惠助波蘭，22歲時創作《哀波蘭》，《勝利的死》不僅每節開頭引用該詩詩句，而且「附白」中認為它「可與拜倫的《哀希臘》一詩並讀。」拜倫援助希臘獨立，其精神早已化為西方民族獨立自由的傳統。《勝利的死》還寫到為馬克司威尼祈禱的愛爾蘭兒童等等。在詩中，馬克司威尼、康沫爾、拜倫等「是自由神的化身」，他們共同構建出一個以自由為價值訴求的西方形象。另一個則是將馬克司威尼投向監獄的英政府所代表的「西方」。在詩人看來，英政府導演了「有史以來罕曾有的

---

〔註4〕 田壽昌、宗白華、郭沫若：《三葉集》，上海亞東圖書館1920年5月版，《宗白華全集》第1卷，安徽教育出版社1994年版，第313頁。

哀烈的慘死呀！」姦污了自由之神。面對如此的情景，詩人不禁吟道：「冷酷如鐵的英人們呀！你們的血管之中早沒有拜倫、康沫爾的血液循環了嗎？」，「汪洋的大海正在唱著他悲壯的哀歌，／穹窿無際的青天已經哭紅了他的臉面，／遠遠的西方，太陽沉沒了！」這是一個太陽沉沒了的「西方」，一個戕害自由精神的專制的「西方」，一個如同詩人在《鳳凰涅槃》中所言的「西方同是一座屠場」的「陰穢的世界」。該詩以對比的方式取捨、言說出兩個對立的「西方」，在咀咒冷酷如鐵的英政府所代表的專制主義「西方」的同時，讚美了張揚自由精神的「西方」：「自由的戰士，馬克司威尼，你表示出我們人類意志的權威如此偉大！／我感謝你呀！讚美你呀！『自由』從此不死了！／夜幕閉了後的月輪喲！何等光明呀！……」這是該詩的詩思邏輯。

《西湖紀遊・滬杭車中》初刊於 1921 年上海的《時事新報・學燈》，以抒情主人公「我」的視角，在對比中表現了滬杭車中的「西人」、「同胞們」和「東人」。「西人」即歐西人，他們「肅靜」，且「一心在勘校原稿」，認真地工作；自己的同胞則是另一番情景，「你們有的只拼命賭錢，／有的只拼命吸煙，／有的連傾啤酒幾杯，／有的連翻番菜幾盤，／有的只顧酣笑，／有的只顧亂談」；再看「東人」，也就是日本人，他們「驕慢」地在「一旁嗤笑」中國人。詩人作為清醒的觀察者，看到如此反差的情形，眼睛要被「淚泉漲破了」，幾乎撕心裂肺地哀歎：「我怪可憐的同胞們喲！」。這是又一種「對比」書寫方式，它已經不是簡單的言說修辭，而是體現了詩人憂患的民族情感和對「西人」生存方式和價值理念的認同。

二、將讚美「西方」與挖掘民族文化精義融為一體。在郭沫若看來，《勝利的死》中的馬克司威尼代表了「人類意志」，而這種「人類意志」在古代中國早已有之：「愛爾蘭獨立軍的領袖馬克司威尼，／投在英格蘭，剝里克士通監獄中已經五十餘日了，／入獄以來恥不食英粟」。這裡的「恥不食英粟」就是化用中國古代伯夷、叔齊恥不食周粟、餓死首陽山的典故。馬克司威尼在監獄絕食而死後，詩歌再一次歌吟道：「——啊！有史以來罕曾有的哀烈的慘死呀！／愛爾蘭的首陽山！愛爾蘭的伯夷，叔齊喲！」顯然，此時的詩人並沒有因為讚美崇尚自由的「西方」而貶抑中國文化，而是相反，他在中國傳統文化中找到了獨立自由的精神，或者說對馬克司威尼所代表的「西方」的歌吟，就是對中國文化精髓的發掘與讚美。

《女神之再生》表現的是中國古代神話中煉五色石以補蒼天的女媧的再

生。她曾補天以匡正世界，爲萬世開太平，成爲人類景仰的女神；然而在「浩劫要再」的今天，她卻不願再在壁龕中做偶像，而是毅然決定去創造「新的光明」、「新的溫熱」，去創造「新鮮的太陽」。值得特別注意的是，作者爲歌頌女媧，一開篇即引用了西方詩人歌德的詩劇《浮士德》結尾處的原文詩歌，並將中文譯文並置於右邊，推入讀者眼簾，而該詩的詩心是「永恒之女性／領導我們走」，郭沫若在有意無意間接通了中國古代女媧神話與西方長篇詩劇，不僅改變了長期以來中國關於女媧神話的敘述習慣，更重要的是形成了表述西方文化的一種方式，即以西方文化精髓印證、支持對於中國傳統文化精義的發掘，以西方文化思想作爲開掘中國故舊文化的話語依據，「西方意象」也由此在中國話語場景中獲得了意義，其中潛隱著作者那時不僅看重西方思想而且尊重中國古人智慧的文化心理。

1920 年初所作的《晨安》一詩，展示了一種超越性的宇宙視野與世界胸襟。詩人不僅向大海、白雲、山峰、曠野、晨風道一聲「晨安」，不僅向祖國、同胞、揚子江、黃河問好，不僅向印度洋、紅海、蘇彝士運河、金字塔道一聲「晨安」，而且將視線轉向西方，向俄羅斯、愛爾蘭、比利時、大西洋畔的新大陸問好，向達芬奇、「沉思者」、華盛頓、林肯、惠特曼道一聲「晨安」，「我所畏敬的 Pioneer 呀！」一句表現了詩人的「畏敬」心境。他將西方文化先驅者視爲永恒的江河海洋、高山大川，向他們由衷地表達「畏敬」之情。在詩中，「西方」與「東方」融爲一體，沒有高下之分，而詩人則作爲更有力量者，向他們發抒情感，體現了那時詩人的文化觀、自我觀，也是《女神》言說「西方」的一種方式。

三、以認同的立場、讚美的口吻和張揚的語氣言說「西方」。在《無煙煤》中，詩人以一種欽慕語態引用司湯達的話語——「輪船要煤燒，／我的腦筋中每天至少要／三四立方尺的新思潮。」之所以將之譯爲母語，顯然意在表達對司湯達「新思潮」的認同；「Stendhal 喲！／Henri Beyle 喲！／你這句警策的名言，／便是我今天裝進了腦的無煙煤了！」這種不自禁的感歎溝通了西語意象與自我心緒。欽慕、感歎與認同是該詩言說「西方意象」的特點。在《天狗》中，詩人寫道：「我是一切星球底光，／我是 X 光線底光，／我是全宇宙底 Energy 底總量！」，借西方現代文明意象的力量，張揚自我精神。亞波羅（Apollo）乃希臘神話中的太陽神，詩人在《日出》中寫道：「哦哦，摩托車前的明燈！／你二十世紀底亞坡羅！／你也改乘了摩托車嗎？／我想做

個你的助手，你肯同意嗎？」以「亞波羅」比喻「摩托車」，表現了詩人對西方文化源頭之神特別是現代工業文明的崇仰，崇仰即是一種書寫立場與心態。

《匪徒頌》中，西方文化意象繁複，但詩人不是冷靜地排列、并置它們，也主要不是如同中國古詩那樣讓意象在自呈中顯現意義，而是以激越的情感頌贊它們。在詩歌正文前面的「引子」裏，抒情主人公曰：「小區區非聖非神，一介『學匪』，只好將古今中外的真正的匪徒們來讚美一番吧。」面對古今中外的「匪徒們」，他的態度相當謙恭，這在《女神》中少見，而那些古今中外的「匪徒」，除了菲律賓的黎塞爾、印度的釋迦牟尼、泰戈爾和中國的墨子之外，全都是西方文化巨子，是西方文化史上的標簽性人物，他們是克倫威爾、華盛頓、羅素、列寧、馬丁路德、哥白尼、達爾文、尼采、羅丹、惠特曼、托爾斯泰、盧梭和羅時大羅啓等，這些標簽性人物大都以自己的學說、理論、思想、藝術或革命行為助推了西方歷史的轉型，在人類社會由黑暗向光明、由愚昧向文明、由專制向民主的演變過程中，起了至關重要的作用。在人類文化史上，選取所謂的「匪徒」而不是帝王將相加以讚美，在「匪徒」中又主要選取西方那些推進歷史向現代文明社會轉型的離經叛道者，對他們謙恭地表達敬意，發出由衷的讚美，這就是一種文化取捨，一種價值立場，一種言說方式。換言之，詩人對西方自由、民主思想的認同，致使其作品不可能如同中國傳統詩歌如「枯藤老樹昏鴉／小橋流水人家」那樣鋪陳意象，而只能以一種「讚美」的方式，一種極度張揚的語態，疾風暴雨式地宣泄認同之情。

## （三）

郭沫若留學日本，對西方沒有身臨其境的感受與體驗，他對西方的瞭解主要來自課堂，來自西方書籍，這一經歷限制規約了他對西方的言說，致使《女神》中的「西方形象」具有書本性，是詩人關於西方的間接知識的表現。

那些生成「西方形象」的意象來自書本。如前所述，它們要麼是西方拼音文字，一種不同於中國象形文字的書寫符號，其本身既是形式又是內容，是記憶的書面化表現形式；要麼是西方文化源頭神話所記載的諸神，如亞坡羅、Cupid、司健康的女神、司春的女神、普羅美修士、Venus 等，它們是西方早期人類想像力的反映，被多少個世紀的人們所講述、傳承與再創造，寄託著西方社會共同的理想與情懷；要麼是西方文明演進史上不同領域的變革

者、發明者與創造者，諸如克倫威爾、華盛頓、林肯、馬克司威尼、列寧、惠特曼、羅素、哥白尼、達爾文、尼采等，他們是與超驗世界相對照的眞實西方歷史的創造者、體現者；要麼是地名、國名，對於傳統中國人而言，它們陌生而神秘，曾經顛覆了中國人的地理知識、世界觀念，它們雖爲自然地理存在，卻「非我族類」所居，意味著一種「他者」文化；要麼是別的突出彰顯歐美文化的標籤性符號。所有這些西方性意象，對於詩人來說，是一種書本知識，一種文化符號，並非日常生活裏客觀存在的可以觸摸的事物，不具備日常性、世俗性與鮮活性。

然而，這並不意味著它們缺失文本意義。詩人幾乎在詩集的每首詩中點綴甚或鋪排這類單詞語碼，使西方文化氣息在整個詩集裏縈繞，那些意象隨著讀者的閱讀接受彙爲特別的「西方形象」，展示出西方文化的某些輪廓。可以說，《女神》在相當程度上正是通過這些意象鍛造出自己的形貌，從而與傳統詩歌區別開來。中國古典詩歌中的核心意象，要麼是小橋流水、秋風茅舍，要麼枯藤古樹、淒風苦雨，要麼大漠孤煙、長河落日，要麼晨鐘暮鼓、金戈鐵馬，要麼芭蕉夜雨、寒江漁翁，要麼梨花啼鳥、長天大雁，要麼布穀杜鵑、荷花牧童，要麼月夜空山、清泉溪流，等等，它們是半開放型大河民族封建文明的基本物象，承載著傳統社會的經驗，傳達的是農耕社會讀書人的情感，塑造的是古代中國文化的形象；而《女神》中那些「西方意象」，主要是西方社會進化的結晶，承載的是西方歷史故事，傳達的是西方智慧與經驗，它們大量進入作品後豐富了中國詩歌的意象譜系，拓展了中國詩歌情感表達的空間，使《女神》所展示的畫面相比於中國舊式詩歌發生了根本性變化，那些畫面所承載的思想意蘊、價值結構也隨之不同，所包含的經驗與情感變得別樣而新鮮，就是說，那些書本化的「西方意象」所構建的「西方形象」，使《女神》從外到內與中國舊詩區別開來，成爲一種包含著西方近現代價值取向的作品，也就是傳達西方現代文化精神的作品。可以毫不誇張地說，通過大量書本化的「西方意象」，在有意無意間所「塑造」出的異質於中國傳統文化的「西方形象」，是《女神》意義生成的重要途徑。

對西方世界缺乏切身感受與體驗，不只是使詩人所運用的意象來自書本，使其「塑造」的「西方形象」具有書本性，而且影響了他對那些意象的「藝術安排」。如果說《女神》裏的中國性意象多爲詩人現實人生中的元素，詩人對它們有著深刻的理解與體認，不僅識其象，而且會其意，他們鮮活地

跳蕩在詩人的意識裏，所以詩人讓他們自己開口言說，自我呈現，如《女神之再生》中的女神，就自由地行走在文本世界裏不斷地聲稱「我要去創造些新的光明」、「我要去創造些新的溫熱」，即便是共工、顓頊、牧童等也具有自我行動的力量，也是以第一人稱言說、張揚自我。與之相比，詩歌中那些西方神或人，儘管他們原本具有超凡的力量與智慧，但由於詩人對他們缺乏深刻的瞭解，更沒有一種「相濡以沫」的體認，他們來自書本，是一種間接知識，一種概念化存在，所以詩人沒有辦法讓他們真實地站立起來，沒有賦予他們以真實的生命，沒有讓他們直接開口言說，他們只是充當了抒情主人公言說、傾訴與讚美的對象，例如在《晨安》中，詩人深情地向「愛爾蘭的詩人」、「華盛頓」、「惠特曼」、「林肯」等送去真誠的問候，不斷地發出感歎——「啊啊！我所敬畏的俄羅斯呀！」、「晨安！愛爾蘭呀！愛爾蘭的詩人呀！」、「啊啊！惠特曼呀！惠特曼呀！太平洋一樣的惠特曼呀！」他們是詩人感歎、歌吟的對象；在《電火光中》，詩人如此讚美貝多芬：「哦，貝多芬！貝多芬！／你解除了我無名的愁苦！／你蓬蓬的亂髮如像奔流的海濤，／你高張的白領如像戴雪的山椒。／你如獅的額，如虎的眼。」，「貝多芬喲！你可在傾聽什麼？／我好像聽著你的 symphony 了！」詩人在盡情發抒情感的同時，不僅控制了詩歌的內在情緒、節奏，也控制了惠特曼、貝多芬、林肯等，他們在詩歌中沒有自己的生活邏輯與行為力量，只是被動地存在於詩人的話語邏輯中，無法表現出超凡的力量與智慧，他們完全為詩人所掌控，所安排，成為詩人書寫自我情懷的單詞、語碼，具有被言說性，碎片化地存在著。中國女神以第一人稱方式表達對於當時社會的看法，以主體性姿態發抒自我意願，要去創造新的世界，自主地創造著；而西方神、人雖為詩人所景仰、所讚美，但卻沒有自我表達的權利，只能概念化地存在於詩人的話語中，這種差異深刻地體現了詩人對於中西文化的不同態度，令人玩味。

對「西方意象」這種特別的「藝術安排」，使《女神》對「西方形象」的「塑造」過程，成為詩人充分張揚自我主體性的重要環節。宣泄個人的鬱積、民族的鬱積，是詩人創作《女神》主要的心理需求與動力，在宣泄過程中竭力為民族涅槃、新生而歌唱，在宣泄與歌唱的過程中，他引入了大量的具有超凡力量的西方神和體現西方現代文明的人，這些意象的出現頗有意義，如果沒有這些西域意象，那《女神》的言說、抒情空間仍是傳統意義上的「天下」視域，所使用的語詞仍來自舊的譜系，其言說氣勢難以獲得超越性。換

言之，對那些他所崇仰的西方神、人等意象的掌控、安排，讓他們僅僅成爲詩人表達自我與價值認同的話語元素，讓他們成爲被動的傾聽者、被讚美者，其客觀效果是詩人高高在上，詩人的自我意識得以盡情宣泄，獲得了空前的主體性。

　　在宣泄與歌唱中，詩人充分地掌控著西方的神或人，他們被詩人「斷章取義」，被詩人刪減或增補，形象被改造，於是文本中所生成的「西方形象」，並沒有形成自己的性格邏輯，而是一個被充分郭沫若化的「西方形象」。

# 三、李金髮《題自寫像》和《棄婦》中的「西方」

　　李金髮留學法國，接受了地道的西式教育，對西方世界耳濡目染，有著切身感受與體驗，西方文化是其知識譜系與思想結構的重要部分，在其觀察現實、審視歷史與拷問自我的過程中扮演著重要角色，或者說催生出新的運思方式與眼光。其詩作中，「西方」俯拾皆是，毫不誇張地說，如果去掉那些約隱約現的西方性意象和色彩，其詩意便難以生成與完型。

　　在他的創作中，有兩首詩特別重要，一是《題自寫像》，二是《棄婦》。前者是詩人的自畫像，詩中有畫，隱現著彼時的詩人形象；後者書寫了現代人眼中的棄婦形象，形神相生，彰顯出新的文化觀念。「自畫像」與「棄婦」在詩人那裡，相互指涉，彼此暗示，這是筆者將它們放在一起討論的重要原因；但本文的任務不是論證它們如何相互指涉暗示的問題，因為這對於讀者來說點到即明，而是要揭示出活動在二者內部的那個第三者，即「西方」。某種意義上說，正是這個時隱時現的第三者左右著詩人的構思立意，推動詩人創作出這兩首詩，繪製出具有現代意味的自畫像和棄婦形象。換言之，「西方」以特別的方式存在於兩首詩作中。

（一）

　　《題自寫像》於 1923 年作於柏林，詩題交代了創作緣起、意圖，框定了「敘事」、「抒情」之邊界。所謂「自寫像」就是自畫像，即個體給自己所畫之像，如梵高自畫像、達芬奇自畫像、畢加索自畫像、倫勃朗自畫像、朱熹

自畫像、潘玉良自畫像等，它是源遠流長的文化傳統，西方尤甚；「題自寫像」
就是爲自畫像題辭，且多爲詩歌，即所謂的題畫詩，它更是中國詩畫相生傳
統的體現。李金髮留學法國，專攻美術，由作品看他爲自己畫了一幅像，並
以傳統方式爲之題詩。那麼，他爲自己描畫了一幅什麼樣的像呢？

　　置身異國他鄉，爲自我畫像，從理論上講，其畫像一定不同於從未出過
國的故土詩人的自畫像，一定留有身在他國的經驗與感受，即是說李金髮的
自畫像是一種跨民族、跨文化現象，中國身份與西方文化感受一定在作品中
留有痕跡，西方應是影響詩人自我畫像的重要因素，是否如此呢？先看第一
節：

> 即月眠江底，
>
> 還能與紫色之林微笑。
>
> 耶穌教徒之靈，
>
> 吁，太多情了。

既突出畫像背景，又表現了詩人的外在表情和內在心理活動。「月眠江底」是
典型的中國古詩意境，古代詩人喜歡將月亮與大江聯繫起來，以物寫人，歌
吟自我情懷，發抒歷史感慨。如：唐代張繼的「月落烏啼霜滿天，江楓漁火
對愁眠」，杜甫的「江月去人只數尺，風燈照夜欲三更」，趙嘏的「獨上江樓
思悄然，月光如水水如天」，張若虛的「江天一色無纖塵，皎皎空中孤月輪。
江畔何人初見月？江月何年初照人？」，這種傳統的時空畫面被李金髮拿來作
爲自我畫像背景，朦朦朧朧中生出一縷詩意，一種地道的中國詩意。

　　「紫色之林」亦是畫像之背景，一般而言，紫色是一種高貴、憂鬱的色
彩，象徵神秘、幽雅、深沉與權威，但在西方則意味著噩夢、恐怖、死亡、
幽靈。在這裡，「紫色之林」不單是畫像背景，還是微笑注視對象。月光朗照，
月亮倒映在江底，如此時空下，詩人面向一片象徵著神秘、深沉、恐懼的「紫
色之林」微笑。這就是詩人面部畫像，其中背景不僅與人融爲一體，而且影
響著人的表情，二者在張力中對話，彰顯人的主體性，藝術技巧上無疑超越
了中國古典繪畫模式，屬於西方現代油畫範疇。月光下尚有紫色之林，自然
不是實寫，而是心理色彩，所以這畫像具有西方現代主義特徵。

　　凝視西式自畫面相，詩人猶疑了，「耶穌教徒之靈，／吁，太多情了」，
這是一個轉折，一種情緒上的微妙變化。畫像中面對「紫色之林」微笑的自
己，儼然耶穌教徒，信仰基督教。然而，自己是一個來自遠東的青年，一個

中國人，有自己的文化根蒂與信仰；而耶穌是西方的，是西方文化的重要象徵，作爲弱國子民的自己來到遙遠的西方遊學，於不知不覺中轉而崇奉基督，好似耶穌之徒，這難道不是一廂情願、自我多情嗎？顯然，這句詩吐露出詩人面對強勢的西方文化時內心的掙扎與自卑感。換言之，「西方」讓詩人崇仰，但置身其間，又無法獲得一種文化身份認同，無根的孤懸讓自己尷尬而又自卑。

　　沿著畫像面部往下看，第二節如此寫道：

　　　感謝這手與足，

　　　雖然尚少

　　　但既覺夠了。

　　　昔日武士被著甲，

　　　力能搏虎！

　　　我麼？害點羞。

一雙手，兩隻腳，再正常不過了，然而詩人使用了「雖然……但」這一轉折句式，結構上承襲上節，表達看到自己手足時的心理感受，言說邏輯看似荒唐，但如果將手、足理解爲自我力量的象徵，那麼思維上也就順理成章了，即雖然自己力量有限，雖然面對複雜世界能量不足，但換一個角度看則足夠了，這裡流露出詩人向後撤的文化心理；古代武士身披鎧甲，力大無比，足以搏虎，而自己雖爲現代人，受現代文明薰染，卻手足無力，相比於昔日武士真是羞愧難當啊！

　　如果說第一節是寫面對西方文化時的自卑；那這一節就是表現詩人作爲現代人面對古人的羞愧及其回過頭來反思、重估西方現代文明。這種現代與古代的二元對比及其文化感受，其實同樣緣於詩人思想深處的西方文化元素。在當時人們心中，東方意味著落後、愚昧，西方代表著科學、進步與現代，所以現代與古代的對比，某種意義上就是西方與東方的對比。詩人來到歐洲接受西方文化教育，一定程度上更新了自我知識系統，變成了一個西化的現代知識人，然而相比於古人卻沒有力量，這無疑是對現代文明的一種反思，對遠離民族傳統追尋西方式現代生活的一種反思。這種反思在中國現代知識分子那裡相當普遍，如周作人、徐志摩、沈從文等均作過深刻的現代文化批判。對現代文明的反思，對於詩人來說，就是對現代西方文化的質疑與重估。沿著這一詩思邏輯，第三節寫道：

> 熱如皎日，
>
> 灰白如新月在雲裏。
>
> 我有草履，僅能走世界之一角，
>
> 生羽麼，太多事了啊！

在反省、反思中渾身燥熱，心理活動引起生理反應，「灰白」是自畫像的部分色彩，也可以理解為此時詩人的心理色彩。再往下看，畫像上自己穿的是草履，草履自然沒有皮鞋耐磨，沒有皮鞋光鮮氣派，只能在世界某一角落行走，這實際上象徵著自我力量不足，無法在天地間自由翱翔，這是詩人對自身能量的認知。怎麼辦？「生羽麼」，就是讓自己生出羽翼，獲得自由飛翔的能力，然而詩人立馬予以否定，那「太多事了啊！」。這一節繼續延續轉折句式，表達出主體在焦慮、矛盾中的思考，即對人的生存本身的反思，並在反思中表達了對「草履」所代表了樸實生活的堅守。

全詩三節均為同一的轉折語氣，使全詩結構定型為轉折式。轉折很堅定但聲音不足，烘托出主體的無力感與矛盾性；而那一系列色彩偏灰白的暗示性意象，又使詩境不夠明亮。所以，總體看來，詩人為自己描繪了一幅自卑羞愧、焦慮矛盾、迷惘反思的畫像，這是一個置身西方、浸透著西方文化色彩而又深受中西文化夾擊煎熬的中國現代青年形象。

## （二）

1925 年，《棄婦》刊於《語絲》雜誌，它是一首表現棄婦無助、絕望的作品。在中國歷史上，婦女地位極低，棄婦現象十分普遍，文學史上寫棄婦的詩歌很多，如：《詩經》中的《衛風·氓》、《邶風·谷風》、《王風·中谷有蓷》、《鄭風·遵大路》《小雅·白華》，漢樂府中的《上山採蘼蕪》、《孔雀東南飛》，魏晉時曹植的《棄婦詩》，唐代張籍的《離婦》、顧況的《棄婦詩》等等，它們多書寫棄婦的勤勞、善良及其被遺棄的事實，對棄婦的悲慘命運深表同情。

與古代棄婦題材詩歌相比，李金髮的《棄婦》究竟有何不同呢？當然自由體形式是一大區別，但這不是最重要的，不是其現代特徵的核心維度；所處時代語境，特別是遊學歐洲經歷，使李金髮具有與古代詩人決然不同的文化視野，他是以西方化的眼光審視中國傳統土壤上所發生的棄婦現象，而不是簡單地同情棄婦的命運，不是一般性的譴責男子如何不道德，而是對棄婦現象作了深刻的歷史文化反思與批判。毫不誇張地說，是西方文化背景支撐

了他的言說與批判，使其《棄婦》以現代社會理念爲訴求、爲詩思邏輯而眞正區別於古代書寫棄婦題材的詩歌。

對於這樣的作品，空說其如何新、如何現代是沒有意義的，只有細緻的文本解剖才能揭示出其現代新意核心所在，才能有效地敞開其詩思依據，或者說彰顯其與西方文化因子的關係。

> 長髮披遍我兩眼之前，
>
> 遂隔斷了一切羞惡之疾視，
>
> 與鮮血之急流，枯骨之沉睡。

「我」自然是詩中棄婦自稱，詩人開篇即以第一人稱方式寫棄婦，讓被丈夫遺棄的女子自我表白，近似於《詩經》裏以第一人稱身份出現的棄婦之傾訴。不少現代讀者誤以爲「我」的大規模出現是五四以後的事，以爲現代個性解放才催生了「我」的自覺，才有第一人稱敘事抒情的興盛，甚至將之視爲一種前無古人的現代文化現象；其實，中國早期詩歌中，「我」是主要的抒情主體，《詩經》中作爲言說者的「我」比比皆是，單從出現頻次看絕不少於五四詩歌。就是說，五四時以第一人稱「我」敘事抒情的模式，雖具有現代品格，但實爲流行過的古典形式，是借現代思想之力復興的早期詩歌言說方式。《棄婦》開篇這幾行詩，「我」出現在句中而不是句首，近似於《詩經》裏那種「我」在句子中間的句式（《詩經》中「我」的使用方式很多），意味著有主體性但被裹夾、壓抑，而不像五四時以「我」開頭的那類詩歌存在一個張揚甚至跋扈的自我。卞之琳曾認爲李金髮「對於本國語言幾乎沒有一點感覺力，對於白話如此，對於文言也如此。」〔註1〕筆者難以認可這種觀點。李金髮以這種「我」在句中的詩句巧妙地寫出了婦女被棄後因沒有悅己者而不再打扮以致蓬頭垢面的外在形象及其痛苦的內心感受。「鮮血之急流，枯骨之沉睡」暗示出生之無望，即棄婦頻臨生命盡頭的生存處境。

> 黑夜與蚊蟲聯步徐來，
>
> 越此短牆之角，
>
> 狂呼在我清白之耳後，
>
> 如荒野狂風怒號：
>
> 戰慄了無數游牧。

---

〔註1〕卞之琳：《人與詩：憶舊說新》，北京：三聯書店1984年版，第189頁。

「黑夜」是棄婦的主觀感受，暗示了她的生存環境；「蚊蟲」象徵著不利於棄婦的社會輿論勢力，它們發出嗡嗡聲，對於棄婦來說，如同「狂風怒號」，令人不寒而慄；「短牆」指披遍兩眼之前的頭髮；「清白之耳」可以理解為棄婦的自我辯誣。在舊中國，婦女被遺棄，原因多在男方，但男權社會沒有入追問丈夫的責任，而是將指責、辱罵的言語一股腦地拋向棄婦，認為被遺棄就是婦女不好的原因，這就是傳統男權主義所遵循的話語邏輯，當然由男子們所創制與推廣，從這層意義上講，男子對婦女的壓迫不只是身體暴力，還演變成更為隱秘的話語制服。所以，這幾行詩通過進一步地書寫棄婦險惡的生存環境，將詩思引向了對古代男權主義話語暴力的揭露，而詩人這種詩思暗示了其有別於傳統中國人的視野與觀念。

是怎樣新視野與觀念呢？

靠一根草兒，與上帝之靈往返在空谷裏。

我的哀戚唯遊蜂之腦能深印著；

或與山泉長瀉在懸崖，

然後隨紅葉而俱去。

雖然中國文化中很早就有自己的「上帝」，但李金髮早年接受英國式教育，後來遊學法國，受西方現代文化影響頗深，他這裡的上帝」顯然不是中國的，而是西方基督教的上帝。其實，在現代絕大多數中國人心中，上帝指的就是西方基督教的上帝，而不是該漢詞最初的語義，這是近代以來中西文化衝突的一個結果。在基督徒那裡，上帝是安放靈魂的地方，信仰上帝，就是將自我靈魂寄託在上帝那裡，只有上帝才能給自己以寧靜、安詳與幸福，正是在這層意義上，當尼采宣佈上帝死了以後，西方人惶惶不可終日。就是說，李金髮擁有不同於中國傳統詩人的西方文化視野，且借助西方文化意識來審視中國歷史上的棄婦現象，「靠一根草兒，與上帝之靈往返在空谷裏」，表明棄婦僅靠一根草兒與上帝在空谷裏相連，隨時可能墜入深淵，這就是她的生活處境。在這裡，詩人是以信徒與上帝的關係來寫中國傳統社會裏婦女與丈夫的關係，即男權社會裏，男人就是女人的依靠，是女人的天，女人的上帝，男子休妻就如同上帝要拋棄信徒一般。詩人以自己的西方宗教文化知識，象徵性地寫出了婦女被拋棄以後那種由物質到心靈的無靠無助。「我的哀戚唯遊蜂之腦能深印著」、「懸崖」、「隨紅葉而俱去」進一步寫出了棄婦所感受到的人世間的冷漠和生命的無望凋零。

　　棄婦之隱憂堆積在動作上，

　　夕陽之火不能把時間之煩悶

　　化成灰燼，從煙突裏飛去，

　　長染在遊鴉之羽，

　　將同棲止於海嘯之石上，

　　靜聽舟子之歌。

進一步書寫棄婦之痛苦與生存處境，但所達到的深度是古典棄婦題材作品所無法比擬的。古代詩人習慣讓棄婦自我言說，傾訴在夫家如何勤勞、能幹，如何操持家務，又如何在家境好轉後被丈夫拋棄；李金髮在該詩中也以第一人稱形式讓棄婦自我傾訴，但他未停留於此，而是變換表達主體，以第三人稱角度審視、解剖棄婦的不幸。「棄婦之隱憂堆積在動作上」一句，耐人尋味。現代文本裏婦女通常是以言語表達心中苦楚，但詩人卻說棄婦的隱憂苦痛堆積在動作上，為什麼？眾所周知，舊中國絕大多數婦女被剝奪了受教育的權利，她們沒有能力借語言表達內在苦痛；不僅如此，即便是受過教育的婦女，也無以表達自己的不幸，因為傳統男權社會的知識、話語、語法規則等是男子根據自己的經驗與需要所創制的，是為男子的言說、表達服務的。就是說傳統中國並未給女性創造一套言說自我的話語，她們的隱憂只能堆積在動作上，無法以恰切的言語加以陳顯，或者只能像祥林嫂那樣作精神病態般叨嘮，而這種病態一定程度上就是無力言說的表徵。「棄婦之隱憂堆積在動作上」看似簡單，卻深刻地暴露、批判了中國男權主義的罪惡，即它在文化的層面剝奪了女子自我表達的能力。艾略特認為：「從來沒有任何詩人，或從事任何一門藝術的藝術家，他本人就已具備完整的意義。他的重要性，人們對他的評價，也就是對他和已故詩人和藝術家之間關係的評價。」〔註2〕李金髮對傳統棄婦題材的處理，對棄婦不幸的理解，超越了古代詩人，由樸素的人道同情進入到文化反思、批判的通道，表現出一種深刻的文化歷史感。就是說在與古代詩人的比較中，李金髮確立起了自己的重要性。而支撐其反思、批判的話語基礎，是其在歐洲留學時所接受的西方個性解放、男女平等思想。

　　「夕陽」、「灰燼」、「煙突」、「遊鴉」、「海嘯」這些意象均指向棄婦的不幸命運。從「二八佳人」之說推測，古代棄婦年齡不會太大，大都不會超過

---

〔註2〕托斯・艾略特：《傳統與個人才能》，《艾略特文學論文集》，南昌：百花洲文藝出版社1994年版，第3頁。

30 歲,如此美好年華本應還有希望,但因古代男權社會女性沒有獨立的生存空間,加之輿論壓力,被遺棄即意味著生命走向盡頭,所以詩人使用了「夕陽」、「灰燼」等加以暗示;烏鴉在中國傳統文化裏乃不祥之物,詩人以之比擬棄婦,非常準確,正如魯迅筆下魯四老爺眼中的祥林嫂。遊鴉棲止於海石,靜聽舟子之歌,象徵性地寫出了棄婦聽到的其實是她自己的人生悲歌,突顯了其孤獨無援的心境。

> 衰老的裙裾發出哀吟,
> 徜徉在丘墓之側,
> 永無熱淚,
> 點滴在草地
> 爲世界之裝飾。

沿承前節旁觀審視角度,書寫言說者即詩人眼中的棄婦與世界之「裝飾」關係。「衰老的裙裾」即棄婦所著衣物,實爲棄婦之象徵。被棄即等於「衰老」,這就是詩人所看到的婦女遭遇遺棄後的情形,她徘徊於墓地,被逼向生命盡頭。在詩人看來,棄婦就是男權世界的眼淚,是男女不平等社會的「裝飾」、見證與控訴。

## (三)

近代以降,西方成爲中國知識分子心中揮之不去的他者,不同程度地影響、改變著他們的思考與言說,促使中國文化創造發生了重大轉變。在詩人那裡,西方的面目與功能更加突出、多樣:有時是以異質於東方溫柔敦厚文化的可怖面目出現,成爲詩人維護中國傳統的依據;有時則相反,代表著人類進步的先鋒,是現代化的象徵,引領詩人將批判的矛頭指向自己的民族文明;有時則將它看成溝通古舊與現代的橋梁;有的詩中,西方是言說的中心與目的;有的只零星地呈現西方物象;有的則圖象模糊,若隱若現〔註3〕。李金髮被稱爲「詩怪」,作品多爲個體經驗呈現,具有唯一性;但《題自寫像》和《棄婦》這兩首相互暗示的詩歌中的「西方」,卻以鮮明的特徵,體現了五四時期一部分具有西方留學背景的讀書人對西方世界的閱讀理解、理解中所建立起的一種關係及其詩性處理。

---

〔註 3〕方長安:《1920 年代初中國新詩中的「西方」》,《河北學刊》2011 年第 6 期。

1、西方是詩人崇仰的對象，又是令其自卑的存在。到李金髮這裡，中國知識分子對西方的態度不再是簡單的恐懼與妖魔化，不是盲目的蔑視與不屑，也不是恆守「中體西用」原則；而是景仰，身體力行地學習、仿傚，甚至轉而信仰其宗教，也就是期望藉以安放迷惘的靈魂；然而，中國身份，又使他與西方文化之間存在著難以彌合的裂縫，這種縫隙不是緣於民族傲骨，不是自覺堅守的結果，而是因為自卑，「耶穌教徒之靈，吁，太多情了」，體現了一種典型的崇仰而自卑的文化心理。這是那一時期遊學海外的中國年輕人面對西方時的普遍心理，是西強中弱格局擠壓下中國青年知識分子的自覺而無奈的反應。文化衝突轉換成一種心理張力，進而凝結為對讀者具有壓迫性的意象與句子，就是詩。詩人釋放越多，對讀者的壓迫性越大，詩性也就越強烈。

2、西方激起西化的東方自我的無力感，並引領其反思現代化和人之存在方式。置身西方，感受現代文明的西方，學習西方，自己相比於從前強大很多了；然而這種變化卻令人開始自覺地比較與反思，深刻地意識到現代的自己其實不及「力能搏虎」的「昔日武士」，這可謂是學習西方的中國青年所獲得的新認識。這種令其汗顏、羞愧的認識，相比此前那些一味地述說西方文化如何強大、如何優越的觀點，無疑是一種改變與深化。沿著這種新的認識邏輯，詩人不自禁地吟道「雖然尚少，但既覺夠了」、「生羽麼，太多事了啊！」，西化的主體深刻地意識到自我發展的有限性，意識到人生價值與幸福不只是取決於發展與力量，而是有著更為豐富的內容，或者說一味地追求發展與力量實際上剝奪了人之為人的完整性與意義，所以這幾句詩不單是對近代以來那種盲目地學習西方現代科學的反思，也是對以西方為標杆的現代化本身的反思，對人之存在價值、生存形式的思考。

3、西方文化被詩人話語所控制，成為其審視、言說中國文化時的修辭符號與象徵。李金髮不像五四時許多詩人那樣直言西方如何現代、科學與進步，也不倡導如何學習西方文明，而是在深刻地反思西方文化後建立起自我主體性。在《棄婦》中，西方成為他信手拈來文化意象的語料庫，「靠一根草兒，與上帝之靈往返在空谷裏」，並非真寫教徒與上帝的關係，而是以之暗示、象徵棄婦與丈夫的人身依附性，這種暗示揭露了中國傳統社會男女關係的不合理性。正常的夫妻關係應是平等、自由的，只有這樣才能真正相親相悅，才可能體驗夫妻之愛，然而中國古代婦女依附於丈夫，沒有獨立的政治權、經

濟權，更被剝奪了自我表達的權利，缺失自由人格，人生幸福寄放在丈夫那裡，就如同西方教徒將靈魂安放在上帝那兒一樣。在這句詩裏，西方上帝不是高高在上的超驗存在，而是一個言說修辭，失去了主體性。

4、在更多的時候，西方是一個不直接現身卻又無處不在的存在，參與乃至左右著詩人的敘事抒情，或者說化爲其思與想的底色與力量。棄婦是中國自古以來的社會現象，引起一代又一代有良知的讀書人的憂思，留下了大量言說棄婦的作品。李金髮無疑是有良知的中國讀書人中的一員，且有著異樣於中國傳統生活感受的西方生活經驗，耳濡目睹過西方社會男女平等的夫妻關係、家庭生活，接受了西方自由、平等思想，所以對無視婦女尊嚴、人格的中國男權社會有著更深刻的認識。在《棄婦》中，他不是如古代詩人那樣一般性地描寫、同情女子的不幸，而是將詩思置於文化批判的層面，暴露男權主義社會婦女更爲深刻的不幸。詩歌前兩節以第一人稱「我」行文，如「長髮披遍我兩眼之前」、「狂呼在我清白之耳後」、「我的哀戚唯遊蜂之腦能深印著」，讓棄婦自我現身展示苦痛，然而有意味的是「我」並非主語，不是行動的主體，而是受動者，被「長髮」、「蚊蟲」、「遊蜂之腦」所影響與反應。「我」出場了，這是作者的善意安排，但她在與周遭發生關係時沒有力量，或者說被周圍力量所裹夾，這是棄婦的眞實人生反映，這種第一人稱運用恰切生動而意味無窮；後兩節以第三人稱敘事，具有西方文化背景的詩人沒有出場但發表看法，這是針對前兩節裏棄婦「我」出場而又無力情形的調整，詩人躲在詩行中盡情言說，以西方觀念解剖棄婦悲劇，這種人稱安排旨在將詩思引向深入，「棄婦之隱憂堆積在動作上」一類詩句看似普通，實則鞭闢入裏，體現了文化透視的深刻性。

《題自寫像》和《棄婦》中，除了「耶穌教徒之靈」和「上帝」各出現一次，沒有其他西方意象直接呈現，相反存在著不少中國傳統詩歌語詞和意象，諸如「遂」「之」「徐來」「唯」「江底」「武士」「皎日」「新月」「羽」「空谷」「山泉」「紅葉」「遊鴉」等，然而反覆閱讀詩歌不難發現，組構這些語詞與意象的力量卻來自詩人思想深處的西方觀念，是有別於古代詩人的西方生活經驗和觀念賦予李金髮特別的力量，使他穿越古今中外，將單個意象串聯起來，隨心言說，左點右畫，創作出特別的自畫像和棄婦題材詩歌。在這兩首詩中，西方作爲中國文化的他者，似乎不再是他者，而是化爲詩人自我思想的有機部分，無處不在。這一現象存在於相當多的具有異國生活經驗的詩人那裡，具有一定的普遍性。

　　克林斯・布魯克斯在談到一首詩歌如何獲取力量時說過：「它從自身產生的悖論情境中汲取了力量。」〔註4〕李金髮的《題自寫像》和《棄婦》裏，傳統的自畫像、棄婦題材與掩藏其後的西方圖案、西方文化之間存在著強大的悖論情境，或者說詩人就是在有形無形的悖論空間中言說，悖論張力中激蕩著無盡的文化詩意。

---

〔註 4〕　克林斯・布魯克斯：《精緻的甕──詩歌結構研究》，上海：世紀出版集團，
　　　　　上海人民出版社 2008 年版，第 8 頁。

# 四、《女神》之「強力」原型

　　長期以來，讀者從不同角度解讀、闡釋郭沫若的《女神》，揭示出它在 20
世紀中國新詩史乃至思想史上所具有的劃時代價值與意義。本文將從生命原
型探尋出發，將其放在中國文學史上進行審視，努力敞開其超越時代的文化
意蘊。文章認為，《女神》震撼靈魂的魅力，在根本上來自於對被人類「文明」
所湮沒的神話「強力」原型的表現，也就是對人類生命固有的「強力」原型
的書寫。它以現代形式與生命原初經驗進行對話，復活了生命「強力」原型，
由此激活了讀者潛意識中的「強力」記憶，使自己真正成為超越中國傳統文
化與詩學的現代文本。

## （一）

　　回望上古神話星空，人們會深深地驚異於那個以「強力」為核心的世界，
驚異於那一系列「強力」性的神話形象。開天闢地者盤古，曾以巨力左手執
鑿，右手持斧，將渾沌的天地一分為二。這一偉業體現了初民在無序的自然
界中生存鬥爭的偉力。「人頭蛇身」的女媧，更令人起敬，她以神氣摶黃土作
人，以智力煉五色石以補蒼天，而且以巨力「斷鼇足以立四極，殺黑龍以濟
冀州，積蘆灰以止淫水。」〔註1〕她是中國神話系統中的一位智慧高強的富於
巨力的人類創造之神。共工怒觸不周山，顛覆了世界地理結構：「天柱折，地
維絕。天傾西北，故日月星辰移焉；地不滿東南，故水潦塵埃歸焉。」〔註2〕

---

〔註 1〕 《淮南子・覽冥訓》。
〔註 2〕 《淮南子・天文訓》。

共工的偉力使世界巨變。夸父、精衛、后羿、大禹等，均以強力飲譽後世。神話世界是一個以「強力」爲音符的世界。「強力」是上古神話中反覆顯現的聯通每一神話的精魂，是上古神話中的一大精神內質。

　　西方哲人對此早有所悟，亞里士多德認爲，象徵性地表現自然的力量，是一切早期神話的特點。馬克思在《政治經濟學批判・導言》中指出：「任何神話都是用想像和借助想像以征服自然力，支配自然，把自然力形象化」。原型批評理論家弗萊在《批評的解剖》一書中同樣認爲：「神話是關於神的故事，其人物性格具有最大可能的行動力量。」不同時代、不同文化處境中的先哲，均以慧眼洞察出人類早期文化的特徵，從而在精神上實現了超越時空的呼應。由此我們更加確信下述論點的科學性，即「強力」是上古神話重要的精神內質，是中國文學的一大精神原型。

## （二）

　　上古神話因其強力精神震撼著一代又一代審美主體的心靈，然而中國古典文學卻未能眞正地將其精神原義承續下來，「強力」這一深遠的文學原型，在幾千年的古典文學中，幾乎一直沒有找到眞正顯現自己本質的形式。

　　中華民族進入文明社會後，適應著宗法式農業社會的需要，「強力」不再受到崇拜，以力爲核心的原始文化精神被新興的儒家文化所取代。儒家文化的盛行是神話「強力」原型失落的根本原因。《論語・述而》中記載：「子不語怪、力、亂、神。」孔子是儒家文化的代表，他推崇德治文化。他希望以仁、義、禮、樂等觀念統一人心、統一藝術。他從「思無邪」原則出發，對當時的代表性作品作過評判，認爲：「《關雎》樂而不淫、哀而不傷」〔註3〕是好的作品；《武》樂儘管樂舞很美，思想內容卻並非「德至」的作品，它歌頌的是武功，與仁義道德相背，所以是「盡美也，末盡善矣。」〔註4〕《韶》則不僅美，而且歌頌了孔子理想的禮讓政治，所以他譽之爲「盡美也，又盡善矣。」〔註5〕「善」才是儒家審美取捨的最重要標準。怪、力、亂、神非善也，所以被抑制以至衰亡。孔子倡導的「溫柔敦厚」即「怨而不怒」、「樂而不淫」、「哀而不傷」的美學原則，發展到後來，成爲中華民族根深蒂固的占統治地

---

〔註3〕　《論語・八佾》。
〔註4〕　《論語・八佾》。
〔註5〕　《論語・八佾》。

位的審美原則，統攝著主體的意識乃至潛意識層面的藝術創造心理與鑒賞心理。孔子及其儒家學說，直接導致了中國上古神話「強力」原型的失落，正如魯迅先生在《中國小說史略》中指出的：「孔子出，以修身齊家治國平天下等實用爲數，不欲言鬼神，太古荒唐之說，俱爲儒者所不道，故其後不特無所光大，而又有散亡。」「強力」這一深遠的文學原型的失落，可謂是中國古典文學的一大不幸與悲哀。

## （三）

普雷斯科特〔F.C.Prescott〕認爲「神話創作者的心靈是原型；而詩人的心靈……在本質上仍然是神話時代的心靈。」〔註6〕這一精闢的論斷，道出了詩人與神話作者藝術心理本質上的共同性。

「女神」時代的郭沫若其文化藝術心態正是神話式的「強力」心態。那個時期最流行的口號是個性解放，青年人高喊著「上帝死了」，他們要重新評估一切價值，要打破一切現存的秩序與權威，而以自己的尺度來審視一切。深受傳統文化壓抑的郭沫若，一旦接觸到西方新的主義與思潮，呼吸到新的時代氣息，其心理便十分昂奮。加之，他本是一個主觀傾向十分強烈的人，所以對個性解放的要求，打破偶像的要求，自然比一般人來得更爲強烈。中國封建文人那種「靜美」的精神在他那裡蕩然無存。他完全超越了幾千年來中和的封建傳統，「溫柔敦厚」心理被強烈的自由意志、個性精神所取代。郭沫若這種酒神心態在本質上回歸到了人類遠古時代的「強力」原型心態上。

因而，他具有「原始的幻想能力」，對原型特別地敏感，強烈地渴望通過藝術形象把自己內心世界的欲望、經驗轉化爲外在的世界。然而，需要強調的是，這種心理上的回歸，並不意味著倒退，與封建文人的藝術心理相比，它更切近於生命本體，是人的固有心理的一種回歸，而且在回歸的前提下表現出了一種現代意義上的超越。它不是一種靜態的回歸，不是守舊式、復辟式的回歸，而是在批判整合了幾千年來的封建文化後，在五四文化氛圍中形成的一種創造性的心態。初民的「強力」心態是非理性的直觀的心態，是原邏輯的；而郭沫若的「強力」心態則是以科學、民主爲根基，具有現代的特質。原始的「強力」心態是自發的，具有盲目的指向性，而郭沫若的「強力」

---

〔註6〕普雷斯科特〔F.C.Prescott〕：《詩歌與神話》，卡西爾的《人論》，上海譯文出版社 1985 年版，第 96 頁。

心態則既具有原始心理的態勢與力度，更具有鮮明的指向性，它主要指向現存的舊制度、舊傳統，它是中國現代化過程中出現的一種具有民族遠古精神與現代個性的心態。

所以，郭沫若自覺不自覺地與神話建立起了直接的心理聯繫，使自己明顯地區別於封建文人，在酒神精神狀態下營構自己的藝術宮殿。這是《女神》之所以成功的創作主體自身的心理根源。

## （四）

在奔騰不息的文學長河中，《女神》憑藉創作主體的「強力」原型心態，成功地實現了對封建文學的超越。封建文化主靜不主動，封建文學在儒家話語控制下，更是以「靜穆」爲美的極境，未能眞正地表現出神話所顯示的人類固有的「強力」精神，中庸之氣籠罩文壇。陶潛的詩句「結廬在人境，而無車馬喧」、「心遠地自偏」正是大多數中國封建文人藝術心態的寫眞。幾千年來沒有人能夠完全突破「溫柔敦厚」、「思無邪」等傳統的審美原則，「力」的意識淡薄了。即使是一些豪放派文人如李白、陸游、蘇軾、辛棄疾諸人，在封建文化下雖以藝術家的良知與膽識，或憑籍歷史的非常時期，或以藝術的特殊方式，發自內心地表現了「力」的精神，但那只是一些受封建文化限定的「力」，受儒或道思想改造、淨化過的「力」，因缺乏神話之氣概和現代理性的燭照而顯得不力。他們在表現「力」時，常常用的是如下審美物象：大漠、黃河、塞北、孤煙、西風、長劍、楚天、金戈鐵馬、虎狼、五嶽、烽火等，它們與中國傳統文化緊密相聯，大都爲半開放型的大河民族的文化物，是農業民族封閉性思維的聯想物，表現的僅僅是宗法農業社會的氣勢。

與之相比，《女神》則完全突破了一切因襲的封建傳統與經驗，超越了幾千年來束縛「力」的表現的文化哲學精神、美學原則，沒有中庸之氣，沒有「思無邪」、「溫柔敦厚」的情趣。它以「力」爲核心，以「力」作爲評判世界的尺度，無限地張揚「怪力亂神」精神。它用以顯現「強力」的審美物象，則不僅僅有傳統文學題材中的高山大川，更多的則是偉大的建築——長城、金字塔，偉大的動物——獅子、鯨魚、犀牛、象，偉大的創造者——華盛頓、林肯、托爾斯泰、惠特曼；而且有西方神話形象太陽神 Apollo，盜火者 Trometheus；有傳說形象鳳凰、天狗；更重要的是出現了大量的直接體現現代文明的物象——摩托車、煙囱、Energy、煤炭、X 光、輪船、工廠、巨炮等。

這些審美物象均為 20 世紀開放性的現代文化精神的載體，它們所顯現的「力」
是一種現代意識上的力，是民主之力、科學之力，是個性自由解放的力，它
指向全人類的現在與未來，而不再是封建文學所傳達出的受封建話語控制的
「力」。

在超越封建文學的同時，將其精神回歸到神話「強力」原型那裡，將種
族記憶中的「強力」以詩的形式顯現出來，從而與人類的共同經驗建立起直
接聯繫，與人類的底層欲望進行直接對話，這是《女神》所顯示的超越時空
的文化意蘊。榮格認為，文學創作的源泉存在於集體無意識中，文學藝術的
創造過程就是神話母題（原型）被翻譯成現代語言重新顯現的過程，伴隨著
原型的顯現，將會出現一種神話式的轉化情境。當這種情境出現的一刹那，「總
是以一種感情上的罕見的強度為特徵，宛如我們身上從未奏響過的心弦被撥
動了，又彷彿是我們從未想到的力量得到了釋放。」〔註7〕這是一股神奇的不
可抗拒的力量，一種乖戾蠻野的創作欲望，主宰著作者的審美走向。有趣的
是，郭沫若曾透露了自己創作《鳳凰涅槃》時類似的情境：「《鳳凰涅槃》那
首長詩是在一天之中分成兩個時期寫出來的。上半天在學校的課堂內聽講的
時候，突然有詩的意趣襲來，便在抄本上東鱗西瓜地寫出了那詩的前半。在
晚上行將就寢的時候，詩的後半的意趣又襲來了，伏在枕上用著鉛筆只是火
速地寫，全身都有點作寒作冷，連牙關都在打戰。就那樣把那首奇怪的詩也
寫了出來。」這種創作現象，正是榮格所闡釋的，是伴隨神話原型的顯現而
出現的一種神話式的轉化情境。《鳳凰涅槃》的創作過程是以自由律的形式顯
現集體無意識中的「強力」原型的過程，所以詩人感到有一股神秘的不可抗
拒、不可抑制的力量逼迫著自己，主宰著自己，而且只有當深深的「強力」
原型顯現後，他才有一種全身心的釋放感。於是，郭沫若自覺不自覺地使自
己的詩魂歸宿到神話「強力」原型了。

《女神》的精神內質是創造力、破壞力，《女神》的抒情主人公是神話「強
力」原型的載體，她的人格結構的支點與核心是神話「強力」精神。1919 年，
郭沫若在《立在地球邊上放號》中，以驚人的氣魄，勾畫了一幅充滿神力的
自然景觀：「無限的太平洋提起他全身的力量來要把地球推倒。／啊啊！我眼
前來了的滾滾的洪濤喲！」詩人對毀壞之力、創造之力作了直接的讚美：「力
的繪畫，力的舞蹈，力的音樂，力的詩歌，力的律呂喲！」他那亢奮的心理

〔註7〕The Spirit in Man Art and Literature C.G.Jung London 1966, P.81.

一旦接觸到「力」，彷彿便找到了歸宿似的，在不能自己中，深層的壓抑過久的「強力」情緒得以釋放，他感到特別地輕鬆、興奮，似乎回到了渴慕已久的陌生而又熟悉的精神家園。

上古神話中的女神形象在《女神》的藝術世界中復活了，她們以當年煉五色石以補蒼天的力量與氣概，面對無序的現實，高喊著「我們要去創造個新鮮的太陽，不能再在這壁龕之中做甚神像！」、「我要去創造些新的光明」、「我要去創造些新的溫熱。」她們要以自己的力量使無序的世界重新走向有序，使黑暗的現實充滿光明。郭沫若的「女神」是「神話女神」在現代的藝術顯現，它激活了五四以來一代代審美者身上處於集體無意識層面的「強力」記憶，由此，顯示出超常的生命力。

在《創造者》裏，詩人直接表達了自己的審美取向：「我要高贊這個開闢鴻荒的大我。」這個「大我」具有超凡的開闢鴻荒的人格，是能與力的集大成者。他崇拜的是具有神力的物象：「我崇拜太陽，崇拜山嶽，崇拜海洋」，「我崇拜蘇彝士、巴拿馬、萬里長城、金字塔／我崇拜創造的精神，崇拜力，崇拜血，崇拜心臟；／我崇拜炸彈，崇拜悲哀，崇拜破壞；／我崇拜偶像破壞者，崇拜我！"這是一股能衝破一切的「怪力」，它對中國傳統的中庸哲學是一個徹底的否定。這個「大我」不僅具有創造、破壞的精神力量，而且崇拜自我本質，把自我本質力量神化：「我是一條天狗呀！／我把月來吞了／我把日來吞了，／我把一切的星球來吞了／我把全宇宙來吞了。／我便是我了：／我是月底光，／我是日底光，／我是一切星球底光，／我是 X 光／我是全宇宙底 Energy 底總量！」這是一種爆炸性的自我膨脹，人的價值、尊嚴、力量第一次得到了完全肯定。

回歸到神話原型，充分表現了生命之力與宇宙之力，由此與人類深層的心理積澱、心理欲望進行直接對話，從而發出了人類的共同聲音，抒發了人類的共同情感，這是《女神》的重要魅力所在。

## （五）

然而，如果僅僅是一種靜態的回歸，那麼《女神》還不會具備那樣大的劃時代的意義。事實上，《女神》並未停留在機械地回歸到神話「強力」原型的層面，而是以現代文化作基礎，在回歸的同時，實現了現代意義上的歷史性的超越。就是說，《女神》中的強力是神話「強力」原型的現代復活。

　　神話所顯示的「強力」原型，雖然具有非凡的氣勢，體現了原始初民的生命形式與本質，但它是直觀的原始思維的產物，是一種未經修復的非理性的力量，它的指向意識不明確，它是初民在蒙昧中對世界的一種本能反應，是一股本能力量，所以缺乏現代人所追求的主體意識。而《女神》所蘊含的「強力」精神則是以現代人的哲學觀念、自然科學為背景，是一股樂觀的具有科學依據的力量，具有明確的意向性，它是以反封建偶像與創造新的世界為目的。與神話原型「力」的本能性相比，它表現出一種強烈的主體精神，在矛盾鬥爭中，它永遠居於主導的支配的地位。神話原型「力」雖然具有非理性的超常的力度，但由於生產力的極端低下，初民生活視野的極端狹窄，他們只能直觀地發現眼前的與自己生活極為有關的事物，對外界的一切一無所知，他們生活的世界是一個封閉性的世界，這就決定了神話所負載的原型「強力」是一股封閉性的力量。而《女神》之「力」則在現代文明基礎上，完全突破了陸地文化的束縛，是一股現代性的力量。《女神》的抒情主人公面對的是整個人類與宇宙，而不是褊狹的一隅，他不僅向揚子江、黃河問候，而且向著恒河、印度洋、大西洋畔的新大陸、太平洋上的扶桑致意。他要駕馭的是現代文明的 X 光，Energy 的總量，這是人類現代化歷程中理性力量、真理光芒的閃耀。神話的原型「強力」是人類在無可奈何的生存苦況下幻化出的一種力量，是人類征服自然願望的轉化形式，它體現了人與自然的抗爭；然而，由於科學的不發達，初民面對千奇百怪、變化無常的大自然，實際上是無能為力的，他們無法認識大自然的規律，時時刻刻受到大自然的威脅、制裁，這就決定了神話原型「強力」實質上的不自由，在「強力」的外殼中包含著因理性的缺失而生成的軟弱性；而《女神》之「強力」，則沐浴著自然科學的光輝，面對自然胸有成竹，有規可依，有律可循，因而它是一種自由之力，科學之力，是人文精神與科學理性媾合中生成的現代性力量，而這種力量正是郭沫若想像中的現代人應具有的一種力量，是現代人的一種本質屬性。

　　綜而言之，郭沫若的《女神》超越了幾千年來的封建文學，回歸到神話原型「強力」那裡了。它所表達的思想從偶然和短暫提升到了永恒的王國中，將個人的命運納入到了人類的命運中；同時，又以現代文化為基礎超越了神話「強力」原型，從而使初民的「強力」精神與現代意識相結合，使「強力」原型在現代意義上得以復活，由此激活讀者「種族記憶」中的「強力」心理，

使他們找到了回返最深邃的生命源頭的途徑，使他們在現代物質文明壓迫下充滿自信心，驅除迷惘情緒，使他們受壓抑的意識得以釋放，心靈得以補償。這是《女神》最重要的現代人學意義。

# 五、新詩中的「我」
## ——寫「我」新詩個案解讀

　　「我」是相對於「他」、「你」而言的，體現了一種自覺的存在認同與主體意識，這種意識意味著自己生存於客觀存在的關係網絡中，儘管這個關係網絡習慣壓制主體，但「我」通過言說不斷強化獨立性。

　　五四前後誕生的新詩，在相當程度上就是對「自我」精神的呼喚與重建。《詩經》中寫「我」之詩很多，真切生動，但隨著時間的推移，受封建人際關係的制約，古典詩歌中抒「我」之情的作品不斷衰微，主體人相對於外在關係顯得單薄，獨立性不足。黃遵憲倡導「我手寫我口」，就是呼喚詩歌表現人的主體性。五四以降現代新詩創作的一個突出特點，就是以第一人稱「我」抒情寫意成為風尚，「我」成為最鮮明、生動的形象。新詩之「新」除了白話自由體之新外，主要體現為大面積地書寫「我」，抒「我」之情，展「我」之懷，言「我」之意，「我」成為新詩現代性的主要載體。

　　本文將解讀幾首重要新詩以繪其中「我」形。

## （一）並排立著的「我」

　　*沈尹默：《月夜》*

　　霜風呼呼的吹著，
　　月光明明的照著。
　　我和一株頂高的樹並排立著，
　　卻沒有靠著。

該詩發表於 1918 年 1 月 15 日《新青年》第 4 卷第 1 號。「霜風」、「月光」是傳統詩歌常見意象，風吹爲動，月照相對爲靜，動靜相合，點明時空情景，一幅典型的古詩畫面。然而，第 3 句「我和一株頂高的樹並排立著，卻沒有靠著」，刺破了前面兩句古詩式畫面，改變了詩歌意蘊空間。「我」雖彬彬有禮，彷彿謙謙君子，但文雅中透出一種不可戰勝的孤傲，一種自由獨立的革命性。

中國文學史上寫「我」的詩歌並不罕見，《詩經》中比比皆是，如：「我心則降」、「我心則說」、「我心傷悲」、「我心則夷」，「來即我謀」、「以我賄遷」、「不我屑以」、「毋逝我梁」、「毋發我笱」、「我躬不閱」、「遑恤我後」，當然後來的情況發生了變化，「我」的身影在詩史中漸漸淡遠。古詩中的「我」多是無可奈何者，無力主宰自己的命運，傾訴是其主要特點。與之相比，《月夜》中的「我」則是堅毅的表達者、堅守者，而不是傾訴者、依附者。這個「我」點活了前面兩句詩所勾勒的古詩式畫面，給它以生氣，彰顯了一種現代主體精神。

中國傳統崇尚「天人合一」，人融於境，人境渾然一體；《月夜》中，人與一株頂高的樹並排立著，但沒有靠著，人是人，物是物，彼此獨立而不是「合一」，這是一種典型的現代情景。不僅如此，由於「我」在畫面中被突出，於是「呼呼的」、「明明的」成爲「我」的感受、體驗，「我」之情緒投射於物，人的主宰性被彰顯。詩歌結尾均爲「著」，看似略顯呆板，但「著」乃表示現在的動作正在進行，即現在進行時，通關全詩，提示了一種動態行爲，彰顯了一種生命力，使畫面鮮活起來，「我」之存在與獨立姿態成爲點睛之筆。該詩中的「我」是全新的現代的，是五四文化啓蒙運動所想像、所訴求的「我」，某種意義上講，構成新詩與舊詩中「我」之分界線，具有標誌性意義。

該詩出現於 20 世紀初，爲現代中國想像、描繪出了一種精神方向，即人的獨立、自由生長；同時，又爲現代新詩建構提示了可行性路徑，即借鑑古詩資源寫作新詩。然而，這兩大探索經驗、資源在後來相當長的時期內並未被充分吸收與張揚，半個多世紀後，舒婷的《致橡樹》對該詩作了穿越時空的呼應，證明人的獨立發展道路之探索相當坎坷曲折；而如何利用古詩經驗創作新詩，在後來雖不斷被提起，但並沒有很多人做具體的實驗，相反，向外國詩歌學習倒成爲潮流。所以沈尹默該詩所表現的自我精神和詩藝探索路徑沒有得到應有的重視，或者說探索中遇到了許多阻力，值得深思。

## （二）「我」是一條天狗

### 郭沫若：《天狗》

我是一條天狗呀！

我把月來吞了，

我把日來吞了，

我把一切的星球來吞了，

我把全宇宙來吞了。

我便是我了！

我是月底光，

我是日底光，

我是一切星球底光，

我是 X 光線底光，

我是全宇宙底 Energy 底總量！

我飛奔，

我狂叫，

我燃燒。

我如烈火一樣地燃燒！

我如大海一樣地狂叫！

我如電氣一樣地飛跑！

我飛跑，

我飛跑，

我飛跑，

我剝我的皮，

我食我的肉，

我吸我的血，

我齧我的心肝，

我在我神經上飛跑，

我在我脊髓上飛跑，

我在我腦筋上飛跑。

我便是我呀！

我的我要爆了！

該詩創作於 1920 年 2 月初，其中的「我」既不同於傳統舊詩中無力主宰自己命運的「我」，亦不同於沈尹默《月夜》中的「我」。這個「我」不是細聲細氣、溫文爾雅的內向型主體，不是傳統的儒雅之士，而是一個外向的宣告者、張揚者，一個具有超凡力量的無所顧忌者。

「我」力大無比，吞沒日月宇宙，征服世界，是一位超人；同時，又剝自己的皮，食自己的肉，反思自我存在。「我」的言說句式是「我是……」「我把……」「我如……」，永遠是主語而不做賓語，不但主宰自己，還要控制外在世界，顯示出一種行為力量與意志。「我便是我了！」、「我便是我呀！」體現爲一種新的言說口氣，彰顯了對自我的充分自信與肯定。

如果說沈尹默《月夜》中的「我」，只是堅毅但低聲地表達要與那株頂高的樹並排立著的願望，強調的是不依靠別人的獨立性，但也不會去妨礙世界，只是要恢復失去的獨立人格；那與之相比，《天狗》中的「我」則是擴張者，要把日月星辰宇宙萬物全部吞下，在獲得自我獨立的情況下，要主宰世界，自我擴張到要征服別的存在。在這個「我」的身上，沒有中國傳統中庸文化的痕跡，有的是張揚與肆無忌憚，是思想解放時代空前甚至絕後的主體。

## （三）「我」是棄婦

**李金髮：棄婦**

長髮披遍我兩眼之前，

遂隔斷了一切羞惡之疾視，

與鮮血之急流，枯骨之沉睡。

黑夜與蚊蟲聯步徐來，

越此短牆之角，

狂呼在我清白之耳後，

如荒野狂風怒號：

戰慄了無數游牧。

靠一根草兒，與上帝之靈往返在空谷裏。

我的哀戚唯遊蜂之腦能深印著；

或與山泉長瀉在懸崖，

然後隨紅葉而俱去。

棄婦之隱憂堆積在動作上，
夕陽之火不能把時間之煩悶
化成灰燼，從煙突裏飛去，
長染在遊鴉之羽，
將同棲止於海嘯之石上，
靜聽舟子之歌。
衰老的裙裾發出哀吟，
徜徉在丘墓之側，
永無熱淚，
點滴在草地
為世界之裝飾。

《棄婦》刊於 1925 年 2 月 16 日《語絲》雜誌。詩題已經提示作品寫的是棄婦，詩中之「我」即棄婦。全詩共四節。第一、二節寫「我」的內在感受。「我」被遺棄，沒有悅己者，無心打扮，蓬頭垢面，表現了「我」的痛苦。長髮隔斷了令人「羞惡」的眼光，鮮血、枯骨暗示著人生快到盡頭。然而與黑夜隨來的是那些可惡的蚊子，「黑夜」象徵著恐懼，蚊子意味著威脅，蚊子越過長髮之牆，擾亂「我」的世界，向「我」潑誣。它那罪惡的嗡聲，可以理解為周遭的輿論，彷彿荒野上怒號的狂風，讓「我」戰慄不安。「靠一根草兒，與上帝之靈往返在空谷裏」，寫出了「我」之無助處境。上帝是教徒安放靈魂的地方，上帝讓人安心地生活，但是當教徒與上帝之間僅靠一根草相聯繫時，那是多麼可怕的一種情勢啊！對於舊中國的婦女來說，丈夫就是自己的天，就是自己的「上帝」，丈夫不要自己就彷彿上帝拋棄信徒，這句詩將棄婦的苦痛上昇到了形而上的高度。在男權社會，沒有人理解「我」的苦楚，「我」的哀戚只有遊蜂還能聽取、理解，寫盡了人世的無情。

詩的三、四節，「我」隱去，用第三人稱書寫棄婦排遣不去的隱憂。「棄婦之隱憂堆積在動作上」這一句耐人尋味，字面意思是棄婦靠動作展示痛苦。為何如此？她為什麼不以言語表達痛苦？這與舊中國男權社會意識形態直接有關。古代中國，男子掌握著話語生產權，語詞、句式等由男子從自己的喜怒哀樂表達需要出發而創制出來，女性沒有參與話語生產過程，男子沒有考慮女性的表達要求，即使考慮到也是以男子的體驗為基礎，就是說長期以來中國女性是以男子話語表達自我；而且絕大多數女子失去了受教育的權利，

更是無從表達自己，所以棄婦只能靠動作展示痛苦，這是一種更深層的文化悲哀。這句詩由棄婦之不幸觸及到對中國古代男權主義的控訴。「遊鴉」即飛遊的烏鴉，在中國文化中，烏鴉是不祥之物，這句詩是以烏鴉比擬棄婦，這是從傳統舊式文化立場而言的。「我」被丈夫遺棄變為棄婦後，在周邊人看來，就如同烏鴉乃不祥之物，唯恐避之不及。棄婦如同遊鴉棲止於海石，靜聽舟子之歌，預示著其人生就如同茫茫大海中的一葉扁舟，隨時可能被波濤無情地卷走，這是對棄婦生存處境的寫照。「衰老的裙裾發出哀吟」，是寫棄婦之哀吟、不幸。她的人生已到盡頭，徜徉於丘墓，不再有熱淚，不再有希望，「為世界之裝飾」就是對世界的控訴。

　　詩中之「我」即棄婦，無疑是一種象徵表達。棄婦清白而被遺棄，被遺棄後無力生存，孤苦無助，遭人污垢，這就是「我」的處境，「我」的感受。如果說《天狗》中的「我」彷彿來自西方文化，天馬行空，體現了五四知識青年自我力量的張揚與肯定。那麼，《棄婦》中的「我」則既是舊式女性無助、不幸的承擔者與自覺展示者，一個悲劇性存在；又是張揚女性主義的平臺，或者說是中國傳統男權社會的控訴者。

## （四）希望逢著丁香一樣姑娘的「我」

戴望舒：《雨巷》

撐著油紙傘，獨自
彷徨在悠長、悠長
又寂寥的雨巷，
我希望逢著
一個丁香一樣地
結著愁怨的姑娘。

她是有
丁香一樣的顏色，
丁香一樣的芬芳，
丁香一樣的憂愁，
在雨中哀怨，
哀怨又彷徨；

她彷徨在這寂寥的雨巷，
撐著油紙傘
像我一樣，
像我一樣地
默默彳亍著，
冷漠，淒清，又惆悵。

她默默地走近
走近，又投出
太息一般的眼光，
她飄過
像夢一般地，
像夢一般地淒婉迷茫。

像夢中飄過
一枝丁香地，
我身旁飄過這女郎；
她靜默地遠了，遠了，
到了頹圮的籬牆，
走盡這雨巷。

在雨的哀曲裏，
消了她的顏色，
散了她的芬芳，
消散了，甚至她的
太息般的眼光，
她丁香般的惆悵。①

撐著油紙傘，獨自
彷徨在悠長，悠長
又寂寥的雨巷
我希望飄過
一個丁香一樣地
結著愁怨的姑娘。

《雨巷》最初刊於 1928 年《小說月報》第 19 卷第 8 號。

　　詩歌開篇以舒緩低沉的筆觸，描繪出一幅寂寞、淒美的「雨巷」圖。「雨巷」本是無生命的存在，「我」的出場改變了它的客觀性，使它著上「我」的色彩，變得「悠長」而又寂寥。在這樣的「雨巷」裏，「我」迷惘、彷徨，似乎永遠走不出來，但並不絕望，希望逢著「一個丁香一樣地／結著愁怨的姑娘」。在「我」的想像中，她既美麗，有著「丁香一樣的顏色／丁香一樣的芬芳」；又愁怨，有著「丁香一樣的憂愁」。她「哀怨又彷徨」，像「我」一樣在雨巷中「默默彳亍著／冷漠，淒清，又惆悵」。實際上，她是「我」之情緒的對象化，是「我」理想的知音。由於用情極深，「我」出現幻覺，在幻覺中丁香一樣的姑娘「默默地走近」，「投出太息一般的眼光」。然而，在「我」尚未真實地觸摸到她時，她卻夢一般地從身旁飄走，她那丁香一樣的顏色、芬芳，甚至她那「太息般的眼光／她丁香般的惆悵」，也隨之消散在雨的哀曲裏，留給「我」的只是「像夢一般地淒婉迷茫」。但即便如此，「我」仍真情不變，繼續彷徨於悠長、悠長而又寂寥的雨巷，希望丁香一樣的姑娘再次出現。最後一節雖只有「飄過」一詞不同於第一節的「逢著」，但「我」的情感卻表現得更為細緻而深刻。一開始，「我」希望真實地「逢著」一個丁香一樣的姑娘，而苦求的結果是這姑娘從「我」身旁夢一般地「飄過」，「我」雖不無失望之感，但仍感到些許欣慰，真情不變；現在「我」再不像開始那樣奢望真實地「逢著」丁香一樣的姑娘，她只要從身旁「飄過」，「我」就心滿意足了。

　　這是一個怎樣的「我」？「我」獨自彷徨在雨巷，就是沒有同伴孤獨一人在雨巷彷徨，在雨巷哀怨，在雨巷希望逢著一個像自己一般的愁怨的姑娘，這無疑是典型的現代人生存處境與心理現實的寫照。現代社會是一個喧囂的世界，一個人擠人的世界，但人與人熟悉而陌生，沒有知己，故而逃離社會，精神上形影相弔，這是普遍現象。對丁香一樣的姑娘的想望，就是對知音的渴望，對另一個「我」的想像，所以她必須「像我一樣」。這樣的獨自想望是沒有希望的，所以幻想中的姑娘很快消失了，但「我」仍苦苦追尋著，想望著，希望再次看一眼丁香一樣的姑娘。然而，丁香一樣的姑娘是怎樣的姑娘呢？「我」其實也不清楚，她不過是「美好」但模糊的象徵符號，作為現代人縮影的「我」，渴望達到某種理想的境界，但這種境界是什麼樣的，「我」並不完全清楚，無法以清晰的語言描述出來，「我」想完善自己，但完善成什麼模樣，其實不清楚。

## （五）「我」是一隻絕望的鳥

孫毓棠：《北極》

> 我要的是北極圈，彌空的白雪壓蓋著冰山，
> 我要的是千里野雲的愁，把墨灰塗滿了天。
> 我願馱著冷霧飛翔，我已經是一隻絕望的鳥，
> 再忍受不住這生命的火，這一團亙古的燃燒。
>
> 我已經是一隻絕望的鳥，我要向北極飛翔，
> 去找死海裏的一勺冷水，作我靈魂的食糧；
> 是我靈魂永久的住家，在冰山頂上築我的巢，
> 再忍受不住這生命的火，這一團醜惡的煎熬。

此詩收入立達書局 1934 年版《海盜船》。

　　詩中的「我」將自己比成一隻絕望的鳥，絕望到「再忍受不住這生命的火」。「這生命的火」是什麼呢？它是「一團亙古的燃燒」、「一團醜惡的煎熬」，其實，它指的是現實社會，是有生命的人之世界。這個世界，人欲橫行，欲壑難填，「我」看到的是亙古的醜惡，感受的是苦痛的煎熬，生存沒有意義。「我」在絕望的世界靈魂無所寄託。

　　怎麼辦？「我」選擇了不合作的態度，「我要的是北極圈，彌空的白雪壓蓋著冰山」，也就是逃離人世，隱身於人跡罕至的北極圈。儘管去北極路途遙遠、艱難，「我」卻毫無畏懼，「我願馱著冷霧飛翔」，表現出一種毅然訣別的意力。

　　「我」要向北極飛翔，旨在「去找死海裏的一勺冷水，作我靈魂的食糧」；以彌空的白雪為伴，以千里愁雲為友，「在冰山頂上築我的巢」，以之為「靈魂永久的住家」，使生命得以安頓。

　　逃離是文學的一個重要主題。中國古代詩人在現實生活中受挫後，往往是退避於世外桃源，寄情山水，採菊東籬下，悠然見南山，在天人合一的和諧中，以老死不相往來的生活方式，獲得精神上的滿足。這是農耕時代詩人們的理想境界，他們的逃離是為獲得一種寧靜、和諧的人生，這種逃離的前提是相信社會人生中存在幸福的可能，對人類有一種信任；而本詩中「我」嚮往北極圈，雖也是對現實的一種反叛與逃避，但在根本上棄置了傳統詩人所嚮往的隔絕的人世生活，對一切社會方式失去了信心。「我」要在非人的冰

山頂上建築「我的巢」，以死海的冷水作爲靈魂的糧食，棄置了既有的生存邏輯與方式，將對人世、社會的失望推到極點，使詩的逃避主題在終極上超越、背離了古代詩歌，走向現代虛無與絕望，給人一種透骨的悲涼。

該詩的核心句式是「我要的是……」，彰顯了「我」內心深處不可戰勝的力量，體現了覺醒的個體所具有的一種反叛與追尋意志。「我」是一隻絕望的鳥，一隻絕望中立誓奮力翱翔以追尋意義的鳥，一個不可戰勝的生命個體。

## （六）「我」是一條小河

馮至：《我是一條小河》

我是一條小河，
我無心由你的身邊繞過——
你無心把你彩霞般的影兒
投入了我軟軟的柔波。

我流過一座森林，
柔波便蕩蕩地
把那些碧翠的葉影兒
裁剪成你的裙裳。

我流過一座花叢，
柔波便粼粼地
把那些淒豔的花影兒
編織成你的花冠。

無奈呀，我終於流入了，
流入那無情的大海——
海上的風又厲，浪又狂，
吹折了花冠，擊碎了裙裳！

我也隨了海潮漂漾，
漂漾到無邊的地方——
你那彩霞般的影兒
也和幻散了的彩霞一樣！

該詩創作於 1925 年，收入《昨日之歌》。它是一首喻意深刻的哲理詩，而決非一般情詩可比。如果從「我」與「你」的外在關係上看，它的確是寫「我」的一廂情願及其被毀，是一首纏綿悱惻的情詩。但詩人似乎經由愛情進入了一個更深邃的精神領域，以詩去體悟世界與存在本身。

　　一開篇，「我」將自己比擬爲一條小河，這是對自我身份、存在方式的一種確認。「小河」是美麗的、自由的，因而是幸福的，這是人們賦予「小河」的本質，但「小河」的現實存在是否確認了這一本質呢？接下來詩人寫道：「我無心由你的身邊繞過／你無心把你彩霞般的影兒／投入了我軟軟的柔波。」兩個「無心」道出了生存的偶然性和關係的不確定性。這即是說我們無法去規範「小河」的生存形式，無法用清晰的理性、規律去定義它。因而，在談它的存在之前，無法談它的本質。一切是在「無心」中完成的。這種偶然性行爲又是如何發展的呢？結果又如何呢？接下來寫了「我流過一座森林」、「我流過一座花叢」這是前面偶然性行爲的一種持續，是「我」的一種選擇。「我」以自己的柔波爲「你」剪裁裙裳、編織花冠。這一切是「我」的存在形式。「我」與「你」的關係是一種選擇性關係，是「我」在不經意的偶然中選擇而建構起來的，「我」願爲「你」做一切，將「美」獻給你。在這一系列行爲中，「我」體驗到了自我的存在。然而，由於「我」的選擇是在偶然中進行的，其結果便是未能預料的：「無奈呀，我終於流入了／流入了無情的大海。」這裡風屬浪狂，吹折了「我」爲「你」編織的花冠，擊碎了美的裙裳。儘管「我」好像自由選擇了一切，但在無情的荒誕的現實面前，「我」無法實現自己的願望。現實擊碎了「我」的夢想，「我」面對的是一個荒誕、毫無理性可言的世界。最終「我」只能「隨了海潮漂漾，／漂漾到無邊的地方。」「我」無法眞正地選擇自己的存在方式，荒誕的世界毀了「我」的自由，漂到哪裏是哪裏。而「你」那彩霞般的影兒，「也和幻散了的彩霞一樣！」，「我」無法保護「你」，無法給「你」幸福，不是「我」不願意，而是荒誕的現實剝奪了「我」的意願，剝奪了「我」爲「你」服務、愛「你」的自由。「我」連自己都保不住了，又何談愛呢！世界是荒誕的，「你」「我」的相遇是偶然的，我們在這種無理性可言的世界裏是沒有幸福、自由可言的。這即是說「小河」的現實存在無法確證人們賦予它的本質。所以，此詩是以愛情爲入口，表現現實世界的荒誕性，人的存在的荒誕性，以及「我」對自由的一種渴望。

## （七）和「你」站在一起的「我」

舒婷：《致橡樹》

我如果愛你——
絕不像攀援的凌霄花，
借你的高枝炫耀自己：
我如果愛你——
絕不學癡情的鳥兒，
為綠陰重複單純的歌曲：
也不止像泉源，
常年送來清涼的慰藉：
也不止像險峰，
增加你的高度，襯托你的威儀。
甚至日光。
甚至春雨。
不，這些都還不夠！
我必須是你近旁的一株木棉，
做為樹的形象和你站在一起。
根，緊握在地下，
葉，相觸在雲裏。
每一陣風過，
我們都互相致意，
但沒有人
聽懂我們的言語。
你有你的銅枝鐵幹
像刀，像劍，
也像戟；
我有我紅碩的花朵，
像沉重的歎息，
又像英勇的火炬。
我們分擔寒潮、風雷、霹靂；
我們共享霧靄、流嵐、虹霓，

彷彿永遠分離，

卻又終身相依。

這才是偉大的愛情，

堅貞就在這裡：

愛──

不僅愛你偉岸的身軀，

也愛你堅持的位置，足下的土地。

該詩創作於 1977 年 3 月，詩中的「我」具有強烈的主體意識，其基本話語方式是假設性的「我如果愛你──」，它意味著新的情感姿態，體現了一種獨立人格，將自己與那種自我意識不足甚或缺失的女性區分開來。

這種情感姿態，使「我」既不想「借你的高姿炫耀自己」，也不願學癡情的鳥「為綠蔭重複單純的歌曲」；既「不止」像泉源，「常年送來清涼的慰藉」，也「不止」像險峰「增加你的高度，襯托你的威儀」，而是毅然地訣別於那種被男權社會美化了的女子依附、隸屬男子的傳統觀念。強烈的自我意識使「我」深知自己「必須是你近旁的一株木棉／做為樹的形象和你站在一起」，這是抒情主人公所理想的愛情形式，一種獨立的人格關係。在這種關係中，女性真正獲得了與男子一樣的權利，也就是說，在詩人看來，理想的愛情建立在人權平等的基礎上。也只有在這種情況下，「我」才能真正愛上「你」，「我」與「你」的關係才能被表述為「我們」，而這個「我們」不是泛指，它具有唯一性，其話語是愛的密碼，所以沒有人能「聽懂我們的言語」。而「我們」並不因為相愛而失去人格的獨立性，「你有你的銅枝鐵幹／像刀，像劍／也像戟」，你還是你；「我有我紅碩的花朵／像沉重的歎息／又像英勇的火炬」，性格分明。就是說，理想的愛情能夠包容、呵護人的獨立性，有助於個性自由而全面的發展，而這種發展是以尊重男女的性別特徵為前提的，從而與那種在要求男女平等時無視陽剛陰柔之別、將女性男性化的觀念區別開來。惟其如此，「我們」才有力量，才能患難與共，「分擔寒潮、風雷、霹靂」，「共享霧靄、流嵐、虹霓」。

至此，詩情達至高潮，然而可貴的是，「我」能於熾烈中做清醒的思索，將濃情化為情愛箴言：「彷彿永遠分離／卻又終身相依」，從而將全詩提升到一個更高的境界，並使前面的抒情、自我心理獨白獲得了更大的藝術表現力。面對如此偉大的愛情，「我」無法遏制洶湧的情感，歌吟道：「愛──／不僅

愛你偉岸的身軀／也愛你堅持的位置，足下的土地」，將箴言還原為愛的蜜語，一種靈、肉結合的堅貞情愛。

　　該詩中的「我」穿越歷史隧道，與沈尹默《月夜》的抒情主人公遙相呼應，吟誦著人之獨立詩句，濃情與哲理結合，為中國女性演示了一種新的情愛話語。

## （八）「我」永遠是自己

穆旦：《我》

從子宮割裂，失去了溫暖，
是殘缺的部分渴望著救援，
永遠是自己，鎖在荒野裏，

從靜止的夢離開了群體，
痛感到時流，沒有什麼抓住，
不斷的回憶帶不回自己，

遇見部分時在一起哭喊，
是初戀的狂喜，想衝出樊籬，
伸出雙手來抱住了自己

幻化的形象，是更深的絕望，
永遠是自己，鎖在荒野裏，
仇恨著母親給分出了夢境。

該詩作於 1940 年 11 月。

　　我是誰？這是典型的現代問題，對這個問題的文學回答，演繹出了大量的現代主義作品。穆旦在戰爭語境中，從中國生存體驗出發，對這個經典性問題作了超越時空的解答，由此凸顯出一個特別的「我」。

　　「我」來自哪裏？對這個多數人喜歡從形而上超驗層面尋求答案的問題，詩人作了形而下的生理性回答：「從子宮割裂」而來，即來自母親，來自另一個生命，或者說是另一個生命孕育生長出了「我」。詩人將「我」從母體分娩出來稱之為「割裂」，即一個痛苦的過程，其結果是「我」感到失去了「溫暖」，變為一個不完整的「殘缺的部分」，一個渴望著「救援」的孤獨的「自己」，彷彿被拋向荒郊野外，「鎖在荒野裏」，這些就是「我」的生存感受。

於是，「我」不斷地尋找，尋找「溫暖」，尋找「群體」，尋找別的「部分」。當尋找到別的「部分」時，彼此在一起哭喊，那是「初戀的狂喜」，但最終的結果卻是什麼也沒有找到，什麼也沒有抓住，「伸出雙手來抱住了自己」，而不是別的。原來，「我」所想像的景象，所渴望的東西，等抓住後發現不過是「幻化的形象」，帶給自己的是「更深的絕望」。一切努力不過是徒勞，「我」不可能被救援，不可能依靠著某種別的存在而獲得溫暖，不可能逃離孤獨，永遠被鎖在荒野裏，永遠只能是自己，一個獨特的生命存在，以至於詩歌最後寫道：「仇恨著母親給分出了夢境」，一種無可奈何的表達。

這個「我」所渴望的不是沈尹默《月夜》之「我」所需要的「並排立著」；不是舒婷的「和你站在一起」，那些話語所要建立的是人和人之間的一種外在的理想關係，是關係之中人自身的獨立性，且相信存在於這種關係之中的個體一定幸福；也不是郭沫若筆下作為「天狗」的「我」所體現出的向外擴張的力量，「天狗」所彰顯的是獨立的個體潛在的本質力量；也不是孫毓棠筆下那隻絕望的鳥所渴慕的「北極」；也不是戴望舒《雨巷》中的「我」所希望的「丁香一樣的姑娘」，因為那個「我」尚能從富有象徵意味的丁香姑娘那裡獲得一種滿足。穆旦筆下這個「我」來自肉體「子宮」，來自另一個生命，他所思考的是生命本體層面的問題，而不是具體時空中的現實人際關係問題，不是人格獨立意志問題，不是自我有多大潛力的問題，而是個體生命在徹底解決了一切現實困擾之後面對自己時的問題。就是說，這個「我」在解決了所有外在現實問題之後，回到一無牽掛的真實的自己時，發現自己原來是沒有力量的，發現自己並不能追尋到某種東西讓自己依靠在上面，發現自己所渴望的某種情景其實是不存在的，就是說自己無法通過追尋獲得拯救，自己沒有力量將自己從孤獨的荒原中解救出來，生命永遠是孤獨的，「我」永遠是那個孤獨的「自己」。

穆旦的這個「我」具有超越時空的特點，塑造出這樣一個特別的「我」與穆旦在中國戰爭語境中的痛苦體驗分不開，這個「我」是戰爭中生命無力感的另一種表達。穆旦由對現實苦難的體驗進入到了對生命存在的超驗思考，進而將自己彙入到了世界存在主義文學的潮流之中。

## （九）「我」只願面朝大海，春暖花開

海子：《面朝大海，春暖花開》

從明天起，做一個幸福的人

喂馬，劈柴，周遊世界

從明天起，關心糧食和蔬菜

我有一所房子，面朝大海，春暖花開

從明天起，和每一個親人通信

告訴他們我的幸福

那幸福的閃電告訴我的

我將告訴每一個人

給每一條河每一座山取一個溫暖的名字

陌生人，我也為你祝福

願你有一個燦爛的前程

願你有情人終成眷屬

願你在塵世獲得幸福

我只願面朝大海，春暖花開

該詩作於 1989 年 1 月，書寫出一個新「我」。

「我」嚮往質樸、單純而自由的人生境界，有著探尋永恒、未知世界的心靈。「從明天起，做一個幸福的人」，起筆看似平淡，但細品之，則不難體味出「我」那種「聞道」後的喜悅。「道」是什麼？沒有直言，而是以「喂馬，劈柴，周遊世界」、「關心糧食和蔬菜」、「面朝大海，春暖花開」等來暗示。「喂馬」、「劈柴」、「關心糧食和蔬菜」意味著一種最實在的生活，一種緊貼大地的人生形式。它們表明「我」對城市那種遠離大地、虛偽墮落而又物欲橫流的生活的厭惡，對質樸的鄉村生活的嚮往。「周遊世界」體現了一種開放的胸襟，一種自由意志與探求精神。「面朝大海」的「大海」，是一個無邊無際、深不可測的未知世界，一個需要不斷探尋的世界，令「我」心潮激蕩，頓生一種崇高感、永恒感。它是變動中的永恒，永恒中的變動。面對它，「我」有種無限開闊的感覺，心曠神怡，由傾聽而湧起一種認識它、走進它的激情。而這種感覺、激情使「我」彷彿置身於「春暖花開」的季節。由此可見，「我」之「道」是拒斥物欲、崇尚自然與守護自由，是在真誠中探尋未知世界的精神。

　　「我」找到幸福後難抑喜悅之情。「我」要告訴「每一個親人」、「每一個人」自己的幸福，讓他們一起分享，這既表現了「我」對自己新的幸福觀的自信與自豪，又意味著「我」要倡導自己的幸福觀，也就是希望每個人像自己一樣，過一種「餵馬，劈柴」式的簡樸而實在的生活，並確立「周遊世界」、「面朝大海」的理想，上下求索，探尋真理。

　　「我」祝福世界。「給每一條河每一座山取一個溫暖的名字」，就是讓人間充滿溫暖。「我」祝福人們在這溫暖的世界裏前程美好，事業有成，祝福「有情人終成眷屬」。「我」自己呢？則「只願面朝大海，春暖花開」，也就是超越塵世的物質享受，永不停止精神的追求。然而，在這裡，我們似乎又感覺到了「我」之「幸福」後面那難以掩藏的刻骨銘心的矛盾與痛苦。「塵世」一詞賦予「面朝大海，春暖花開」另一層意思，也就是一種與「塵世」幸福無法認同的訣別態度。這一態度使詩人寫完此詩後不久，便在山海關附近臥軌自殺了，永遠地「面朝大海」，但願他真的能感到「春暖花開」。

　　詩人將直抒胸臆與暗示、象徵手法結合起來，使詩中之「我」既清澈又深厚，既明朗又含蓄，暢快淋漓而又凝重、豐富。

第三編　遴選闡述與詩人塑形

# 一、選本與胡適「嘗試者」形象塑造 〔註1〕

　　近一個世紀以來，不少新詩編選者，雖然不一定認同胡適新詩的詩美價值，但在遴選作品時又大都無法繞開《嘗試集》，或多或少地選錄其作品，致使胡適的白話新詩代代相傳，成爲 20 世紀中國一個重要的文學現象。胡適曾說：「我生求師二十年，今得『嘗試』兩個字。作詩做事要如此，雖未能到頗有志。作『嘗試歌』頌吾師，願大家都來嘗試！」〔註2〕胡適自定位爲「嘗試」者，並以此相號召，頗有點志得意滿。那麼選本編纂者又是如何看待他的呢？

　　縱觀近一個世紀的選本不難發現，選家亦大多認可胡適的自我指認，將其看成是白話新詩的倡導者、嘗試者，並從敢爲人先的嘗試角度肯定其新詩實驗。本文主要以實證研究方法，以收錄《嘗試集》作品的各種選本爲對象，耙梳、鈎沈《嘗試集》的選錄接受歷史，尋繹出選本中的胡適「嘗試者」形象及其如何被建構、刻板化，又如何在最近十多年獲得一定程度的修正而趨向豐富的軌跡。

## （一）漫畫化的「嘗試者」

　　本文以第一部新詩選集——1920 年 1 月新詩社編輯部出版的《新詩集（第一編）》爲始，以 2010 年 9 月人民文學出版社出版的《中國新詩總系》爲終，對其間出版的眾多新詩選本進行統計，計有 218 個選本選錄了《嘗試集》中總計 41 首詩作。筆者竭盡努力，這統計仍不敢說是竭澤而漁，但也足以眞實地反映出《嘗試集》自誕生以來入選各種詩歌選本的歷史面貌。

---

〔註 1〕 合作者　余薔薇
〔註 2〕 胡適：《嘗試篇》，《嘗試集》，人民文學出版社 1984 年版，第 4 頁。

這 41 首詩作在 218 個詩歌選本中的入選情況如下：

表一：入選總頻次

| 詩　作 | 入選總頻次 | 普通選本<br>入選頻次 | 高校教材<br>入選頻次 |
|---|---|---|---|
| 人力車夫 | 47 | 18 | 29 |
| 蝴蝶 | 47 | 32 | 15 |
| 鴿子 | 45 | 29 | 16 |
| 威權 | 37 | 18 | 19 |
| 夢與詩 | 33 | 29 | 4 |
| 老鴉 | 32 | 21 | 11 |
| 一念 | 26 | 25 | 1 |
| 湖上 | 21 | 21 | 0 |
| 樂觀 | 17 | 13 | 4 |
| 一顆星兒 | 17 | 13 | 4 |
| 上山 | 14 | 10 | 4 |
| 希望 | 14 | 11 | 3 |
| 一笑 | 11 | 11 | 0 |
| 四烈士冢上的沒字碑歌 | 9 | 8 | 1 |
| 小詩 | 9 | 9 | 0 |
| 一顆遭劫的星 | 10 | 9 | 1 |
| 應該 | 9 | 8 | 1 |
| 看花 | 5 | 5 | 0 |
| 新婚雜詩 | 5 | 5 | 0 |
| 四月二十五夜 | 5 | 5 | 0 |
| 三溪路上大雪裏一個紅葉 | 5 | 4 | 1 |
| 江上 | 4 | 4 | 0 |
| 十一月二十四夜 | 6 | 4 | 2 |
| 老洛伯 | 4 | 4 | 0 |
| 關不住了 | 4 | 4 | 0 |

| 詩　作 | 入選總頻次 | 普通選本<br>入選頻次 | 高校教材<br>入選頻次 |
|---|---|---|---|
| 十二月一日奔喪到家 | 3 | 3 | 0 |
| 他 | 3 | 3 | 0 |
| 你莫忘記 | 3 | 3 | 0 |
| 許怡蓀 | 2 | 2 | 0 |
| 我們的雙生日 | 2 | 2 | 0 |
| 周歲<br>——祝《晨報》一年紀念 | 2 | 2 | 0 |
| 如夢令 | 2 | 2 | 0 |
| 虞美人 | 2 | 2 | 0 |
| 送叔永回四川 | 1 | 1 | 0 |
| 自題《藏暉室札記》<br>十五冊彙編 | 1 | 1 | 0 |
| 病中得冬秀書 | 1 | 1 | 0 |
| 論詩雜記 | 1 | 1 | 0 |
| 示威 | 1 | 1 | 0 |
| 「赫貞旦」答叔永 | 1 | 1 | 0 |
| 雙十節的鬼歌 | 1 | 1 | 0 |
| 晨星篇 | 1 | 1 | 0 |

　　入選總頻次最高的三首分別為《人力車夫》、《蝴蝶》、《鴿子》。這三首詩何以如此頻繁地被選？如果我們以胡適當年的自我闡釋為參照，就會發現，這三首詩如此頻繁地入選，其實頗為特別，耐人尋味，因為選家反覆入選的詩作實際上並不是胡適自己感到滿意的詩作。在《嘗試集》再版自序中胡適一一列出自己滿意的作品：「我自己承認《老鴉》《老洛伯》《你莫忘記》《關不住了》《希望》《應該》《一顆星兒》《威權》《樂觀》《上山》《周歲》《一顆遭劫的星》《許怡蓀》《一笑》——這 14 篇『白話新詩』。其餘的，也還有幾首可讀的詩，兩三首可讀的詞，但不是真正白話的新詩。」〔註3〕

〔註3〕　胡適：《再版自序》，《胡適全集》（第 10 卷），安徽教育出版社 2003 年版，第42 頁。

　　我們先來看入選頻次最高的《人力車夫》。這首詩不僅不是胡適的自得之作，相反，它在《嘗試集》增訂四版中已經被胡適親筆刪掉。相對刪詩事件中的《鴿子》、《一念》、《看花》等頗有爭議的詩篇，這首詩在胡適的刪詩事件中未起任何波瀾，也未見胡適引此詩做任何闡述。包括為胡適刪詩的周氏兄弟、俞平伯等眾賢那裡，也沒有產生質疑《人力車夫》去留的聲音。為什麼這樣一首後來被選家反覆入選的作品在《嘗試集》出版後不久竟然曾被胡適毫不留情地刪掉？我們知道，胡適嘗試白話新詩，最看重的是不同於古詩文言的「新」，可是，《人力車夫》在貌似自然的白話口語下，採用主客問答體，其白話句式中迴蕩著四言古詩的節奏，以及它所表達的對民生疾苦的關懷，全然是一種杜甫「三吏三別」、白居易《賣炭翁》似的新樂府的現代翻版。面對千年古詩巨大的「影響的焦慮」，它的被刪應是其難逃的劫數。然而，這首被作者刪除的詩作在上世紀 80 年代、90 年代高校教材選本中的入選率竟然分別高達 72％與 62％〔註 4〕，這同該詩所表現的主題與後來時代語境特別是與高校文學教育的思想訴求相契合，有著直接的關係。

　　我們再來看入選頻次居二的《蝴蝶》。仍然是在《嘗試集》再版自序中，胡適提到「第一編的詩，除了《蝴蝶》和《他》兩首之外，實在不過是一些刷洗過的舊詩。」〔註 5〕也就是說，《蝴蝶》的確呈現出了一些新詩的氣象，但胡適終於還是不將它列入自己滿意的詩作，因為其新質有限。這首詩借一隻蝴蝶失去同伴後的孤單與惶惑書寫個人化的寂寞苦惱的內心感受，較為口語化。但這種新詩氣象卻不幸沒能與五言打油詩的詩形格調劃清界限。如果說《人力車夫》的頻繁入選，還與其「勞工神聖」的進步思想有關，那麼，在選家與文學史家眼中，《蝴蝶》雖新猶舊，更具「嘗試」的過渡性、實驗性，以致《中國現代文學三十年》的配套教材《中國現代文學作品精選》修訂時也堅定不移地保留著該詩。入選該詩的選本十分廣泛，有兼具普及和學術參考兩種功能、為一般讀者廣泛接受的鑑賞類辭典，如唐祈《中國新詩名篇鑑賞辭典》（四川辭書出版社 1990）；有專事新詩研究的詩人學者所編的選本，如牛漢、謝冕《新詩三百首》（中國青年出版社 2000）；有學術視野新穎的學人選本，如張新穎《中國新詩：1916～2000》（復旦大學出版社 2001）；也有

<hr>

〔註 4〕　筆者統計所得。
〔註 5〕　胡適：《再版自序》，《胡適全集》（第 10 卷），安徽教育出版社 2003 年版，第34 頁。

詩人、作家或者詩歌權威機構編選的選本，如《詩刊》編輯部《中華詩歌百年精華》（人民文學出版社 2002）、楊曉民《百年百首經典詩（1901～2000）》（長江文學出版社 2003）；還有低年級一般語文教育讀本，如王尚文、曹文軒、方衛平《新語文讀本·小學卷》（廣西教育出版社 2002）。看來，《蝴蝶》被選之繁雜，影響之深入，閱讀之廣泛，顯然是胡適始料未及的。

　　我們復再看入選頻次居三的《鴿子》。當談到自己不成功的嘗試時，胡適首當其衝提到《鴿子》，他說「我最初愛用詞曲的音節，例如《鴿子》一首，竟完全是詞」〔註6〕。在《談新詩——八年來一件大事》中，胡適又以《鴿子》爲例說明「我自己的新詩，詞調很多，這是不用諱飾的」〔註7〕。入選頻次如此之高的《鴿子》不僅不是其滿意之作，反而成爲其自我審視與檢討的證據。《鴿子》本已被胡適刪去，是周作人、俞平伯極力保薦因而得以存留。周作人、俞平伯何以要極力保薦呢？也許是因爲這首詩活潑鮮麗的畫面和流暢自然的口語令人留戀吧，但它卻被突然夾雜其中的一句「夷猶如意」的生硬文言給破壞了，彷彿鮮美的點心裏埋伏著一顆咯牙的沙子。這也是一種典型的「嘗試」的過渡性特點。這首詩不僅入選頻繁，而且還在中小學基礎教育中普及，如《中學生閱讀文選（高中三年級用）》（山東教育出版社 1999）、益創教育科學研究所編《青少年詩詞高手·新詩卷》（西苑出版社 2001）、喬正康、顧仲義《〈語文〉學習指導與練習》（東北財經大學出版社 2003）、王尚文、曹文軒、方衛平《新語文讀本·小學卷 5》（廣西教育出版社、陝西人民出版社 2007）、人民教育出版社中學語文室《自讀課本·第三冊·在山的那邊》（人民教育出版社 2008）等大量中小學教輔書籍均入選該詩。

　　總之，這三首詩作都極鮮明地殘留著這位新詩嘗試者從舊體詩詞裏掙扎出來的鮮明胎記，最典型地代表了胡適自己所謂「鞋樣上總還帶著纏腳時代的血腥氣」的過渡時代嘗試詩的特點。

　　這三首詩特別受青睞，與編選者所採用的「文學史」立場相關。一般而言，從文學史的立場入選詩人詩作，其選本常常採用兩種不同的標準把兩種詩人詩作編選進來，一是以佳作傳世的優秀詩人與其代表詩作，再是詩作水

---

〔註6〕　胡適：《再版自序》，《胡適全集》（第 10 卷），安徽教育出版社 2003 年版，第36頁。

〔註7〕　胡適：《談新詩——八年來一件大事》，《中國新文學大系·建設理論集》，上海良友圖書印刷公司 1935 年版，第 300 頁。

平不高，但爲詩歌發展史做出了不容忽視的貢獻的詩人詩作。從上述《嘗試集》三首入選頻次最高的詩的情況來看，多數選家顯然是將胡適歸入後者因而秉持的是後一標準。這意味著，其編選者的取捨，不在胡適詩歌的審美價值而在其所具有的作爲新詩第一個嘗試者的不成熟的過渡性作品的文學史化石意義。編選者通過對這種特別具有文學史化石意義詩歌的選取，有意無意之間凸顯、塑造了胡適不同於其他詩人的獨特的新詩「嘗試者」形象，即推動中國詩歌由文言格律詩向白話自由詩轉型、身體力行地以白話口語實驗寫作自由新詩的「嘗試者」。這個「嘗試者」敢爲人先，但詩藝並不高超，並沒有寫出詩美意義上的優秀作品。選家關注其作品，選錄《嘗試集》中的作品，不是因爲它們的詩性美，而是由於它們是最初的一批新詩，是過渡時代的開拓性作品，屬於幼稚的嘗試性作品。這個「嘗試者」形象是一個詩歌新航道探索者、開拓者形象，但不是詩美的創造者。

上述眾多選本反覆選取《人力車夫》、《蝴蝶》、《鴿子》這三首過渡性、實驗性最爲突出的典型的嘗試詩，反覆放大胡適新詩「嘗試」的過渡性、實驗性，使其成爲「嘗試者」形象最核心的內容。其實，任何詩人的性格、創作都有多面性，不可能是簡單劃一的，嘗試者也有多重性，但一代又一代的新詩選本有意無意間反覆呈現、放大胡適詩人形象的過渡性、實驗性，無視作爲「嘗試者」的別的性格，簡化其特徵，「放大」與「簡化」致使胡適「嘗試者」形象漫畫化，就是說新詩選本合理塑造出了一位漫畫化的「嘗試者」形象。

## （二）新詩「嘗試者」漫畫像的形成過程

歷史地看，這一漫畫化的「嘗試者」形象有一個形成過程。

下表顯示 218 個詩歌選本入選 41 首詩作的具體情況是：20 年代 8 種，入選 32 首；30 年代 10 種，入選 24 首；40～60 年代未選；70 年代末 1 種〔註 8〕，入選 6 首；80 年代 51 種，入選 19 首；90 年代 58 種，入選 20 首；新世紀 90 種，入選 23 首。

〔註 8〕 筆者在下文將 1979 年由北京大學、北京師範大學、北京師範學院中文系中國現代文學教研室編選的《中國現代文學史參考資料・新詩選》劃分進新時期 80 年代選本。

## 表二：不同年代入選頻次

| 年代<br>詩歌 | 詩歌選本 | | | | | |
|---|---|---|---|---|---|---|
| | 20 | 30 | 40～70 | 80 | 90 | 新世紀 |
| 人力車夫 | 3 | 0 | 0 | 24 | 16 | 4 |
| 蝴蝶 | 1 | 0 | 0 | 13 | 15 | 18 |
| 鴿子 | 3 | 2 | 0 | 6 | 12 | 22 |
| 威權 | 3 | 0 | 0 | 15 | 12 | 7 |
| 夢與詩 | 0 | 1 | 0 | 3 | 10 | 19 |
| 老鴉 | 4 | 2 | 0 | 13 | 6 | 7 |
| 一念 | 2 | 3 | 0 | 4 | 7 | 10 |
| 湖上 | 0 | 3 | 0 | 5 | 5 | 8 |
| 樂觀 | 4 | 0 | 0 | 8 | 2 | 3 |
| 一顆星兒 | 1 | 1 | 0 | 3 | 5 | 7 |
| 上山 | 2 | 1 | 0 | 5 | 2 | 4 |
| 希望 | 1 | 2 | 0 | 0 | 2 | 9 |
| 一笑 | 1 | 3 | 0 | 1 | 3 | 3 |
| 四烈士冢上的沒字碑歌 | 0 | 1 | 0 | 3 | 4 | 1 |
| 小詩 | 4 | 1 | 0 | 1 | 1 | 2 |
| 一顆遭劫的星 | 1 | 0 | 0 | 2 | 3 | 4 |
| 應該 | 3 | 2 | 0 | 1 | 3 | 0 |
| 看花 | 2 | 0 | 0 | 0 | 2 | 1 |
| 新婚雜詩 | 3 | 1 | 0 | 0 | 0 | 1 |
| 四月二十五夜 | 2 | 1 | 0 | 0 | 0 | 2 |
| 三溪路上大雪裏一個紅葉 | 3 | 0 | 0 | 1 | 0 | 1 |
| 江上 | 2 | 1 | 0 | 1 | 0 | 0 |
| 十一月二十四夜 | 0 | 2 | 0 | 0 | 0 | 4 |
| 老洛伯 | 3 | 1 | 0 | 0 | 0 | 0 |
| 關不住了 | 2 | 1 | 0 | 0 | 0 | 1 |
| 十二月一日奔喪到家 | 2 | 0 | 0 | 0 | 1 | 0 |

| 詩歌＼年代 | 詩歌選本 | | | | | |
|---|---|---|---|---|---|---|
| | 20 | 30 | 40～70 | 80 | 90 | 新世紀 |
| 他 | 2 | 0 | 0 | 0 | 0 | 1 |
| 你莫忘記 | 2 | 1 | 0 | 0 | 0 | 0 |
| 許怡蓀 | 0 | 2 | 0 | 0 | 0 | 0 |
| 我們的雙生日 | 0 | 2 | 0 | 0 | 0 | 0 |
| 周歲<br>——祝《晨報》一年紀念 | 2 | 0 | 0 | 0 | 0 | 0 |
| 如夢令 | 1 | 1 | 0 | 0 | 0 | 0 |
| 虞美人 | 1 | 1 | 0 | 0 | 0 | 0 |
| 送叔永回四川 | 1 | 0 | 0 | 0 | 0 | 0 |
| 自題《藏暉室札記》十五冊彙編 | 1 | 0 | 0 | 0 | 0 | 0 |
| 病中得多秀書 | 1 | 0 | 0 | 0 | 0 | 0 |
| 論詩雜記 | 1 | 0 | 0 | 0 | 0 | 0 |
| 示威 | 0 | 0 | 0 | 0 | 1 | 0 |
| 「赫貞旦」答叔永 | 1 | 0 | 0 | 0 | 0 | 0 |
| 雙十節的鬼歌 | 0 | 0 | 0 | 1 | 0 | 0 |
| 晨星篇 | 0 | 1 | 0 | 0 | 0 | 0 |

　　從20年代到新世紀，《人力車夫》在不同年代入選率分別為1.4%、0%、0%、11%、7.3%、1.8%；《蝴蝶》為0.4%、0%、0%、5%、6.8%、8.2%；《鴿子》為1.4%、0.9%、0%、2.7%、5.5%、10%。從不同時期的入選率來看，這三首詩都經歷了一個起落回升的曲線變化過程。它們在20年代入選，大部分在30年代後就不再受關注，40、50年代後完全消失，80年代開始受到很高的重視。

　　由此，我們大致可以將胡適的形象建構過程做這樣的歸納：20～30年代，《嘗試集》的接受視野尚未定向化，胡適的詩人形象相對開放多元；40～70年代，胡適要麼被排斥在主流詩界之外，要麼被高度統一的政治意識形態所壓制，其「嘗試者」形象淡出了歷史的舞臺；70年代末以來，經由選家與文學史家合力，其詩人形象走向單一化、定型化，漫畫化的「嘗試者」的形象被建構起來。

　　20～30 年代，這個時期的選家是作為歷史的參與者對歷史進行描述。當事人雖然具有最真切的感受，但近距離觀察文學現象，遴選作家作品，編纂文學史，就像坐在火車上觀看眼前的樹木房屋，飛快的一晃而過，顯得眼花繚亂，全然不如看遠處山色景致在獲得相對穩定的圖象後形成簡明的理性凝定。因而，這時候選家的眼光顯得雜陳而多樣，選詩的尺度寬容模糊，致使《嘗試集》中各種不同類型的詩歌都進入到選家的視野。

　　1、從詩歌數量上看，這個時期雖然選本非常少，但入選《嘗試集》的總篇目卻多於後來年份。《分類白話詩選》（許德鄰，上海崇文書局 1920）入選 35 首；《新詩集（第一編）》（上海新詩出版部 1920）、《新詩年選》（北社，亞東圖書館 1922）、《中國新文學大系第八集（詩集）》（朱自清，上海良友圖書印刷公司 1935）分別入選 9 首；《現代新詩選》（笑我，上海倣古書店 1936）入選 8 首；《（新式標點）新體情詩》（大中華書局 1930）入選 7 首；《中學國語文讀本》（世界書局 1925）、《戀歌》（丁丁、曹錫松，上海泰東書局 1926）、《初期白話詩稿》（劉半農，北平星雲堂書店 1933）分別入選 6 首。像《老洛伯》、《你莫忘記》、《許怡蓀》、《我們的雙生日》、《晨星篇》、《周歲——祝〈晨報〉一年紀念》、《如夢令》、《虞美人》、《送叔永回四川》《自題〈藏暉室札記〉十五冊彙編》、《病中得冬秀書》、《論詩雜記》、《「赫貞旦」答叔永》這些在新時期選本中幾乎絕跡的詩歌，都曾入選這個時期的選本。

　　2、從編選原則上看，有一個從最初的分類雜選到力圖展現述史模式的演變過程。比如 20 年代初最早的兩個選本，1920 年 1 月新詩社編輯部出版的《新詩集（第一編）》與 1920 年 8 月崇文書局出版的《分類白話詩選》，均按寫實、寫意、寫情這種詩歌內容分類的方式編選，前者選入《嘗試集》9 首，後者選入 35 首，選家的詩歌史主體意識尚未鮮明凸顯。1922 年亞東圖書館出版的《新詩年選》，開始表達嚴格選詩的願望，但具體選擇的標準卻還模糊難辨。1928 年泰東圖書局出版盧冀野編的《時代新聲》，序中言明「求其成誦，求其動人，有情感，有想像，有美之形式，蛻化詩之沉著處，詞之空靈處，曲之委婉處，以至歌謠鼓詞彈詞，有可取處，無不采其精華」〔註9〕，由此看出編者是以詩美為選擇標準。1933 年上海亞細亞書局出版的《現代中國詩歌選》，開始將十年詩歌歷史劃分為「嘗試時期」、「自由詩時期」、「新韻律詩時期」，試圖以「詩

〔註 9〕盧冀野：《時代新聲》，泰東圖書局 1928 年版，第 6 頁。

歌進化的軌跡」爲標準，所選胡適詩作是《江上》、《老鴉》、《月夜》。從這幾首詩看，後來的「嘗試者」的形象尚不清晰。1935 年上海良友圖書印刷公司出版朱自清的《中國新文學大系第八集（詩集）》，是這個時期最具權威的選本。選本中詩人位置大致按成名時間及影響作編年排列，從中可以看到初期詩人從舊體詩詞的鐐銬裏掙脫出來，借鑒外來經驗，摸索新的詩歌語言的過程。朱自清力圖展現線性的、詩歌進化的過程，已具鮮明的史家眼光。在這樣的標準下，選入《嘗試集》9 首，分別爲《一念》、《應該》、《一顆星兒》、《許怡蓀》、《一笑》、《湖上》、《我們的雙生日》、《四烈士家上的沒字碑歌》、《晨星篇》。這裡我們看到，80 年代後頻繁入選的《人力車夫》、《蝴蝶》、《鴿子》並未進入朱自清的視野。一方面，朱自清進行印象式地掃描，透視各種詩風轉移的特徵，勾勒新詩從草創到成熟的嬗變軌跡；另一方面，詩人兼學者的身份讓朱自清在選詩時頗具開闊的視野，注重詩歌語言與形式的意味，盡力呈現白話詩歌的潛能，而不是像後來的許多選家更多地將《嘗試集》的印象簡單化、刻板化。

從入選數量和編選原則上看，舊體詩詞意味濃重的「放腳體」詩和成熟的白話新詩，都能進入選家視野。可見，這一時期，選家帶著個人的審美趣味選詩，較少受到外力因素的影響。因此，胡適的形象並沒有定型，他更多的是作爲新詩草創期的先鋒詩人的形象出現在讀者面前。

40～70 年代，胡適被排斥在選家視野之外。時代主潮、社會意識形態等外部因素，將胡適逐出新文學的記憶之門。這個時候有兩種重要的詩歌選本，不能不說。一是聞一多的《現代詩鈔》，再是臧克家的《中國新詩 1919～1949》。這兩個選本均未選取胡適的詩。

40 年代遠居西南一隅的聞一多編選的《現代詩鈔》，未選《嘗試集》，這似乎爲後來胡適文學史形象的建構埋下了伏筆。此時，一方面浸淫於古籍，另一方面也偶然騰出手來寫《時代的鼓手》（1943）、《五四與中國新文藝》（1945）、《艾青和田間》（1946）等評論的聞一多，已顯示其思想的明顯轉變。試看其對田間的評價：「這些都不算成功的詩，（據一位懂詩的朋友說，作者還有較成功的詩，可惜我沒見到。）但它所成就的那點，卻是詩的先決條件——那便是生活欲，積極的，絕對的生活欲。它擺脫了一切詩藝的傳統手法，不排解，也不粉飾，不撫慰，也不麻醉，它不是那捧著你在幻想中上昇的迷魂音樂。」「當這民族歷史行程的大拐彎中，我們得一鼓作氣來渡過危機，完

成大業。」〔註 10〕深深感染著抗戰情緒的聞一多在編選新詩集時，既立足個人的趣味，又試圖有力地傳達出時代的聲音。《現代詩鈔》裏收入 65 位詩人作品，其中早期白話詩人只有郭沫若（入選 6 首）、冰心（入選 9 首），入選作品最多的分別是徐志摩（13 首）、穆旦（11 首）、艾青（11 首）、陳夢家（10 首），明顯偏重於新月派、現代派等詩人的詩作。這分明地顯示出，聞一多的這個詩選本是撇開文學史眼界的，更多地傾向於個人審美趣味與時代風潮。《嘗試集》裏那些素樸的早期白話詩，既不符合聞一多的審美趣味，又遠離時代大眾，因而無法進入聞一多的法眼。這大約也說明，在聞一多心裏，《嘗試集》中那些「嘗試」性習作在新的時代已經沒有什麼藝術價值，無論是從審美的意義看，還是從其與當時生活的關聯看，已經沒有必要向讀者推薦那些已經沒有生命的文學史化石。

臧克家的選本則以新的時代重新盤點新詩遺產的歷史主人翁的姿態，將胡適作為已經不具有當代閱讀價值的新詩「嘗試者」形象凸顯出來。

1957 年臧克家主編的《中國新詩 1919～1949》，是新中國成立後第一個極為重要的新詩選本，它不僅帶有重新審定文學「遺產」的性質，同時還發揮著對新中國文學的性質和價值做出新判斷，建立新規範的導向作用。在長篇代序《「五四」以來新詩發展的一個輪廓》中，臧克家將胡適定位於右翼代表大加批伐。認為胡適對形式與內容關係的看法「鮮明地表現出了他的資產階級形式主義的立場和觀點」，「貶抑了作為新詩骨幹的那種反帝反封建的思想內容，這和當時具有共產主義思想的知識分子所領導的文藝思想路線是敵對著的」〔註11〕。他還總結《嘗試集》內容只包括對自然風景的輕描淡寫，閨情式的愛情的抒發，對美國生活留戀深情的表露，從詩集裏可以「嗅到胡適的親美的買辦資產階級思想摻合著封建士大夫思想噴發出來的臭味」〔註12〕。臧克家的這種觀點代表了 50～70 年代中期新中國文學對新文學「遺產」進行取捨的政治價值標尺。在這種標尺的度量下，《嘗試集》招致了從內容到形式的全盤否定。這種激烈的否定本身既體現為一種新時代「革命化」的史家意識與關注眼光，又十分決絕地否定了《嘗試集》在新的時代的傳播閱讀價值。

〔註10〕聞一多：《時代的鼓手——讀田間的詩》，《聞一多全集》第 2 卷，湖北人民出版社 1993 年版，第 201 頁。
〔註11〕臧克家：《臧克家全集》（第 10 卷），時代文藝出版社 2002 年版，第 220、221 頁。
〔註12〕同上，第 221 頁。

　　這個重要選本一再重版，在 1979 年修訂中，因爲政治解凍，臧克家對《嘗試集》重新做出了評價：「初次嘗試，當然是不成熟的；他的思想感情當然也是資產階級的，還帶著洋味，但寫得自然活潑。因此可以說，他在『五四』時期對新詩的創建與發展，是有一定作用和影響的，一本《嘗試集》和他的新詩論文，就是佐證」〔註13〕。《嘗試集》重新獲得了正面價值。但修訂時，《嘗試集》仍然沒有入選。《新版後記》中臧克家這樣說：「在這裡，我必須再一次地鄭重聲明：這是專爲青年讀者編選的一個『讀本』，如果內容再擴大，按著新詩發展史把『五四』以來許多有成就的詩人們的作品統統包括進來，對於青年的消化力和購買力是不合適的；那樣一個選本是需要的，應該由有關方面另行編選、出版」〔註14〕。臧克家在這裡以「青年」之「讀本」的名義，仍然不選《嘗試集》中的作品，表明他（或者那個時代）仍然認爲《嘗試集》其中的眾多篇什並不具備當代傳播閱讀價值，但他卻開始爲《嘗試集》在新的時代進入另外的新詩選本預留了空間，即從認知歷史的角度著眼，《嘗試集》作爲新詩史的第一部開山詩集，雖已不具有當代傳播閱讀價值，但從文學史化石意義上還是有入選價值的。在此，「在『五四』時期對新詩的創建與發展，是有一定作用和影響」〔註15〕，只具有文學史化石意義，而不具有詩美價值的「嘗試者」形象，實際上已經凸顯出來。

　　80 年代前期，《嘗試集》被選本定格爲從傳統詩詞中脫胎、蛻變出的過渡性歷史「標本」。緊隨臧克家之後的選本，是從傳授文學史知識出發的各種高校教材。它們順著臧克家爲胡適《嘗試集》所預留的選擇空間，主要選入《嘗試集》中不具閱讀價值而只具有文學史化石意義的詩作，大同小異地將眼光投向了《人力車夫》等三首過渡性特點鮮明的詩作，從而使胡適敢爲人先地創作沒有多少閱讀價值的新詩之「嘗試者」形象穩定下來。比如，1979 年北京大學、北京師範大學、北京師範學院三校中文系中國現代文學教研室編選的《中國現代文學史參考資料》之《新詩選》，這是一個容量頗大的選本，它選入了《蝴蝶》、《贈朱經農》、《人力車夫》、《鴿子》、《老鴉》、《威權》等 6 首作品。在編選說明中，編者指出該選本依據文學史的脈絡，「根據歷史唯物主義的原則，考慮了教學的實際需要，對於資產階級詩歌流派的作品，也少

〔註13〕 臧克家：《臧克家全集》（第 10 卷），時代文藝出版社 2002 年版，第 222 頁。
〔註14〕 臧克家：《中國新詩選 1919～1949》，中國青年出版社 1957 年版，第 336 頁。
〔註15〕 臧克家：《臧克家全集》（第 10 卷），時代文藝出版社 2002 年版，第 222 頁。

量選入，以供參考。對於胡適、周作人這種作者，則選的是他們從新文學陣營分化出去之前的作品。」〔註16〕這顯然承襲的是臧克家的思想，一方面將胡適定位成「資產階級詩歌派」，另一方面，從文學史的脈絡，依據「歷史唯物主義的原則」，從文學史意義的角度肯定胡適的嘗試性行為。這種基於文學史眼光的編選原則在 80 年代沿用下來。隨後，1981 年北京師範學院中文系現代文學教研室編選的《詩歌》，選入《蝴蝶》、《人力車夫》、《鴿子》、《老鴉》、《威權》5 首，「以中國現代文學史教學中重點引用的史料、重點涉及和重點分析的作品為限」，進一步明確了胡適及《嘗試集》教學史料的作用。1982 年中國人民大學中國語言文學系中國現代學教研室編選的《中國現代文學作品選》，也選入同樣的篇目。這些是容量相對大的教材型選本。容量小的，有些就選《人力車夫》一首。1980 年代以來，計有 29 種教材型選本入選了《人力車夫》，15 種入選了《蝴蝶》，16 種入選了《鴿子》。並且，同一時期，計有15 種一般性讀本入選了《人力車夫》，29 種入選了《蝴蝶》，24 種入選了《鴿子》。可見，胡適這種類型詩歌的入選，呈現出一種由教材型選本向一般性讀本擴散的態勢。

　　由此所導致的胡適那些不成熟的新舊過渡性詩歌的高頻次入選，構成選本與選本間在時間延展中相同印象儲存的循環疊加，而這種循環疊加的印象儲存又與文學史敘述者慣用的編碼規則相呼應，再構成一種認識的循環，形成一種深入人心的定型化效應，鑄就了胡適漫畫化的「嘗試者」形象，並且使這一形象相當程度地刻板化了。

## （三）漫畫化新詩「嘗試者」形象的修正現象

　　由於胡適「嘗試者」形象被漫畫化、刻板化，《嘗試集》缺乏詩美價值成為了一種文學史常識。實際上，儘管在 90 年代、新世紀的詩歌選本中，胡適被簡化被誇張的漫畫化的「嘗試者」形象依然鮮明，但縱觀整體，自 80 年代中後期特別是 90 年代以來，還存在著修正其漫畫化刻板印象的力量，這種力量來自另一傾向的眾多選本，即主要作為文學欣賞讀本的選本。

　　20 世紀 80 年代後期以來，出版業開始出現面向市場的傾向，詩歌選家開始由大眾讀者的指引人反身受到大眾閱讀趣味的牽引，從而開啟了《嘗試集》

---

〔註16〕北京大學中文系中國現代文學研究室等編：《新詩選》（第 1 冊），上海教育出版社 1979 年版，第 1～2 頁。

文學史化石價值之外的閱讀價值的發掘期。《嘗試集》中的許多詩歌開始從各種不同角度進入讀者的接受視野，如打油詩（程伯鈞《打油詩趣話》，貴州人民出版社 1986）、抒情詩（向明《抒情短詩》，花城出版社 1986）、愛情詩（姜葆夫《古今中外愛情詩歌薈萃》，廣西教育出版社 1990）、愛國詩（陸耀東《中國現代愛國詩歌精品》，武漢大學出版社 1994）、哲理詩（孫鑫亭《古今中外哲理詩鑒賞辭典》，中州古籍出版社 1997）等等，不一而足。這在一定程度上修正著關於《嘗試集》沒有多少讀者的觀點。

這裡特別值得重視的是，隨著選家標準向讀者因素的傾斜，一種久違的從審美價值和藝術成就上挑選胡適詩歌的尺度開始映入眼簾並且漸變得醒目起來。這使得長期以來胡適漫畫化的「嘗試者」形象，一定程度地得到修正與豐富。《夢與詩》、《應該》、《希望》等詩的入選情況清晰地說明了這一點。

我們先看《夢與詩》。這首詩是胡適的自得之作，他曾在《談新詩——八年來一件大事》中津津有味地自賞過。1932 曾入選《現代詩傑作選》（沈仲文，上海青年書店）。它再次被發掘出來，是 1985 年鄒絳編選《現代格律詩選》（重慶出版社）。鄒絳是詩人，他在選詩時更看重詩歌的藝術性。該選本的編選原則是「格律」，亦即形式美。他要編選的是一個把藝術性放在頭等重要位置的新詩讀本。《夢與詩》的這次入選，現在看來可以說是 1980 年代思想解放所開啟的文學審美意識的覺醒在胡適詩歌選本領域造就的一件大事，雖然這個選本在當時的影響還很有限，但它為修正胡適的文學史形象埋下了重要的伏筆。其後非常權威的一個選本，即 1988 年謝冕、楊匡漢的《中國新詩萃》（20 世紀初葉～40 年代）（人民文學出版社）再次入選了《夢與詩》。在前言中編者明確指出：「我們的這項工作畢竟和文學史家有所不同」，「我們則側重於宏觀文化背景下進行詩美的判斷」「我們則側重詩歌的審美功能、意義和價值，餘者作為相應的參照」，「把審視點放在突破和擴大了審美習慣規範的一瓣瓣意蕊心香。」〔註17〕這個選本鮮明地亮出以審美標準入選《嘗試集》中的《夢與詩》，這成為之後詩歌選本的一個重要參照。接下來入選該詩的譚五昌的《中國新詩 300 首》（北京出版社 1999），在序言中寄望於他這個本子「成為集中反映 20 世紀中國新詩創作最高成就的總結性選本」，這多少表明編選者是將《夢與詩》列為能夠代表「20 世紀中國新詩創作最高成就」的傑作之一。它

---

〔註17〕楊匡漢：《序二：時代詩情與精神價值》，謝冕、楊匡漢編《中國新詩萃：20世紀初葉～40年代》，人民文學出版社 1988 年版，第 17～18 頁。

與 1932 首次入選《夢與詩》的《現代詩傑作選》的看法遙相呼應，挑戰了一直以來關於胡適「有名著而無名篇」〔註 18〕的認識。進入新世紀，這首詩入選了彭燕郊的《中外著名詩歌誦讀經典・中國現當代抒情詩》（湖南少年兒童出版社 2001）、黃智鵬的《你一生應誦讀的 50 首詩歌經典》（北京圖書館出版社 2006）、上海辭書出版社文學鑒賞辭典的《新詩三百首鑒賞辭典》（上海辭書出版社 2008）、朱克、朱威的《陽光情懷：現當代詩歌精品賞析》（人民教育出版社 2008）等等一批以「著名詩歌」、「經典」、「精品」等等命名的大眾讀本；也進入了張新穎的《中國新詩：1916～2000》（復旦大學出版社 2001），朱棟霖、龍泉明的《中國現代文學作品選 1917～2000》（高等教育出版社 2004）等重要的教材型選本，甚至普及到童慶炳、劉錫慶、王富仁等主編，李霆鳴選編的《中學生閱讀與欣賞：中國現當代詩歌卷》（四川人民出版社 2000）、王安憶、梁曉聲的《課外名篇・高中版・詩歌卷》（湖南文藝出版社 2001）、郝昌明《語文周計劃・閱讀》（北京藝術與科學電子出版社 2006）、《誦讀中國・初中卷》（人民文學出版社 2006）等中小學教輔讀本。這首詩還被譜曲，經由風靡校園的臺灣純情女歌手孟庭葦的歌唱廣泛傳播，其經典詩句「醉過才知酒濃，愛過才知情重」被節入梅豔芳的流行歌曲《女人花》更是傳之久遠。

　　我們再看《應該》。這首詩在胡適的自我闡釋中出現過多次。在《嘗試集》再版自序中，他用該詩闡述「獨語」這種詩體形式：「《應該》一首，用一個人的『獨語』（Monologue）寫三個人的境地，是一種創體。」「以前的《你莫忘記》也是一個人的『獨語』，但沒有《應該》那樣曲折的心理情境。」〔註 19〕在《談新詩——八年來一件大事》中胡適進一步自我欣賞：「那樣細密的觀察，那樣曲折的理想，決不是那舊式的詩體詞調所能達得出的。」，「這首詩的意思神情都是舊體詩所達不出的。別的不消說，單說『他也許愛我，——也許還愛我』這十個字的幾層意思，可是舊體詩能表得出的嗎？」〔註 20〕在

〔註 18〕　「有名著而無名篇」的觀點，始於 1929 年草川未雨評價《嘗試集》「只有提倡時的價值，沒有作品上的價值」（《中國新詩壇的昨日今日和明日》，海音書局 1929 年版，第 53 頁）。陳平原在《經典是怎樣形成的——周氏兄弟等為胡適刪詩考（一）》中說：「作為新詩的胡適，有名著而無名篇，此乃目前中國學界的主流意見。」（《魯迅研究月刊》2001 年第 4 期）

〔註 19〕　胡適：《再版自序》，《胡適全集》（第 10 卷），安徽教育出版社 2003 年版，第 35 頁。

〔註 20〕　胡適：《談新詩——八年來一件大事》，《中國新文學大系・建設理論集》，上海良友圖書印刷公司 1935 年版，第 295～296 頁。

胡適心中，《應該》不僅具有情感表現上的魅力，更是充分釋放出了現代白話的詩性魅力。《應該》共選 9 次，其中 20 年代入選 3 次，分別爲《分類白話詩選》、《新詩年選》、《戀歌》；30 年代 2 次，分別爲《（新式標點）新體情詩》、《中國新文學大系·詩集》。20～30 年代便占去了一半之多，尤其是兩個重要選本《新詩年選》與《中國新文學大系·詩集》，這足以說明該詩在誕生之初曾被選家重視，被讀者廣爲閱讀。40 年代消失後被再次選入是 1986 年復旦大學中文系現代文學教研室編的《中國現代文學作品選》，這個選本依次選了《人力車夫》、《三溪路上大雪裏一個紅葉》、《應該》。一方面，該選本迎合了 80 年代文學史書寫的主流，將《人力車夫》排在第一位；但另一方面，該選本又入選了在同一時期無人問津的作品《三溪路上大雪裏一個紅葉》、《應該》。賈植芳在所作前言裏，反思了過去教材「審時度勢」的特點，強調「正宗」以外的「旁宗」，以及「正宗」內部的支流，要求既要從「政治大處上著眼」，又要「注意藝術上的成就」，二者「不可偏廢」。編者顯然已經意識到通行的文學史對胡適既有的形象描繪得有所偏頗，試圖去修正。但是這種微弱的意識被其後席卷而來的各種選本和教材覆蓋了。

1990 年 4 月臺灣業強出版社出版的《戀曲 99》（陸以霖編）入選該詩，在前言中，編者說：「五四」以來優美、感人的情詩爲數不少，編者經過反覆斟酌、淘汰，「勉爲其難」割捨了許多珠玉之作，篩留下的九十九首，俱屬技巧圓熟、構思巧妙，散發藝術魅力的佳篇，可供讀者細細咀嚼、玩味〔註21〕。可見，陸以霖眼中的《應該》無論是從思想感情還是形式技巧上來看，都無疑是成功的佳作。該選本入選胡適 3 首詩，另兩首是《夢與詩》、《秘魔崖月夜》。從審美的角度上看，這三首都是胡適詩作中非常成熟的作品。身居海外的學者較少受到大陸關於胡適《嘗試集》的刻板印象的影響，能夠跳出既有文學史框架對胡適的定型化思維。國內再次入選該詩的選本是 1991 年 8 月姜葆夫《古今中外愛情詩歌薈萃》（廣西教育出版社），也是從愛情與審美的角度來編選的。值得一提的選本是 1991 年河北大學出版社出版的《大學生熱點話題》叢書之《給你一片溫柔·中國 20～30 年代著名愛情詩精萃》。該選本的獨特之處在於民間化的生產方式，它是在校園內用書面徵求意見的辦法，讓學生選擇自己喜歡的新詩篇名，然後由出版社按計票順序列出選目。該選本的生產方式說明，《嘗試集》裏的情詩在高校有著廣泛的接受群體。高校學

---

〔註21〕陸以霖：《編序》，《戀曲 99》，業強出版社 1990 年版，第 2 頁。

生的知識性閱讀大多依憑選本和文學史教材，而前文已經論述，選本和文學史書寫潛在的暴力因素已經將胡適的「嘗試者」形象漫畫化、刻板化了，在各種高校教材中學生讀到的多是《人力車夫》、《蝴蝶》之類的詩作。而從這個選本所選的二首詩歌《蝴蝶》、《應該》可以看出，在高校學生群體中，對於胡適的詩歌接受，已經突破了文學史教材給予他們的刻板印象，在「詩美」和「陶冶人的性情」〔註22〕上，肯定了胡適詩歌的價值。

　　我們復再看《希望》。20 年代許德鄰的《分類白話詩選》（上海崇文書局 1920）、30 年代趙景深的《現代詩選》（上海北新書局 1934）和笑我的《現代新詩選》（上海倣古書 1936）曾經入選此詩。其中趙景深的選本是中學國語補充讀本之一，精選了《十一月二十四夜》和《希望》兩首。新時期最先入選該詩的是 1991 年羅洛編的《新詩選》（中華書局（香港）有限公司）。編者是詩人，他強調「過於晦澀難以鑒賞之作，一般不予收入」。看來編者欣賞的是《希望》一詩的清新自然。《大學生背誦詩文精選》（蔡世華、孫宜君編，中國礦業大學出版社 1997）、《課外現代文金牌閱讀 100 篇·初二年級》（嚴軍總、許建國編，吉林教育出版社 2005）、《中國語文·高一年級》（黃土澤編，中國大百科全書出版社 2006）等選本入選該詩也都因其語言清新、質樸，意境平實、淡遠。

　　《希望》一詩的特別之處在於，它曾於 80 年代改編成歌曲《蘭花草》，在海內外廣為流傳。「1980 年 6 月 16 日的《參考消息》登載港報專稿——《第二個春天——讀臺報有感》中說，臺灣《中國時報》在報導臺灣當前流行的以胡適《希望》一詩作詞的歌曲《蘭花草》中透露：『由於《蘭花草》一流行，許多模仿《蘭花草》的歌也紛紛出籠』」〔註23〕。在大陸最早見於 1985 年莊春江《臺灣歌曲》（中國文聯出版公司）。筆者查找到新世紀就有 17 個歌曲選本入選《蘭花草》。它們有的是經典的歌曲選本如原今《絕妙好歌·中外抒情歌曲》（江蘇文藝出版社 2003），李泯《中學補充歌曲》（湖南文藝出版社 2003），李凌、李北《同一首歌·80 年代經典歌曲 100 首》（現代出版社 2004），薛範《名歌經典·中國作品卷》（中國國際廣播出版社 2006），樂夫《又唱同一首歌·校園經典》（湖南人民出版社 2008），《相逢是首歌·畢業歌曲精選》（現

〔註22〕河北大學出版社編：《給你一片溫柔：中國 20～30 年代著名愛情詩精萃》，河北大學出版社 1991 年版，第 3 頁。
〔註23〕石原皋：《閒話胡適》，安徽人民出版社 1985 年版，第 43 頁。

代出版社 2010）；有的是音樂方面的教材如曉丹《全國少年兒童歌唱標準考級教材》（遼寧兒童出版 2000），吳子彪《最易學的吉他速訓初級教程》（中國戲劇出版社 2006），尤靜波《流行歌詞寫作教程》（大眾文藝出版社 2008），許樂飛《「老湯」簡譜鋼琴教程》（上海音樂學院出版社 2009）；有的是器樂演奏集如宋小璐、閔元褆《民謠吉他考級曲集》（上海音樂出版社 2003），《古箏懷舊金曲 99 首》（上海音樂出版社 2007），王小玲、何英敏、羅小平《歲月如歌：流行歌曲鋼琴演奏集》（花城出版社 2008），陳其妍、潘如儀《簡線對照成人鋼琴小品集》（上海音樂出版社 2009）；還有兒童歌曲選本如徐沛東《童聲飛翔・中華少兒歌曲精選》（現代出版社 2006），辛笛《鋼琴即興伴奏・兒童歌曲 68 首》（上海音樂學院出版社 2009）。雖然一首詩經譜曲而廣爲流傳，其流傳的因素不盡在其詩性，但流傳本身卻已成爲該詩接受的歷史。

　　一個五四詩人，其詩歌在今天還能有這樣的接受盛況，並且有兩首詩能在今天譜曲流傳坊間，許多著名的現代詩人好像也沒有這樣的幸運。如果不是經過這樣的選本考察，筆者也還局限在文學史關於胡適的刻板印象裏，很難想像出這種流播情形。通常的選本研究，常常是選擇比較知名的經典選本，而本文對選本所下的是盡可能竭澤而漁的功夫，將精英閱讀選本與市場化的通俗讀本、甚至歌曲選本盡可能收入眼中，在更全面的文學流通中，觀察與理解歷史。這對突破既有的文學史知識局限，重新認知《嘗試集》，認知一個更豐滿的「嘗試者」形象，甚至重構文學史，都有著不容忽視的意義。

# 二、文學史著中的聞一多形象 [註1]

　　詩人以何種形象呈現在讀者面前，不僅與其詩學主張和創作實踐直接相關，還與讀者的闡釋、接受和傳播分不開。文學史作為推動文學傳播的重要媒介之一，因其編纂者的專業性，相較其他媒介而言，具有更大的權威性和影響力。正因為此，文學史著對於文學作品的闡釋、評價，對文學創作者形象的塑造，發揮著重要的作用。本文選取上個世紀三十多部有代表性的文學史著作（其中民國時期編纂出版的 13 部，新中國成立至文革前編纂出版的 9 部，新時期編纂出版的 16 部），歷史性地考察它們如何在複雜的語境結構中，對聞一多及其作品展開解讀與敘述，在史實的基礎上，揭示出不同時期的文學史著所塑造呈現出的烙上時代話語邏輯的詩人形象。

## （一）

　　從現在可考的資料來看，聞一多的新詩創作大約始於 1919 年 11 月，第一本詩集《紅燭》出版於 1923 年，共計收錄詩歌 103 首；第二本詩集《死水》出版於 1928 年，收錄詩歌 28 首；1931 年發表長詩《奇蹟》，之後就基本「絕產」，1948 年——即在他逝世兩年以後——他的兩首未完成的詩《教授頌》和《政治學家》，被人發現並代為發表。聞一多開始寫作新詩的時間雖早，但他從事新詩創作的時間並不長，大部分新詩創作於 20 年代。其新詩理論，也幾乎在 20 年代就思考成熟，其中詩歌韻律和節奏一直是他關注探討的重點。1921年，他以英文寫作了詩歌論文《詩底節奏的研究》；1922 年，完成《律詩底研

---

〔註 1〕 與陳瀾合作

究》；1926 年，與徐志摩等人合辦的《詩鐫》創刊，並發表《詩的格律》，正式豎起「格律詩派」大旗。然而，雖然聞一多開始從事詩歌活動的時間較早，但在 20 年代中期以前，他並沒有眞正在文學上獲得一個「場域位置」。他的《紅燭》出版於新詩集出版的密集期，由於沒有文壇重量級人物推薦，沒有良好的包裝，出版後兩三年裏沒有在主流詩壇引起應有的關注。直到 1926 年聞一多與新月諸人發起格律詩運動，他才眞正在詩壇產生較大的影響。文學史作爲一種梳理、總結式的著作，並不具有時效特點，往往要在文學現象發生並沉澱一定時間以後，才有所反應。因此，與聞一多本人活躍的新詩創作和積極的理論探討相比，20 年代的文學史著並沒有給他太多的關注。

這一時期最早對聞一多的創作有所評價、影響力最大的一部文學史著，是趙景深的《中國文學小史》，他對新詩發展脈絡的描述，受到文學的進化論思維影響，認爲新詩是從「未脫舊體詩詞氣息的初期詩歌」開始，沿著「試做的無韻詩」、「小詩」、「西洋體詩」、「象徵詩」的順序向前發展的。聞一多和郭沫若、徐志摩等人都被他籠統地歸入「西洋體詩」創作者之列。對於聞一多的詩作，他也沒有具體的品評，只以一句話概括：「《紅燭》規律尚不十分嚴整，但已走上這一條路（指『西洋體詩』的發展道路——筆者按）」〔註2〕。今天回頭看，二十年代新詩創作十分興盛，各種流派紛繁複雜，即使是同一詩人的創作，也往往一直在發生變化，將此期新詩的發展簡單歸納爲進化鏈條，並將新詩人們強行歸類爲某一個固定的類別，未免失之粗糙。聞一多的詩歌創作，跟郭沫若、汪靜之等人其實大有不同，他本人在二十年代前後期也發生了一定的創作轉向，因此將他與郭、汪等人一起歸於西洋體詩歌創作群，失之粗糙簡單。然而這種簡單化歸類的優勢在於一目了然，方便讀者理解、接受和記憶。因此這版文學史在民國時期頗受歡迎，從 1928 年問世後的十年間，一共重版了 20 次之多，還曾被列爲清華入學考試指定的參考書〔註3〕，對當時的眾多學者和學生都產生了較大的影響。此期其他文學史著作，如陳子展的《最近三十年中國文學史》〔註4〕、譚正璧的《中國文學進化史》

---

〔註 2〕 趙景深：《中國文學小史》，上海：光華書局 1928 年初版，大光書局 1937 年 3 月第 20 版，第 190 頁。

〔註 3〕 趙景深：《中國文學小史》1936 年十九版自序，上海：大光書局，1937 年 3 月第 20 版，第 1 頁。

〔註 4〕 陳子展：《最近三十年中國文學史》，上海：上海古籍出版社 1929 年初版。

〔註5〕等基本上都沿用了趙景深的觀點，將聞一多的詩歌創作歸於「西洋體詩」
一類，注重向西洋詩歌學習、模仿、借鑒的「西洋體詩創作者」的形象，也
就在一定時期被接受。在詩歌理論方面，此期文學史編纂者，也未能給予聞
一多的格律詩論以足夠的重視，只有陳子展的《最近三十年中國文學史》中
對格律詩論的發展有所介紹，認為最早提出格律形式的是劉夢葦，進而是聞
一多，接著是陳勻水，並摘錄了聞一多關於「帶著鐐銬跳舞」的一段詩論，
但未加點評。可見聞一多在二十年代文學史編纂者心中，無論是詩歌理論建
樹，還是詩歌創作，成就都並不突出，形象也並不凸顯，只是眾多「西洋體」
詩人中的一位。

　　進入三十年代，隨著時間的沉澱，詩壇對於初期白話詩的認識趨向一致，
認為那種自由散漫、毫無規律的詩歌無法將新詩帶往健康的發展方向，越來
越多的人傾向於由韻律、節奏入手探討新詩的出路。在這種潮流的推動下，
新月派在新詩壇的地位日益趨高。再加上學術界對新詩的研究逐漸深入，對
新詩流派的劃分也愈加細化，在文學史寫作中，「新月」就被作為二三十年代
最重要的詩歌團體之一，從所謂「西洋詩體」創作群中分化出來了。聞一多
以新月派主將的身份，得到了文學史編纂者的重視。例如，譚正璧的《新編
中國文學史》〔註6〕、霍衣仙的《最近二十年文學史綱》〔註7〕和陸敏車的《最
新中國文學流變史》〔註8〕等著作，都承認聞一多是新月派的「老大哥」，或
新月派中影響力僅次於徐志摩的詩人，並肯定其創作實踐。然而，新月主將
身份在給他帶來詩壇聲譽的同時，也將其捲入論爭的漩渦。由於新月派主張
與「普羅文學」理論不同，於是在具左傾色彩的文學史《近二十年中國文藝
思潮論》中，編纂者李何林就直言新月派諸人是「普羅文學的真正敵人」〔註
9〕，將《新月的態度》一文列出來逐句批判，並特別注明此文雖是徐志摩所
刊，但真正執筆者是聞一多，等於直接將批判的矛頭對準了聞一多。然而，
無論是讚譽還是批評，聞一多在此期文學史著中，「新月主將」的形象都很鮮
明。

---

〔註5〕譚正璧：《中國文學進化史》上海：光明書局 1929 年版。
〔註6〕譚正璧：《新編中國文學史》，上海：光明書局 1935 年 8 月版。
〔註7〕霍衣仙：《最近二十年文學史綱》，廣州：北新書局 1937 年 8 月版。
〔註8〕陸敏車：《最新中國文學流變史》，漢光印書館，1937 年 2 月版。
〔註9〕李何林：《近二十年中國文藝思潮論》，上海：光華書店發行，上海：生活書
　　　店 1937 年版，第 221 頁。

　　值得一提的是，朱自清的《中國新文學大系‧詩集‧導言》和蘇雪林的《中國文學史略》憑藉著編纂者本身的獨到眼光，在此時已經注意到聞一多的詩歌創作中有別於其他新月詩人的某些特質。朱自清是文學史編纂者中，最早注意到聞一多向中國傳統古典詩歌汲取營養的人，也最早提出聞一多是一位「愛國詩人，而且幾乎可以說是唯一的愛國詩人」〔註10〕；蘇雪林也認為其詩歌深受「西洋文化的影響，但所用典故術語完全以中國本位爲前題」〔註11〕。二人對聞一多及其創作的評價，尤其是朱自清「唯一的愛國詩人」的評價，爲後來聞一多的愛國者形象塑造打下了基礎。朱自清本人是極具知名度和影響力的作家和文學評論家，再加上1948年，他因不肯食美國的救濟糧而病逝，受到共產黨領導人的高度評價，因此他對於聞一多詩歌的研究思路和評價，在新中國成立之後，就具有了較高的權威性，對後來聞一多愛國詩人形象的形成起到了重要的作用。

## （二）

　　到了四十年代前期，聞一多的文學史地位不斷提升。在有的文學史著作中，出現了將聞一多、徐志摩、郭沫若和朱湘並稱爲中國當時「四大詩人」〔註12〕的高度評價。聞一多詩歌的藝術價值和在格律詩上的貢獻，一直是文學史編纂者著重關注的方面。除了朱自清大力讚譽他是愛國詩人以外，其他文學史對他形象的勾勒都是「新月派主將／格律詩運動領袖」，或者苦心孤詣的詩壇「藝術家」。然而正如前文所述，聞一多本人自二十年代末開始，很少再進行詩歌創作，在詩歌理論方面也幾乎再沒有較大影響的建樹，對於政治和時局，反而越來越關注。進入四十年代，聞一多頻繁參與各種民主活動，引起當局不滿，1946年7月，被特務刺殺身亡。

　　一個手無寸鐵的知識分子，遭當局暗害，舉國震動。聞一多和其他民主人士之死，使得國民黨失去了更多自由主義知識分子與民主人士的支持；而此期間正在呼求民主、反對國民黨獨裁專政的共產黨，則獲得了一次絕佳的宣傳自己政治主張的機會。延安重要領導人紛紛在第一時間內致電弔唁，《新

〔註10〕朱自清：《中國新文學大系‧詩集‧導言》，上海：上海良友圖書公司1935年版，第7頁。

〔註11〕蘇雪林：《中國文學史略》，武漢：國立武漢大學，武漢大學圖書館複製本，1931版年，第147頁。

〔註12〕李一鳴：《中國新文學史講話》，上海：世界書局1943年版，第66頁。

華日報》、《解放日報》等等媒體也撰寫大量文章報導聞一多的殉難，聲援其
家屬，並對當局的野蠻行徑表示憤慨和抗議。在政治力量的推動下，各地都
掀起了聲勢浩大的悼亡活動，文壇上則興起了出版聞一多作品集、傳記文學、
紀念文集等文字材料的熱潮。在這些或是政治力量推動、或是民間自發的悼
亡和紀念活動中，聞一多的「民主鬥士、愛國詩人」形象很快被樹立了起來。
從這時起，一直到新中國成立後的五六十年代，聞一多都是以「民主鬥士、
愛國詩人」的面貌呈現在文學史中。在這一形象被樹立、被逐漸定型的過程
中，文學史又是如何發揮作用的呢？

　　解放戰爭期間，政治經濟局勢較為混亂，文學史的寫作和出版陷入停滯。
1951 年出版的王瑤編寫的《中國新文學史稿》（上冊），是新中國成立後出版
時間最早的新文學史著，也是五十年代乃至後來影響力最大的文學史著之
一。在這本文學史中，王瑤首先肯定了聞一多和新月派其他詩人對格律詩歌
的探索和貢獻，繼而強調聞一多雖然是新月派的一員，但他的詩歌風格、內
容和其他新月諸人有所不同，因為聞一多是「一個愛國詩人」。為了證明這一
點，他引用了聞一多的詩論，以證明聞一多反對移植西洋詩，主張從民族文
化中借鑒學習，做「中國的新詩」〔註 13〕，並通過分析詩篇《紅燭》和《祈
禱》的內容，強調聞一多「愛祖國和為人民的精神是很早就植有根基的」〔註
14〕。在新中國成立後，普羅文學成為文壇主流，而新月派早在二十年代末的
革命論爭中，就已經被左翼作家視為普羅文學的敵人。在這種大環境下，弱
化聞一多的新月身份，強調他具有愛國特色的個人風格化的一面，是文學史
編纂者不得不採取的闡釋策略。

　　總的來說，王瑤的《中國新文學史稿》（上冊）編寫、出版於五十年代初
期，那一時期政治環境較為寬鬆，著者雖也受政治意識形態制約，但表達的
主要還是個人研究識見，對聞一多的評價和對其創作的闡釋較為客觀。之後
階級鬥爭愈演愈烈，文學史編纂者受到意識形態指導和「集體討論」的制約
越來越多。從五十年代末開始，文學史寫作基本變成了集體創作，以文學史
寫作回應現實話語權力的姿態也越來越明顯。由於新月派被定性為「代表買
辦資產階級利益的反動的文學團體」，新月諸人在格律詩歌方面所作出的探
索，在此期也幾乎被全盤否定。聞一多的格律詩理論也被評論家批評為「帶

---

〔註 13〕王瑤：《中國新文學史稿》，北京：開明書店 1951 年版，第 76 頁。
〔註 14〕王瑤：《中國新文學史稿》，北京：開明書店 1951 年版，第 78 頁。

有形式主義的傾向的」〔註15〕，格律基礎是外國的〔註16〕。在這樣的大環境下，如何進一步塑造聞一多的愛國形象、並將其納入為階級鬥爭服務的軌道，如何評價聞一多的格律詩創作、處理好他的新月身份，是文學史編纂者面對的兩個最重要的問題。

為了解決這兩個問題，五十年代中後期到文革前的文學史著在對其創作的評論和闡釋方面，出現了明顯的「重思想、輕藝術」的傾向。首先是對聞一多的詩作、理論以及其他文字材料，進行有傾向性、有目的的遴選。自聞一多從事新詩創作伊始，其創作理念、藝術風格都不是一成不變的，詩歌的思想、內容也是多種多樣的，這種多變和多樣在他早期的詩集中體現得最為明顯。例如，詩集《紅燭》中收錄的 103 首詩歌，從詩歌內容方面看，有抒發對祖國的思念、歌頌民族歷史文化、單純寫景、表達人生哲理性思考、書寫愛情等等各方面。特別是愛情詩，占的比重相當大。同樣，聞一多本人在不同的人生階段，政治理念、價值取向等，也不一樣。然而，文學史編纂者都只遴選他詩歌和其他文字材料中表達出愛國精神的部分。五十年代後期到文革前的大部分文學史中，都引用了聞一多留美期間的一段家書：「一個有思想之中國青年留居美國之滋味，非筆墨所能形容。……我乃有國之民，我有五千年之歷史與文化，我有何不若彼美人者？」，以凸顯其拳拳愛國之心，而這段家書中聞一多表明自己願親日抗美的言論〔註17〕，則被文學史編纂者們集體棄而不取。聞一多其他書信中，陳述美國房東或美國文學界人士對他的善意的部分，也被無視。同樣的，聞一多的詩歌篇目中，被文學史編纂者們引用次數最高的，要麼是寫於留美期間的詩作，如《憶菊》、《太陽吟》、《洗衣歌》等，要麼是回國後創作的反應社會現實的詩作，如《靜夜》、《荒村》、《死水》等等，除此之外的詩歌，文學史編纂者們都不提及。通過閱讀或學習文學史著作的讀者，所接觸到的聞詩，被固化為兩個類別，即表達愛祖國、厭美帝的詩歌，或表達同情底層民眾、不滿社會現實的詩歌。通過這些有傾向的被遴選出來的材料，聞一多所體現的愛國主義，在文學史著作中被窄化成民族主義；他所追求的民主精神，也轉變

---

〔註15〕何其芳：《關於現代格律詩》，《中國青年》1954 年第 10 期，收入《何其芳全集》（4），河北人民出版社 2000 年版，第 304 頁。

〔註16〕卞之琳：《談詩歌的格律問題》，《文學評論》1959 年第 2 期。

〔註17〕聞一多：《致父母親》，孫黨伯、袁謇正主編：《聞一多全集·書信》，武漢：湖北人民出版社 1993 年版，第 140 頁。

成了敢於反對獨裁專制的國民黨的無畏精神。實際上，聞一多作為一個自由知識分子，他的愛國，更多體現在愛祖國的文化、歷史、語言等層面；他所追求的民主，也不僅僅是反對獨裁專制的國民黨，而是反對一切專制和獨裁。在文學史有意識地營構、塑造下，聞一多本身的愛國主義和民主精神的內涵，在新的歷史語境中發生了改變。

其次，這種「重思想、輕藝術」的傾向不僅存在於書面材料的遴選過程中，也同樣存在於對聞一多的詩歌作品的評價和闡釋中。如果說，二十年代文學史編纂者認為聞一多的詩歌注重向西洋詩歌學習；那這一時期的文學史家則強調其詩歌的中國化、民族化特點，致使其作品中的西方質素被遮蔽；如果說，三四十年代的文學史在評論和闡釋聞一多的詩歌時，著眼點都放在藝術風格和格律技巧的方面，那此期的文學史著則重點解析其詩歌的內容和思想，致力於發掘其詩歌的民族特色、尋找愛國主義的精神內核。文學史編纂者們通過例舉聞一多詩歌中向中國傳統詩歌美學靠攏的質素，證明聞一多對祖國文化和歷史的熱愛。《紅燭》一篇所張揚的「莫問收穫，但問耕耘」的犧牲精神，《憶菊》、《太陽吟》、《孤雁》等詩篇中表現出來的對祖國的思念、謳歌和熱愛，《死水》、《荒村》等詩中對民國時期黑暗社會現實的書寫，《飛毛腿》等詩歌中對社會底層人民悲慘命運的關注，都被文學史編纂者反覆例證、肯定。而聞一多努力探索的格律詩歌技巧，卻較少被史家提及，個別文學史著雖有隻言片語加以點評，卻也是批評多於肯定，認為其「主要內容則是形式主義的，其基礎是唯心論的」〔註18〕，雖然「糾正了一部分人對於詩的錯誤觀念，有了它的積極的、正面的意義」〔註19〕，「但是卻產生主張詩歌走上形式主義道路之弊」〔註20〕，「束縛革命詩歌的發展」〔註21〕。當時，更多的文學史著對聞一多的格律詩論採取了避而不論的態度。

---

〔註18〕中國人民大學語言文學系文學史教研室現代文學組集體編著《中國現代文學史》，北京：中國人民大學出版社，1960年初版，1964年4月第2版，第159頁。

〔註19〕劉綬松：《中國新文學史初稿》（上），北京：作家出版社1956年版，第159頁。

〔註20〕復旦大學中文系現代文學組學生集體編著《中國現代文學史》，上海：上海文藝出版社1959年版，第240頁。

〔註21〕山東大學、山東師範學院、曲阜師範學院中文系現代文學教研室合著《中國現代文學史》，濟南：山東大學出版社1965年版，第56頁。

　　在處理聞一多的新月身份的問題上，此期的文學史有兩種態度。一種是承認聞一多是前期新月的代表詩人，同時又引述聞一多早期詩歌，發掘其中的愛國思想，證明聞一多與新月派其他人都有著本質的不同，並強調其後來思想和創作發生了轉變，而這種轉變的發生，則被簡單化的歸結爲接受了進步思想的影響，通過否定早期參加新月派的聞一多，而肯定後期向左翼靠攏的聞一多，並強調「只有勇敢地拋開自己階級，才能找到眞正的出路」〔註22〕。另一種態度則是乾脆忽視聞一多曾是新月成員的事實，對聞一多與新月派的關係避而不談，強行分離聞一多的詩歌創作與新月派的關係。三十年代，左傾色彩強烈的文學史著曾猛烈批判過《新月的態度》一文，並特別強調這篇文章是聞一多爲徐志摩所作，矛頭直指聞一多；到了五、六十年代，多部文學史著作中也重點批判了《新月的態度》，卻要麼避而不提這篇文章眞正的執筆人，如山東師範學院的《中國現代文學史》〔註23〕，要麼含糊其辭推爲徐志摩所作，如劉綬松的《中國新文學史初稿》中稱此文「據說就是出自徐志摩的手筆」〔註24〕。這一對比反映出五六十年代文學史「概念先行」的弊病，編纂者們並不是從各種文字材料中去發現一個「愛國者聞一多」，而是圍繞著「愛國者聞一多」去選擇材料，甚至剪裁、割裂、遮蔽史實。「愛國者聞一多」被人爲地拔高，逐漸超越了聞一多本身，最終固化爲一個民主英雄和愛國符號，成爲愛國主義和革命傳統教育的理想符號。

## （三）

　　文革結束後，文學史寫作的學理性逐漸回歸。「愛國者聞一多」這一形象雖然仍然不可動搖，但作爲學者、詩人、詩評家的聞一多，也逐漸爲文學史所接受與書寫。1959 年，復旦大學中文系現代文學組集體編寫的《中國現代文學史》中，聞一多的格律詩論被認爲是形式主義而遭到否定；到了 1978 年的修訂版中，這一說法得到了更正，認爲格律詩論「對當時不少詩歌不重視形式、不注意格律的傾向，還是有一定積極意義的，在當時也產生過不小的影響，不能一概地說是『唯美主義』、『形式主義』而加以完全抹煞」〔註25〕。同樣，劉

〔註22〕丁易：《中國現代文學史略》，北京：作家出版社 1955 年出版，第 279 頁。
〔註23〕山東師範學院：《中國現代文學史》，濟南：濟南駐軍印刷廠，1962 年版。
〔註24〕劉綬松：《中國新文學史初稿》（上），北京：作家出版社 1956 年版，第 321 頁。
〔註25〕復旦大學中文系現代文學組集體編著：《中國現代文學史》修訂版，上海：復旦大學 1978 年版，第 187 頁。

綏松的《中國新文學史初稿》在 1979 年的修訂版中，也稱格律詩論及詩人對於創作的態度是「十分嚴謹的」〔註26〕，並肯定聞一多「在新詩形式、格律的探索和建立上曾有過重要貢獻」〔註 27〕。1979 年，林誌浩編寫的《中國現代文學史》中，對聞一多的描述是「著名詩人」、「詩歌方面的理論批評家」；同年出版的唐弢的《中國現代文學史》則描述其爲新月社的「積極活動者和新格律詩的主要倡導者」〔註28〕；1982 年，王瑤的《新文學史稿》在 1953 年版本的基礎上修訂再版，在論述新月派文學創作時，將聞一多提到了徐志摩之前，進一步突出了聞一多在新月派內的領導地位。同時，聞一多的文學史地位也在進一步提高。1984 年黃修己的《中國現代文學簡史》不僅將聞一多放在徐志摩之前進行評價，稱他的詩「最能體現新月社對詩的主張」，還讚揚聞一多「是郭沫若之後爲開闢新詩做出重大貢獻的人」〔註29〕；1987 年錢理群、吳福輝、溫儒敏、王超冰合著的《中國現代文學三十年》則認爲，郭沫若和聞一多一起「使新詩眞正衝出早期白話詩平實、沖淡的狹窄境界，飛騰起想像的翅膀，獲得濃烈、繁富的詩的形象」，且聞一多的《死水》使新詩寫作重拾詩歌規範，在新詩發展的第一個十年裏，他具有「不能替代的獨特作用和貢獻」〔註30〕；2000 年程光煒等的《中國現代文學史》評價聞一多是「中國現代詩歌歷史進程中重要的階段性人物之一」〔註31〕，並認爲新詩發展史上，郭沫若所起的作用是「放」，聞一多則是「收」〔註32〕；2007 年朱棟霖等所著的《中國現代文學史》不在將視線集中在聞一多的愛國詩歌上，注意到其愛情詩歌在創作中也佔了較大的比重〔註33〕。在新時期，聞一多不再僅作爲愛國詩人和民主鬥士而被文學史編纂者們肯定，其本身的創作技巧、其詩歌理論和詩歌活動對新詩發展的貢獻、以及詩歌創作中愛國詩歌以外的部分，也越來越引起文學史編纂者的重視，聞一多的形象也變得更加豐富。

---

〔註26〕劉綏松：《中國新文學史初稿》，北京：人民文學出版社 1979 年版，第 147 頁。
〔註27〕劉綏松：《中國新文學史初稿》，北京：人民文學出版社 1979 年版，第 145 頁。
〔註28〕唐弢：《中國現代文學史》，北京：人民文學出版社 1979 年版，第 211 頁。
〔註29〕黃修己：《中國現代文學簡史》，北京：中國青年出版社 1984 年版，第 135 頁。
〔註30〕錢理群、吳福輝、溫儒敏、王超冰：《中國現代文學三十年》，上海：上海文藝出版社 1987 年版，第 169 至 170 頁。
〔註31〕程光煒等：《中國現代文學史》，北京：中國人民大學出版社 2000 年版，第 121 頁。
〔註32〕程光煒等：《中國現代文學史》，北京：中國人民大學出版社 2000 年版，第 124 頁。
〔註33〕朱棟霖等：《中國現代文學史 1919～2000》，北京：北京大學出版社 2007 年版，第 77 頁。

　　聞一多的愛國特徵，在 1980 年以後的一些文學史著中被重新言說。1987
年，錢理群等的《中國現代文學三十年》將聞一多對祖國的謳歌，與郭沫若
詩歌中對祖國的歌頌做了比較，認爲聞一多詩歌中表現出來的愛國主義，是
被當時祖國遭受帝國主義侵略的現實所激發的「強烈的民族自尊心和自豪
感，表現了『五四』反帝的時代精神，又帶著向後看的懷古傾向」，同時，「面
對東、西文化的撞擊，聞一多內心存在著深刻的矛盾」，即「既熱愛祖國又脫
離人民的矛盾」〔註34〕，並認爲這種矛盾是他「陰鬱」詩歌風格形成的深層
心理原因。這一言說第一次打破了簡單化和單一化的「愛國者聞一多」形象，
而敘述出內心充滿矛盾的「愛國知識分子聞一多」，使其形象變得眞實，也更
有說服力。1998 年《中國現代文學三十年》重新修訂，對聞一多愛國主義做
出了更加深入的解析，認爲聞一多和新月派其他詩人一樣，在西方文化薰染
後，雖然「自覺地溝通東、西方的文化」，但又承受著中西兩種文化矛盾衝突
的苦痛。具體到聞一多身上，由於他天生性格較衝動、激烈，因此這種衝突
於他「就顯得格外尖銳」。他的愛國主義詩篇，是作爲一種對西方民族與文化
的壓迫所進行的反抗而產生的，詩歌中向「傳統美學理想靠攏」正是他反抗
的重要體現，但作爲「一個有著敏銳的現代感受的詩人，一個深受西方文化
影響、具有強烈的生命意志力與個性自覺的現代知識分子」，他又「不能不對
『物我兩忘』的傳統美學境界產生懷疑和拒斥」〔註35〕。新版本的解析進一
步淡化了聞一多的愛國主義色彩，呈現出一個根植在中國傳統文化土壤中，
卻深受西方文化衝擊和影響，內心矛盾和痛苦的現代知識分子形象。從聞一
多遺留的信件、詩歌和其他文字材料中看，這一形象可能比高大全的愛國者
聞一多，更加客觀可靠，更貼近聞一多本身。

　　聞一多「是極富有個性反骨的詩人，他在古今中西四維中的批判精神始
終指向未來，使他成爲了眞正的詩人。」〔註36〕這樣一位眞正的詩人其闡釋
空間是宏闊的，可以預見，未來的文學史著中聞一多的形象還會繼續變化。

---

〔註34〕錢理群、吳福輝、溫儒敏、王超冰：《中國現代文學三十年》，上海：上海文
　　　　藝出版社 1987 年版，第 169 頁。
〔註35〕錢理群、溫儒敏、吳福輝：《中國現代文學三十年》，北京：北京大學出版社
　　　　1998 年版，第 132 頁。
〔註36〕【法】培蘭・魏燕彥・文績：《聞一多文化愛國主義話語的追溯》，《長江學術》
　　　　2007 年第 2 期。

# 三、讀者對艾青詩人形象的塑造 [註1]

　　詩人的形象，是由一代又一代的讀者建構起來的。不同時代的讀者所處的閱讀、闡釋語境不同，對詩人及其作品的品鑒、分析與定位自然有很大的差異，所以歷史上詩人的形象並不是固定不變的，不同歷史場域中存在著一個由讀者所敘述出來的不同形貌、風格的詩人形象，折射出那個時代的文化、文學氣質。艾青是一個有爭論的詩人，其形象變動不居，而變動雖與詩人自己的創作轉向有關，但更與讀者的閱讀批評分不開。本文將盡可能地回到歷史「現場」，考察不同時代不同立場的讀者對於詩人艾青的閱讀闡釋，以圖描繪、揭示出多樣的艾青形象及其生成過程。

## （一）

　　詩人以何種形象呈現，除了詩人自身的詩學主張、觀念和創作實績，還有賴於在傳播、閱讀及社會評價中讀者的接受與闡釋。接受者和接受活動所處的具體歷史語境以及接受者和時代話語的關係，對詩人的形象塑造起著矯正、引導和規範作用。在所持詩學觀念不同的詩歌接受者眼裏，詩人可能會呈現出完全不同的形象。艾青登上詩壇之初，就有現代主義和現實主義兩種評價聲音先後出現。對此，研究者一般將其歸結為詩人創作的轉向，卻忽視了其中時代氛圍的突變所造成的讀者閱讀期待視野的轉移，繼而引發接受與闡釋角度的變化。

　　1930 年代的現代主義詩歌，以自由詩的形式和象徵主義的藝術技巧表達

---

〔註1〕合作者　陳璇

獨具現代性的個人體驗，成爲當時最具影響力的詩歌潮流。1932 年從「彩色的歐羅巴」歸國的艾青就置身於這樣的現代語境中。法國象徵主義的薰陶和中國詩壇大勢，促使早期的艾青以現代主義詩人身份登上詩壇。期間，他創作了《巴黎》、《蘆笛》、《黎明》等大量帶有象徵主義色彩的新詩，並多發表在現代派刊物《現代》和《新詩》上。因此，在梳理當時的現代派詩人時，詩評家孫作雲將艾青歸入其類。在《論「現代派」詩》中，他指出當時的現代派詩人主要有「戴望舒，施蟄存，李金髮及莪珈，何其芳，艾青，金克木，陳江帆，李心若，玲君」，其中莪珈就是艾青。他提及艾青的詩作《當黎明穿上了白衣》、《陽光在遠處》和《蘆笛》，並給予《蘆笛》極高評價，認爲「這一首詩已使艾青君在文壇上有了地位。他的詩完全不講韻律，但讀起來有一種不可遏止的力。」〔註 2〕

　　1936 年底，艾青將 1932 年至 1936 年間所寫的詩作彙編成集，選取《大堰河——我的保姆》、《透明的夜》、《聆聽》、《那邊》、《一個拿撒勒人的死》、《畫者的行吟》、《蘆笛》、《馬賽》和《巴黎》等九題，以《大堰河》爲名出版。最早爲這本詩集宣傳的是戴望舒等人主編的《新詩》（1936 年 12 月第 3 期），它用四分之一的頁面宣告了這本詩集出版的消息；而 1937 年的《文學》雜誌（8 卷 1 期）僅在《新詩集編目》裏，將《大堰河》淹沒在大量新出版的詩集裏。但最早在評論界給予這本詩集關注的評論文章卻刊於《文學》，置評者是兩位頗具影響的左翼文學批評家——茅盾與胡風。

　　茅盾在主題想像（苦難主題的選擇）與言說方式（內容情緒的深入）上，對詩集中的《大堰河——我的保姆》一篇做了肯定，認爲它「用沉鬱的筆調細寫了乳娘兼女傭（大堰河）的生活痛苦」，與當時同主題的白話詩「缺乏深入的表現與熱烈的情緒」〔註 3〕形成鮮明對比。胡風則採取左翼的話語策略將艾青的創作置於現實主義語境中進行考察，認爲艾青的詩「平易地然而是氣息鮮活地唱出了被現實生活所波動的他的情愫，唱出了被他的情愫所溫暖的現實生活的幾幅面影，」並且將艾青的詩歌做了具有階級意味的解讀：在《大堰河——我的保姆》中，看到了詩人對於自己階級的背叛；在《蘆笛》中，看到了詩人對資產階級的詛咒。對於詩中象徵主義的表現手法，胡風則稱之爲作者「心神的健旺」和「偶而現出了格調的飄忽」，從大局上肯定了艾青現

〔註 2〕孫作雲：《論「現代派」詩》，《清華周刊》1935 年第 43 卷第 1 期。
〔註 3〕茅盾：《論初期白話詩》，《文學》1937 年 8 卷 1 期。

實主義的創作潛力：「雖然健旺的心總使他的姿態是『我的姿態』，他的歌總是『我的歌』，但健旺的東西原是潛在大眾裏面，當不會使他孤獨的。」〔註4〕

由此，我們自然會思考：爲什麼起初被歸入現代主義詩人陣營的艾青卻引起了左翼文學家的特別關注？引發評介重心轉移的原因是什麼？這種轉移與艾青的創作實踐轉向是否相關？

如前所述，不論是從艾青發表詩歌的雜誌屬性來看，還是從《新詩》、《文學》兩類雜誌的廣告篇幅上看，初登詩壇的艾青無疑在現代主義詩人群中獲得更多認同。而之所以引起左翼文學理論家的關注和引導，與他在詩集《大堰河》上所採取的「命名策略」密切相關。艾青自覺呼應戰前詩壇風氣的召喚和讀者的期待視野，在將以前的創作結集出版時，他所採取的「命名策略」成功實現了其詩歌興奮點的轉移和關注視角的轉換。

正如杜衡所言，在詩集中「這一種單純的和諧卻只限於《大堰河》這一首詩作，而並不能推而至於《大堰河》這整個的集子；這集子，裏面所包含的長短篇什雖然總共不過九題，但我們的詩人可就取了幾種不同的姿態在裏面出現。」「於是，《大堰河——我的保姆》便只有對自己的調和，而對全集卻成了獨特的例子。」〔註5〕簡單說來，《大堰河——我的保姆》是這本詩集中唯一一首以現實主義手法創作的詩篇〔註6〕，與其它更具象徵主義色彩的詩篇風格迥異，成爲整部詩集的異彩。而一部詩集的命名應該是對詩集總體風格的指認，詩人的命名選擇是否也是出於現實策略的考慮？值得注意的是，在 1933 年前後直到 1937 年初，艾青都在創作和發表現代主義詩歌，寫於 1933 年 1 月的《大堰河——我的保姆》只是他現實主義創作的偶而嘗試。這首詩在 1934 年 1 卷 3 號《春光》上的發表，既沒有動搖艾青一貫的創作方式，也沒有在評論界產生任何影響。而當艾青將前期作品彙編成集時，不但將其置於詩集第一篇的重要位置，而且以此詩名稱爲詩集名稱。這一做法產生的直接後果是，凸顯了這篇現實主義詩作，並且引導人們以現實主義的閱讀經驗來考量其他具有象徵主義色彩的詩作，從而有效地實現了對這些詩作象徵主

---

〔註4〕胡風：《吹蘆笛的詩人》，《文學》1937 年 8 卷 2 期。

〔註5〕杜衡：《讀〈大堰河〉》，《新詩》1937 年 1 卷 6 期。

〔註6〕隨著批評視角的轉移，現在的評論者對這首詩是否屬於現實主義詩歌開始質疑，這卻正好是艾青研究轉向的絕好例證。但在當時的批評界，這首詩被確定無疑地認爲是現實主義詩作。

義因素的弱化與規避，這是詩集《大堰河》受到左翼關注的重要內因。由此可見，對艾青的評介重心的轉移與艾青的創作轉向無涉，而是引起左翼文學理論家的關注和引導在先，然後有其創作的轉向。但是，詩集《大堰河》的命名策略，卻可以看作是詩人創作轉向的一個暗示。

這一時期的艾青形象存在著多種闡釋的可能，不同立場的接受者由於其接受「前結構」的不同，在詩集中讀出了不同的內容，因而也形成了不同的形象認知。1937 年初杜衡與雪葦的論爭就是其鮮明體現。杜衡站在自由主義文藝家的立場，看到其矛盾性與複雜性：「那兩個艾青一個是暴亂的革命者，一個是耽美的藝術家」，「然而正因此，艾青才是詩人。」〔註7〕肯定了艾青作為一位現代詩人所具有的複雜品性。而雪葦對此進行了激烈的反駁，認為「這不是艾青『靈魂』的內麵包含有相互對立的『兩個』，而是杜衡先生的無知於艾青」，並且沿著胡風的觀點，進一步闡釋了艾青詩歌與大眾結合的潛能：「詩人艾青在中國的現狀裏，是特出的：他愛光明，但他更愛真實。而且，這在他並不是兩件事，他是由真實去看見光明，嚮往光明的。所以，通過他自己的是他從聖潔的美那裡去獲得了關於新的人類的知識；表現在他的詩篇裏的是他在真摯的、和諧的情調裏洋溢著生活的實感」，「他獲得了藝術，然而他走向了大眾」〔註8〕，極力將艾青詩歌的現代主義傾向囿於創作手法之內，並將其與「大眾」、「現實」等命題聯繫。

如果說此時對艾青的接受是多聲步共存，那麼在抗戰爆發後民族情緒高漲的時代語境下，艾青的接受與闡釋開始走向單一，對其革命現實主義詩人的形象認知逐漸形成定見。

## （二）

「密雲期」及抗戰爆發後，社會因素的介入直接引發人們對詩人身份、詩歌功能、詩歌表達方式的重新審度，對啟蒙對象接受能力的擬想導致詩人主動棄置現代派表現技巧，強調詩歌表達交流功能。艾青革命現實主義詩人地位的奠定與鞏固，固然有賴於他在這一時期所從事的詩歌活動、提出的詩歌理論和創作的詩歌作品，但更為重要的是讀者對他有選擇性的闡釋和具目

〔註 7〕 杜衡：《讀〈大堰河〉》，《新詩》1937 年 1 卷 6 期。
〔註 8〕 雪葦：《關於艾青的詩》，《中流》1937 年第 2 卷第 5 期。

的性的塑造，這種接受閱讀在新的期待視野中形成了新的選擇、新的重點和新的視角，從而實現了他革命現實主義詩人身份轉變。

　　這一時期是艾青創作的高峰期，同時也是其詩歌廣爲閱讀和傳播的時期，在不斷的接受與闡釋中，艾青作爲一位重要詩人的歷史性地位得以奠定。詩人林林曾評價「艾青的確是深沉於現實的現實詩人」〔註9〕，常任俠在總結抗戰四年來的詩歌時，給予艾青極高讚譽：「爲時代而痛苦著，便能歌唱出這時代的眞的聲音，艾青正是這時代歌手中的代表。」〔註10〕穆旦在肯定艾青詩歌現實性的同時，更指出了其詩歌的「本土性」、「中國化」特徵，他在評介艾青的《他死在第二次》時說：「做爲一個土地的愛好者，詩人艾青所著意的，全是苗生於我們本土上的一切呻吟，痛苦，鬥爭和希望。」〔註11〕這些評論都從現實主義詩學層面上對艾青做了肯定，但是，這裡所論及的現實，主要是指「抗戰」這一當時最大的現實，而一切與抗戰無關的現實都受到了批判。因此，隨著抗戰的深入和意識形態對文學的強行滲透，人們對「現實」的理解的日益狹隘，「在觀念上進一步強化了詩的工具性，同時在詩的形態上強化了大眾化與民間性。」〔註12〕艾青的創作，也從深感於人民苦難與悲哀的《北方》到直接表現戰爭的《雪裏鑽》和民族敘事詩《吳滿有》，一步步地向著「抗戰」、「大眾」等時代認可的命題靠近，正如湯波所說：「從《大堰河》《火把》《北方》《向太陽》到了《雪裏鑽》《吳滿有》，艾青的道路是朝向著廣闊的更多的人的方向的。」〔註13〕

　　但是，艾青前期現代主義詩歌所顯現的詩質並沒有完全消弭，而是作爲一股潛流隱含在其現實主義創作中，正是這點使艾青詩歌獲得了歷時闡釋的可能性。但在當時，艾青詩質與革命現實主義理解之間的矛盾，迫使這一時期接受者採取策略性的解讀方式來爲艾青的「憂鬱」、「悲哀」等詩歌質素尋找合法化的根基，維護艾青作爲「時代的代言人」的表率作用。

　　憂鬱，原本產生於艾青早期生活記憶和象徵主義詩藝影響，而在中國的

〔註9〕　林林：《悲哀、復仇的詩人——艾青詩集〈北方〉讀後》，《救亡日報》1939年2月3日。
〔註10〕常任俠：《抗戰四年來的詩創作》，《文藝月刊》1941年第7期。
〔註11〕穆旦：《他死在第二次》，《穆旦詩文集》，人民文學出版社2006年版，第48頁。
〔註12〕龍泉明：《中國新詩的現代性》，武漢大學出版社2005年版，第77頁。
〔註13〕湯波：《讀艾青詩集〈雪裏鑽〉》，《新華日報》1944年12月18日。

苦難歲月裏，詩人有感於國家和人民的苦難，「憂鬱」有了存在的現實基礎，但是，戰爭年代需要的是能鼓舞士氣的「鼓點」和能反映時代風貌的激昂樂章，而不是哀歎、苦難和深沉。因此，批評家們創造性地將「憂鬱」與「復仇」、「反抗」、「戰鬥性」等革命命題聯繫起來，強調了「憂鬱」的現實來源，指出了「憂鬱」之於戰爭和社會的意義。

端木蕻良在《詩的戰鬥歷程》中認為，艾青詩歌的藝術性和戰鬥性並重，「從他的作品裏所擷取戰鬥的果實，是控訴，是告發，是譴責。看慣了枯燥的狂囂的人，以為他的調子過於岑寂。但是獲得了藝術而且到達了戰鬥的目的的，卻成了艾青的特權之一。」〔註14〕林林指出艾青詩中「悲哀」、「憂鬱」的社會性質與社會作用：「在他的『悲哀』的詩辭裏面，是隱藏著革命的反抗性的。殘害北方人民的暴敵，詩人是洋溢著復仇的信念的。」〔註15〕適夷在為艾青的詩集《北方》寫述評的時候說，「詩人永遠把自己的命運和苦難的祖國的命運緊繫在一起，因此苦難決不能把他磨折；而更加使他相信：『堅強地生活在大地上，永遠不會滅亡！』」〔註16〕邵荃麟在《艾青的〈北方〉》一文中也將詩人憂鬱的氣質與目前的戰爭聯繫起來：「詩的中間是含著一種憂鬱的情調，然而這是不能被非難的。新中國原是在災難與不幸中艱苦地成長起來，我們不能傾聽這艱苦過程中悲憤淒壯的憑訴嗎？然而作者並不是消沉的憂鬱，在他的字裏行間是含著一顆極熱烈的戰鬥的心。」〔註17〕將艾青的「憂鬱」與「戰爭」結合是這一時期評論家的一致傾向，這種話語策略有效的迴避了早期象徵主義詩風對艾青詩歌的「不利」影響，為其憂鬱氣質找到了合乎情理的現實依據。艾青的革命現實主義詩人形象，也在這樣的不斷闡釋中愈發正當化與合理化。

由於多數詩評家從詩歌的戰鬥性和詩歌對抗戰的積極意義兩方面來解讀艾青詩歌，因而將艾青與另兩位「革命現實主義詩人」田間、柯仲平相提並論成為這一時期評論的特色之一。將艾青與田間、柯仲平歸為一類，本身就說明了接受者對艾青的革命現實主義詩人的定位。評論者將艾詩的「積極面」

---

〔註14〕端木蕻良：《詩的戰鬥歷程》，《文藝陣地》1938 第 1 卷第 10 期。

〔註15〕林林：《悲哀、復仇的詩人——艾青詩集〈北方〉讀後》，《救亡日報》1939 年 2 月 3 日。

〔註16〕適夷：《〈北方〉（書評）》，《文藝陣地》1939 年第 2 卷第 10 期。

〔註17〕邵荃麟：《艾青的〈北方〉》，原載《東南戰線》1939 年第 5 期，收入《邵荃麟評論選集·下》，人民文學出版社 1981 年版，第 408 頁。

與田間、柯仲平並置，同時也指出其差異性，並致力於「矯正」、「彌合」差異。在這種比較中，艾詩不同田間、柯仲平的「憂鬱」、「悲哀」和「知識分子氣」顯得格外注目。

呂熒的《人的花朵——艾青與田間合論》，在對艾青的詩藝進行肯定的同時，指出「當詩人著筆抒寫偉大的血與火的時代中的戰鬥者的形象的時候，詩人的詩篇遠不及歌唱他自己的感情的那樣眞實生動。」而田間的詩「沒有章法的承合，沒有著意的描寫，但是詩中起伏著戰鬥的脈搏和感情。」〔註18〕馮雪峰在《論兩個詩人及詩的精神和形式》中，將艾青與柯仲平相比較，認爲艾青的詩「常令人覺得就彷彿是一股剛要合流到大江中去的細流，常不免有所回顧而微露哀婉的弦音」，而柯仲平「則以更統一的，更清新的詩的形式，在具現著中國大眾的新生的生命和精神，是更加能夠分明地感到的。」〔註19〕周揚在《詩人的知識分子氣》中，將艾青這種「執著自我，愛好遐思，時時注意內心的世界，竭力控制心中騷亂的情緒，就在熱血沸騰中也流露出輕微歎息」的知識分子詩人與柯仲平對照，認爲前者「通到大眾的心，彷彿是一股特別的細微的電流」，而後者「他即令又是寫得像流水賬，即令寫了非常不像詩的句子，我們面前的仍然是眞的詩，眞正的詩人」，「大眾的詩人。因爲他們都是在眞正的詩的意義上以各自不同的方式和大眾結合了的緣故。」〔註20〕

這些評論多發表於 1940 年以後，此時，抗戰已陷入了相持階段，戰爭的艱巨性和殘酷性已經展露開來。爲了鼓舞人們對抗戰的信心，文學上的革命樂觀主義精神有了大力提倡的必要，因而，詩歌的藝術性要求被暫時擱置，而它鼓舞士氣的作用和激起反抗的力量成爲詩歌所需要的頭等質素。所以，即使田間和柯仲平的詩歌多爲口號式的宣傳，卻還是得到了政治領導者和評論家的肯定，這是當時特殊社會狀態的產物。相比之下，艾青詩歌中的「憂鬱」——不管其現實依據是什麼——都顯得不合時宜。這也爲他在現實主義「深化」時期受到批判埋下了伏筆。

---

〔註18〕呂熒：《人的花朵——艾青與田間合論》，《艾青專集》，江蘇人民出版社 1982
　　　　年版，第 441～454 頁。
〔註19〕馮雪峰：《論兩個詩人及詩的精神和形式》，楊匡漢、劉福春編：《中國現代詩
　　　　論》（上），花城出版社 1985 年版，第 380 頁。
〔註20〕周揚：《詩人的知識分子氣》，《詩》1942 年第 3 卷第 4 期。

（三）

　　抗戰勝利後，由於政治意識形態的強行滲透與表現人民和社會新生的政治訴求，現實主義詩學有效呼應時代主題表達的需要，成為唯一受政治意識形態認可的詩學。在被納入時代政治軌道進而愈加窄化的現實主義詩學面前，艾青的革命現實主義詩人形象不斷受到挑戰和質疑。

　　黃藥眠發表於《中國詩壇》光復版第一期的《論詩歌工作者的自我改造》，就對此前普遍認可的艾青詩歌現實主義定位質疑：「當艾青先生以『現實主義者的詩歌』為號臺而出現於詩壇的時候，卻立即受到中國的許多詩人們拍手歡迎，竟然也就有人認為這就是現實主義的詩歌。」他認為雖然艾青詩歌的主題也許是現實的，雖然他所使用的辭句不如「象徵主義那樣朦朧，那樣帶有神秘的色彩」，但是它們是「從象徵主義和形象派 Imagist 脫胎出來的」；並且斷言艾青的這種詩風不可能發展成為大眾化的詩歌，因為「這種詩歌的風格，只適合於表現個人的憂鬱的情懷」；接著他指出了艾青詩歌之所以受到一般知識群歡迎，並不是因為它有強烈的戰鬥性，而「主要的還是因為他能夠把握到一般中國知識者們的苦惱和悲哀，殖民地的知識群沒有出路的，彷徨的，多感的，無可奈何的情緒。」黃藥眠最後得出結論：「所以他的詩並不是戰鬥的爽快而明朗的大眾化的詩歌。大眾化的詩歌是必須另行創造出一種風格的。」〔註 21〕此評論從現實主義、是否與大眾結合與知識分子氣質三個方面（這是當時評價作品價值高低的三個最重要質素）對艾青提出了批評，從而全面否定了艾詩是現實主義詩歌。其中透露的信息是，艾詩的「悲哀」、「憂鬱」與「知識分子氣」不再是作為差異性而可以得到「矯正」的「一面」，而是代表了艾詩的基本特徵。

　　同時發表在這一期《中國詩壇》的周鋼鳴評論《詩人與人民之間》也就艾青詩歌的現實主義問題提出了批評。他不滿於《吳滿有》對民間敘事詩的嘗試，儘管這首詩與艾青此前的創作相比，已經在風格上更為靠近大眾——採取敘事詩的形式和樂觀的情緒歌頌民間英雄吳滿有，但是作者認為這首詩的最大缺點是「缺少了詩人自己對生活的熱望，與被描寫的人物對生活的改造在內心裏所昇華的抒情的詩情。」而產生這一缺點的原因在於「詩人還沒有正確地把握著現實主義的創作方法，通過強烈的思想戰鬥地去深切地感受

---

〔註21〕黃藥眠：《論詩歌工作者的自我改造》，《中國詩壇》1946 年第 1 期。

生活執著生活，以至在生活裏通過思想的搏鬥突進人民的內在世界，熱烈地向生活擁抱與追求，而肯定著和人民一起燃燒在人民解放的偉大事業裏面，把生活的真實昇華凝煉成為藝術的真實內容，寫成真實的詩。」〔註 22〕黃文與周文同載於當時最重要的詩歌期刊《中國詩壇》1946 年光復版的第一期，並且分別排在這期的開篇和第二，可見其重要性。而兩篇文章同時對艾青的現實主義創作提出質疑和批評，指出艾詩在與大眾結合上所存在的問題。至此開始，艾青作為革命現實主義詩人的身份不斷受到挑戰，並且最終引發「能不能為社會主義歌唱」的提問。

　　以上的評論在當時具有一定的合理性，也具有普遍性與典型性。從現實主義詩學發展來看，「革命現實主義詩學除了實用性地搬用前蘇聯革命現實主義原則外，幾乎關閉了世界現代詩學大潮的閘門，朝著政治化、大眾化、民族化（民間化）方向發展」〔註 23〕，詩歌受到一種強大的文學為大眾服務理念的鼓動，幾乎完全排除個人性向度，全身心地將個人融入社會、集體等抽象概念。現實主義的評判標準也隨之發生變化，它不但從主題上對詩歌進行干預，而且在辭句的選擇、修辭的運用和情感的表達上也衍生一系列具體而機械的要求，對其理解逐漸走向極端。這一變化的發生與其說是意識形態的強制，不如說是人們對符合時代風格的表現方式的積極想像與建構：處在風雲激蕩的年代，人們更熱衷於以激昂的姿態參與歷史進程、見證時代發展，因此，雄壯、激昂成為這一時期的審美傾向，纖弱、敏感的氣質最令讀者排斥，而艾青詩歌的特點就在於以個人化的體驗來反映時代，正如黃藥眠在《目前中國的詩歌運動》中所說：「從艾青先生的詩裏面可以看見現實，但是這只有通過了某種象徵的東西才能看到，我們和現實之間似乎還隔著一重透明的玻璃，總有點令人感到不甚親切。」〔註 24〕因此，艾青現實主義詩人身份受到挑戰成為必然。

　　新中國成立後，批評家力圖以文學來微觀社會發展規律，論證歷史發展的必然，具有史學觀的整體性評價成為時代特色。此時，不但出現了評論艾青的專著——曉雪的《生活的牧歌》對艾青的創作做了整體而細緻的學理研

〔註 22〕 周鋼鳴：《詩人與人民之間》，《中國詩壇》1946 年第 1 期。
〔註 23〕 龍泉明：《中國新詩的現代性》，武漢大學出版社 2005 年版，第 77 頁。
〔註 24〕 黃藥眠：《目前中國的詩歌運動》，《黃藥眠美學文藝學論集》，北京師範大學
　　　　 出版社 2002 年版，第 579～584 頁。

究，還出現了多部政治意識形態指導下的左翼文學史。左翼文學史在總結新文學發展規律時，致力於爲現實主義尋找合法化依據。在梳理艾青的詩歌創作時，它有意識地在現實主義規約範圍之內尋找艾青詩歌發展的歷史脈絡，選取其現實主義特徵鮮明的作品作爲論述的聯結點，同時採用就實避虛的處理方式，對艾青早期創作中的現代主義詩歌或予以否定（如王瑤的《中國新文學史稿》），或作現實主義解讀（如劉綬松的《中國新文學史初稿》），或直接從歷史中抹去（如丁易的《中國現代文學史略》），選擇性地將《大堰河——我的保姆》和後來創作的一些現實主義色彩濃厚的作品納入現實主義的審美範疇，勾勒艾青現實主義創作的軌跡。

由於文學史比一般詩評具有更大的穩固性和概括性，艾青詩歌被同時期評論家所詬病的非現實主義特徵，在文學史中有所提及，但無法遮蔽艾青在詩壇所產生的重大影響，因而多將其作爲不太重要的細部而邊緣化。同時，以詩人到延安爲分界線，採用前後分期和抑前揚後的做法，認爲艾青「到了延安，參加了整風學習」後，「一種比較健康的人民的情感逐漸成長起來，過去的那種個人的憂鬱傷感的情調是被清洗乾淨了」〔註25〕，通過否定過去以肯定現在，艾青的現實主義詩人形象在文學史中得以保全。

到了 1956 年，文化界的反「右」鬥爭全面展開。詩歌界以「主題的積極性不夠」、「思想感情陳舊」、「形象不夠巨大有力」、「缺乏政治熱情」等政治話語對艾青進行批評，進而引發了文學界對艾青的全面批判，並於 1958 年被打成「右派」。此後的艾青，沉默了整整二十年。艾青研究也隨之陷入沉寂。

## （四）

艾詩在 30 年代末及 40 年代受到極大關注，被標舉爲詩壇旗幟，但在 50 年代後期被打成右派，反映了相同的詩質在不同的詩學語境下的解讀所具有的極大差異性，同時也正證明了其詩歌所具有的豐富語義潛能和闡釋空間。新時期對艾青的研究不斷深化，這種潛能得到了一定的釋放。艾青的現實主義詩人形象也隨著西方現代批評方式的引入而有所調整。

在新詩現代性追求的燭照下，艾青的詩歌在接受重心上發生了變化。艾詩中原本被有意遮蔽、忽略、甚至否定的質素重新得到了強調，他與外國文

---

〔註25〕丁易：《中國現代文學史略》，作家出版社 1956 年版，第 353 頁。

學詩潮的聯繫也被重新挖掘，並且給以充分的闡釋。率先圍繞艾青與世界文學的聯繫來展開論述的，是黃子平的《艾青：從彩色的歐羅巴帶回了一支蘆笛》，他談到了一個重要命題：「詩人艾青在創作上受印象派繪畫的影響是極帶根本性的，它涉及了艾青感受世界和藝術地再現世界的基本方式。」將艾青的詩歌創作從根本上與西方藝術思潮聯繫起來，在分析了艾青詩歌中受西方文藝的具體影響後，作者得出結論：「而詩人艾青的藝術道路，就如同馬雅可夫斯基從未來主義中，阿拉貢從超現實主義中，聶魯達從現代主義中走出的道路一樣，顯示了二十世紀世界文學潮流的某些共同的重要特徵。」〔註26〕這篇評論對以後的艾青研究具有重大影響，甚至改變了人們對艾青的認識，接受者們不再僅僅從時代的代言人的角度來看待艾青，而是將他的創作彙入世界文學潮流中，將他看作是民族的詩人、世界的詩人。

　　黃子平的研究結論改變了艾青在文學史敘述中的形象。例如，1980 年唐弢和嚴家炎主編的《中國現代文學史》，對艾詩的評價是：「艾青的詩歌以它緊密結合現實的、富於戰鬥精神的特點繼承了『五四』新文學的優良傳統，又以精美創新的藝術風格成爲新詩發展的重要收穫。」〔註27〕這裡，艾青是作爲一位與時代緊密結合的現實主義詩人來接受的；而 1987 年錢理群等主編、上海文藝出版社出版的《中國現代文學三十年》，對艾詩的評價是：「艾青的詩，一方面與西方象徵主義詩歌相聯結，另一方面又與中國古典詩歌的傳統取得了內在的聯繫」，他的詩歌「是最具有世界性的，同時又是中國民族的」，「艾青的詩歌創作，也是通過自己獨特的途徑，走著中西詩學相融合的道路。」〔註28〕研究者將外國文學作爲影響艾青創作的重要因素，同時凸顯艾青所具有的民族性和本土性特徵，正是在此基礎上，艾青成爲了一位融貫中西的世界性和民族性詩人。這是新時期開放性語境中的艾青形象。

　　此後，關於艾青的研究成果不少，但新意不足，他們的解讀與定位大都沒有超越黃子平、錢理群的言說範疇。這既與認識水平有關，更與閱讀語境分不開。語境沒有變，語境提供的解讀空間大體一樣，讀者與語境之間又達

〔註26〕黃子平：《艾青：從彩色的歐羅巴帶回了一支蘆笛》，收入曾小逸主編：《走向
　　　　世界文學——中國現代作家與外國文學》湖南人民出版社 1985 年版，第 481
　　　　～494 頁。
〔註27〕唐弢、嚴家炎主編：《中國現代文學史》，人民文學出版社 1980 年版，第 75
　　　　頁。
〔註28〕錢理群等：《中國現代文學三十年》，上海文藝出版社 1987 年版，第 503 頁。

成默契，關於艾青的言說就只能在世界性與民族性相統一的框架裏展開。雖然在不同的言說者那裡，二者的輕重關係有所區別，或更強調世界性一點，或更突出民族性，但基本上還是保持平衡，即將艾青定格為世界性的中國民族詩人。

詩人的形象永遠不可能固化，艾青在未來讀者的萬花筒中又會幻化出怎樣的鏡象呢？

# 四、穆旦被經典化的話語歷程〔註1〕

　　穆旦是 20 世紀 80 年代中國文學界重新發現的現代詩人，是今天的新詩研究和文學史敘述繞不開的重鎮。1930～1940 年代，他創作了大量的詩歌，且在當時不少讀者中產生較大影響，那麼後來的文學史著作何以對他要麼避而不談？要麼視其為重鎮呢？他是如何被「重新發現」而走進文學史變為「經典」詩人的呢？這是一個與接受場域特別是不同時期人們對於新詩發展想像相關的問題，是一場言說與被言說、闡釋與被闡釋的文學話語實踐活動。本文將對這場許多人參與且富有歷史意味的文學史事件進行清理，以揭示穆旦被闡釋進新詩史的內在話語邏輯，進而對新詩經典化問題進行反思。

## （一）

　　穆旦在 1930 年代讀高中時就開始詩歌寫作，1940 年代出版詩集《探險隊》、《穆旦詩集》、《旗》等，受到關注，被譽為「寶石出土」、「放出耀眼的光芒」〔註2〕。王佐良認為：「他一方面最善於表達中國知識分子的受折磨而又折磨人的心情，另一方面，他的最好的品質卻全然是非中國的。」〔註3〕強調了穆旦詩歌在中外文化擠壓下的內在矛盾，善於表達中國知識分子的精神世界，而又具有「非中國的」特點。這裡的「非中國」並非貶義話語，而是一種新詩質素，一種風格指認。王佐良還指出穆旦詩中具有一種「受難的品

---

〔註1〕　合作者 紀海龍
〔註2〕　林元：《一枝四十年代文學之花──回憶昆明〈文聚〉雜誌》，《新文學史料》
　　　　1986 年第 3 期。
〔註3〕　王佐良：《一個中國新詩人》，《文學雜誌》1947 年第 8 期。

質」和「肉體的感覺」，〔註 4〕也就是精神承擔與身體書寫。袁可嘉則以現代詩歌建設爲視野闡釋了穆旦詩歌所具有的「現實，象徵，玄學的綜合」特徵及其意義〔註 5〕。唐湜認爲，穆旦詩中包含「辯證」的觀念和「自我的分裂」，以及「豐富的痛苦」體驗〔註 6〕，認爲「他只忠誠於自我的生活感覺，不作無謂的盲目的叫囂，一種難能可貴的藝術良心。」〔註 7〕揭示出穆旦詩歌獨特的生存體驗與詩學個性。

不僅如此，他們還站在 1940 年代中國新詩發展高度，給予穆旦高度評價。唐湜認爲穆旦與綠原等人同處於「詩的新生代」的浪峰之上〔註 8〕；袁可嘉則將穆旦看成是「這一代人的詩人中最有能量的、可能走得最遠的人才之一」，認爲他「追求藝術與現實間的正常的平衡」，代表了「新詩現代化」的方向。〔註 9〕1940 年代初，聞一多編選《現代詩鈔》，收入穆旦 11 首詩，在量上僅次於徐志摩，與艾青持平，而郭沫若僅 6 首，戴望舒 3 首。可見，在聞一多心中穆旦的地位是很高的，這是最早從新詩史角度對穆旦的肯定。

值得注意的是，上述言說者多爲穆旦的同學、詩友，其詩歌闡釋傳播空間，因戰時環境特別是他那獨特的詩風，而相當狹小，「只有朋友們才承認它們的好處；在朋友們之間，偶然還可以看見一卷文稿在傳閱」〔註 10〕，除同學、詩友外，他「很少讀者，而且無人讚譽」〔註 11〕，穆旦包括他那些詩友尚未進入當時文學的中心地帶。

不過，王佐良、袁可嘉、唐湜等人的言說，對後來穆旦的「重新發現」，特別是對文學史敘述意義深遠。他們的許多觀點，諸如「非中國的」、「現實，象徵，玄學的綜合」、「豐富的痛苦」，以及「藝術與現實」的平衡等，被後來的言說者不斷引用、延伸，成爲今天許多文學史、新詩史解讀穆旦的重要基礎與立場。

1950～1970 年代，在新的社會歷史語境中，穆旦屢受衝擊，幾乎停止了

---

〔註 4〕王佐良：《一個中國新詩人》，《文學雜誌》1947 年第 8 期。
〔註 5〕袁可嘉：《新詩現代化》，《大公報·星期文藝》1947 年第 3～30。
〔註 6〕唐湜：《穆旦論》，《中國新詩》1948 年第 8～9 期。
〔註 7〕唐湜：《穆旦論》，《中國新詩》1948 年第 8～9 期。
〔註 8〕唐湜：《詩的新生代》，《詩創造》1948 年第 2 期。
〔註 9〕袁可嘉：《詩的新方向》，《新路周刊》1948 年第 1 期。
〔註 10〕王佐良：《一個中國新詩人》，《文學雜誌》1947 年第 8 期。
〔註 11〕王佐良：《一個中國新詩人》，《文學雜誌》1947 年第 8 期。

詩歌創作，其詩歌亦因「非中國」的現代主義傾向，而失去了相應的傳播空間。穆旦在文學史上處於缺席狀態。

（二）

1980 年代初，隨著思想解放話語的展開，穆旦重新進入讀者視野。不過，這一時期，他是作為「九葉派」詩人中的普通成員而被接受和闡釋的，時間大致是 1980～1986 年。

其實，早在 1978 年，司馬長風就在《中國新文學史》中對穆旦作了簡要介紹，稱其詩歌「意境清新，想像活潑，又善於用韻，因此累贅的散文外衣，阻不住她的情意飛翔。」認為《詩八首》雖為情詩，但風格獨異，「把熱愛濃情都化作迷離的形象」，令人迴腸蕩氣〔註12〕。該文學史以獨特的體例和另類的述史話語，對當時大陸學界產生很大衝擊，穆旦能重新進入讀者視野與它的正面評述不無關係。

1980 年，《文藝研究》第 5 期刊發了艾青的《中國新詩六十年》，曰：「在上海，以《詩創造》、《中國新詩》為中心，集合了一批對人生苦於思索的詩人：王辛笛，杭約赫（曹辛之）、穆旦、杜運燮、唐祈、唐湜、袁可嘉以及女詩人陳敬容、鄭敏……等，他們接受了新詩的現實主義傳統，採取了歐美現代派的表現技巧，刻畫了經過戰爭大動亂之後的社會現象。」〔註13〕顯然，艾青是以新詩六十年歷史為背景談論他們的，給他們的定位是「接受了新詩的現實主義傳統，採取了歐美現代派的表現技巧」。在當時，現實主義尚與無產階級政治革命聯繫在一起，是作家革命身份的重要標誌；而現代派則仍與政治腐朽、沒落話語相關，所以艾青只能在技巧層面談論穆旦等人與現代派的聯繫，將他們在本質上剝離於現代派。艾青對穆旦等人的定位——「新詩的現實主義傳統」和「現代派的表現技巧」，為穆旦等詩人的出場提供了合法的話語依據，這是艾青該文的歷史價值與意義，日後相當長時期內的文學史著述就是在現實主義和現代派技巧層面指認這批詩人的。

1981 年 7 月，江蘇人民出版社出版了上述九位詩人的合集《九葉集》，賦予他們「九葉」稱號。袁可嘉撰寫的《九葉集·序》非常重要，它同樣是為

---

〔註12〕司馬長風：《中國新文學史（下卷）》，九龍昭明出版社 1978 年版，第 227～228頁。
〔註13〕艾青：《中國新詩六十年》，《文藝研究》1980 年第 5 期。

這批詩人的重新出場提供話語依據。他說：「九位作者作為愛國的知識分子，站在人民的立場，嚮往民主自由，寫出了一些憂時傷世、反映多方面生活和鬥爭的詩篇。」他們「反對頹廢傾向」，雖然在藝術上吸收西方現代詩歌的某些手法，但「沒有現代西方文藝家常有的那種唯美主義、自我中心主義和虛無主義情調」〔註14〕。在政治上，賦予他們愛國主義的人民立場，藝術上則將他們與西方唯美主義、自我中心主義和虛無主義區別開來，強化他們重新出場的話語依據。「九葉」這個稱號後來受到不少人質疑，它確實不夠準確，因為那批詩人遠不只九位，但在當時卻很重要，因為名正才能言順，命名是進入文學史的關鍵一步。袁可嘉該文的最大貢獻是為那批詩人進入文學史命名。《九葉集》按姓氏筆畫順序排列詩人，並沒有突出穆旦的地位，但是借助《九葉集》穆旦開始為人們所熟悉，逐漸出現在一些評述文章中。

　　1981年11月，以衡的《春風，又綠了九片葉子——讀〈九葉集〉》，對「九葉」詩人的辯護更具體：「他們共同的思想傾向是不滿於國民黨的黑暗統治反對內戰。同時對共產黨、對解放區懷著熱烈的憧憬。他們的創作，應當說也是共產黨領導下的國統區廣大人民群眾反內戰反飢餓反迫害爭民主運動的一個部分。」「『九葉』詩人並沒有染上西方資產階級『先鋒派』那種虛無主義與懷疑主義」，「沒有採取西方現代派中不少人用『為藝術而藝術』來否定文學反映現實的職能的立場」，「只不過吸收了一部分現代詩歌的技巧。」〔註15〕艾青和袁可嘉的觀點、立場在他那裡被進一步展開，這既是一種認同，亦是一種傳播。林真、駱寒超、嚴迪昌、杜運燮、王佐良等亦對「九葉」詩歌進行了論述。與建國前相比，這一時期的言說者，不再僅限於穆旦的詩友、同學，言說載體也發生了變化，不再只是一些「很快就夭折的雜誌」〔註16〕，而是諸如《文藝研究》、《文學評論》、《詩探索》等重要刊物。

　　隨著影響的不斷擴大，穆旦作為「九葉派」的一員開始進入文學史著作。1983年，許志英等編的《中國現代文學史簡編》和1984年唐弢主編的《中國現代文學史簡編》均專門談到「九葉派」，提到穆旦。他們的觀點基本上來自袁可嘉的《九葉集·序》，強調的是「九葉派」詩人忠於時代、忠於人民、反黑暗統治的愛國思想和現實主義精神，將他們與西方現代派在實質上區別開

〔註14〕袁可嘉：《九葉集·序》，《九葉集》，江蘇人民出版社1981年版，第3～5頁。
〔註15〕以衡：《春風，又綠了九片葉子——讀〈九葉集〉》，《詩探索》1982年第1期。
〔註16〕王佐良：《一個中國新詩人》，《文學雜誌》1947年第8期。

來。九位詩人的排序均爲辛笛、陳敬容、杜運燮、杭約赫、鄭敏、唐祈、唐
湜、袁可嘉、穆旦。它們敘述的重點是「九葉派」作爲一個流派的總體特點，
穆旦位列最後。1984 年初，詩人公劉著文分述「九葉派」詩人，他最爲欣賞
的是唐祈，給予唐祈三分之一以上篇幅，原因是唐祈在政治上「旗幟鮮明地
站在革命方面」，在九位詩人中「現實主義成分最多」；而穆旦所佔篇幅最少，
且被置於文末，因爲穆旦「未必看清了人民的旗」，所以他「不怎麼喜歡穆旦
的詩」〔註 17〕。這一時期，穆旦的獨特性並未凸顯出來，甚至被當時占主導
地位的現實主義話語所淹沒。

1980 年代初，穆旦及其詩友被「重新發現」，闡釋進文學史，是當時特定
的思想文化語境所決定的。「文革」結束後，伴隨著思想解放思潮的發展，西
方現代派作品被大量譯介進來，而具有現代主義特點的「朦朧詩」也開始浮
出歷史地表，一定範圍內受到肯定，這些爲具有現代主義特點的「九葉派」
的出場創造了條件。然而，思想文化界畢竟剛剛「解凍」，不少人仍將現代派
文學看成是資產階級腐朽沒落的產物，對「朦朧詩」仍持批判立場。對現代
派這種矛盾性語境，決定了「九葉派」詩人雖能被重新發現，但對他們的闡
釋則只能在愛國主義、現實主義話語框架內進行，對他們的評說首先強調的
也只能是其政治立場上的進步性與現實主義精神，現代主義只能是在「技巧」
層面被指認，於是穆旦這位現代主義色彩極濃的詩人，便不可能在「九葉派」
中脫穎而出，而只能作爲流派中的普通成員進入文學史。

## （三）

1980 年代中期以後，文學界對於穆旦的闡釋發生了新的變化。詩人、學
者不再僅僅把他作爲「九葉派」的一員加以介紹，而是開始充分注意其詩歌
獨特的現代主義話語品格與價值，凸現其新詩史地位，時間大致是 1986 年至
1993 年。

1986 年 1 月，人民文學出版社推出《穆旦詩選》，這是建國後出版的第一
本穆旦詩集，它表明穆旦獨特的詩學話語和價值開始爲人們所關注。1987 年
11 月，江蘇人民出版社出版紀念文集《一個民族已經起來——懷念詩人、翻
譯家穆旦》，收錄了這一階段穆旦研究的代表作，其作者包括王佐良、袁可嘉、

---

〔註 17〕公劉：《〈九葉集〉的啓示》，《花溪》1984 年第 6～8 期。

鄭敏、杜運燮等穆旦當年的同學、詩友，以及藍棣之、梁秉鈞、王聖思等當代學者。1988 年 5 月 25 日，英國文學研究會和江蘇人民出版社，在北京歐美同學會聯合舉辦了「穆旦學術討論會」，重新闡釋穆旦的意義。邵燕祥在會上發言，從繼承藝術經驗角度，提出了「重新發現穆旦，重新認識穆旦」〔註18〕的命題。

這一時期關注的重點不再是穆旦詩歌思想的進步性與現實主義藝術傾向，而是努力揭示其個性化的詩學品格，尤其是其內在的現代主義意蘊，彰顯其在新詩史上的地位。王佐良在《穆旦：由來與歸宿》中認為，《詩八首》使愛情從一種欲望轉變為思想，「這樣的情詩在中國的漫長詩史上也是從未見過」，認為穆旦帶著新的詩歌主題和新的詩歌語言，「到達中國詩壇的前區了」〔註19〕。袁可嘉在《詩人穆旦的位置》中，則從新詩現代化建設高度指出：「穆旦是站在 40 年代新詩潮的前列，他是名副其實的旗手之一。在抒情方式和語言藝術『現代化』的問題上，他比誰都做得徹底。」「他就在 40 年代新詩現代化的前列」〔註20〕。他們強調了穆旦詩歌的現代主義特徵及其在中國新詩史上的意義，凸顯穆旦在文學史上的位置。

1987 年，錢理群主編、上海文藝出版社出版的《中國現代文學三十年》在現代文學研究史上，具有劃時代意義。它對於穆旦的敘述相對於上一階段許志英、唐弢二人主編的現代文學史，有一個重要變化：那就是不僅將「九葉派」看成是 1940 年代最重要的詩歌流派，用 5 頁的篇幅加以敘述；而且認為穆旦是「《九葉集》詩人中最具特色、成就也最高」的詩人，並以其中 1 頁的篇幅對其進行專門介紹，這意味著穆旦的個體地位已經得到了權威文學史的承認。在具體談到其詩歌藝術時，它一方面認為穆旦是「最接近西方現代派的」，另一方面又說：「他仍然是我們中國民族的詩人：不管外在形式多麼逼似西方現代派，骨子裏的思想、感情，以至思維方式、情感表達方式和詩的意象都是東方式的。」〔註21〕著意凸現穆旦那些現代主義詩歌的「民族性」。

〔註18〕 邵燕祥：《重新發現穆旦》，杜運燮等編：《豐富和豐富的痛苦》，北京師範大學出版社 1997 年版，第 35 頁。

〔註19〕 王佐良：《穆旦：由來與歸宿》，杜運燮等編：《一個民族已經起來》，江蘇人民出版社 1987 年版，第 4～5 頁。

〔註20〕 袁可嘉：《詩人穆旦的位置》，杜運燮等編：《一個民族已經起來》，江蘇人民出版社 1987 年版，第 17～18 頁。

〔註21〕 錢理群等：《中國現代文學三十年》，上海文藝出版社 1987 年，第 528～529 頁。

同一時期，富有代表性的研究也認爲：「穆旦的詩是最現代，最『西化』的，但發人深省的還在於：這種現代化、西化同時又表現爲十分鮮明的現實性、中國性。」〔註 22〕可見，本時期關於穆旦詩歌的現代主義品格，是在充分肯定其時代性、人民性、戰鬥性，特別是民族性前提下，進行闡釋的，行文中著意將他與西方現代派在本質上區別開來。

1990 年，上海文藝出版社出版了臧克家作序、孫黨伯編選的《中國新文學大系 1937～1949・詩卷》，收錄穆旦的《在寒冷的臘月的夜裏》、《詩八章》、《自然底夢》、《讚美》、《旗》等 5 首詩歌，數目上與「九葉派」詩人中辛笛、陳敬容二人相等，而多於其他六位詩人。《中國新文學大系》是對新文學運動各個時期的創作、理論的系統總結，具有經典性、權威性，是鮮活的文學史，它收入穆旦 5 首詩歌，將他從「九葉派」詩人中凸顯出來，無疑是對其新詩史地位的肯定。

## （四）

1990 年代以後，隨著研究的不斷深入，穆旦在新詩史上的地位得到進一步鞏固和提高，並被逐步「經典化」，時間大致是 1993 年至今。

1993 年 6 月，時代文藝出版社推出謝冕主編的「二十世紀中國文學叢書」，其中謝冕的《新世紀的太陽──20 世紀中國詩潮論》，在談到 1940 年代中國現代主義詩潮時指出，「他是四十年代重新萌發的中國現代詩的一面旗幟」，認爲穆旦的現代主義詩歌創作「無疑有著重大的歷史價值。中國新詩的現代運動將永遠『默念這可敬的小小墳場』」〔註 23〕。「二十世紀中國文學叢書」是一套以 20 世紀文學爲單位，試圖對這一百年的文學進行總體性觀照的叢書。謝冕將穆旦放在整個 20 世紀中國現代主義詩潮的背景上進行論述，給予他「旗幟」的評價，而且把他與「新詩的現代化」運動相聯繫，這無疑是對其文學史地位的充分肯定，開始將其「經典化」。

1994 年出版的《二十世紀中國文學大師文庫・詩歌卷》，以「詩歌文學的審美價值及對詩史的影響」爲評價標準〔註24〕，將穆旦置於 20 世紀中國各派

〔註22〕李怡：《黃昏裏那道奪目的閃電》，《中國現代文學研究叢刊》1989 年第 4 期。
〔註23〕謝冕：《新世紀的太陽──二十世紀中國詩潮論》，時代文藝出版社 1993 年版，第 223～229 頁。
〔註24〕張同道、戴定南主編：《二十世紀中國文學大師文庫・詩歌卷・序》，海南出版社 1994 年版，第 3 頁。

詩人之首。1996 年，李方主編的《穆旦詩全集》被列爲《二十世紀桂冠詩叢》中的一輯出版，謝冕在詩集序言中指出，穆旦是「最能代表本世紀下半葉——從他出現以至於今——中國詩歌精神的經典性人物」〔註 25〕，明確地稱其爲「經典性人物」。1997 年，謝冕、錢理群主編的《百年中國文學經典》叢書，收入穆旦詩歌《讚美》、《詩八首》、《冬》、《停電之後》等，將它們稱爲中國百年「文學經典」。這樣，穆旦不僅被敘述進了文學史，而且變成了「經典」性人物，也就是永遠「不朽」的存在。

與經典化話語相呼應，1998 年錢理群等撰寫的《中國現代文學三十年》（修訂本），由北京大學出版社出版，它進一步提高、強化穆旦在文學史上的經典地位。1987 年的初版本稱穆旦等詩人爲「《九葉集》派」，而修訂本則以「中國新詩派」取而代之。新命名顯然與該派 1948 年創辦的《中國新詩》月刊相關，但更表明他們不滿於「《九葉集》派」這種臨時性稱謂，而是努力返回歷史現場，在「中國新詩」建構的高度言說他們，賦予他們「中國新詩」代表者身份；與此同時，修訂本開始將穆旦的名字放在一節的標題中，並用 3 頁的篇幅加大敘述。它不再糾纏於穆旦是否屬於現代派的問題，也不再著意以時代性、人民性、民族性（雖仍承認他具有民族性）等話語爲穆旦進行身份辯護，而是將其置於中國詩歌現代化歷程中考察，強調他對於民族傳統詩學話語的「反叛性」、「異質性」，而不是初版本所講的「繼承性」；剔除了初版本文學史敘述中那種政治意識形態因素，主要是在詩學層面談論穆旦，肯定他對於中國詩歌自身發展的貢獻：「穆旦不僅在詩的思維、詩的藝術現代化，而且在詩的語言的現代化方面，都跨出了在現代新詩史上具有決定意義的一步，從而成爲『中國詩歌現代化』歷程中的一個帶有標誌性的詩人。」〔註 26〕至此，穆旦被文學史正式升格成爲中國詩歌現代化過程中的「標誌性詩人」，也就是剔除政治因素後眞正文學審美意義上的經典性詩人。

與此同時，本期出版的各種文學史、新詩史都以重要篇幅介紹穆旦，如 1999 年洪子誠主編的《中國當代文學史》，將「穆旦最後的詩」作爲一節，專門予以介紹；2000 年程光煒等主編的《中國現代文學史》出版，穆旦的名字出現在一章的標題中，並用一節的篇幅進行評述，認爲他身上顯示了「現代

---

〔註 25〕 李方編：《穆旦詩全集·序》，中國文學出版社 1996 年版，第 23 頁。
〔註 26〕 錢理群等：《中國現代文學三十年（修訂本）》，北京大學出版社 1998 年版，第 587～588 頁。

主義詩歌的高度成熟」。〔註27〕較之上一時期，這些文學史著作包括一些評論文章，對於穆旦的闡釋，更多的是從總結新詩發展經驗，從新詩自身現代化建設出發的，沒有糾纏於是否屬於現代派、是否具有民族性這類具有濃厚政治意識形態色彩的問題，而是不約而同地在「純文學」意義上賦予其經典性地位。

　　對於穆旦「經典化」現象，我們應持一種冷靜的反思態度。穆旦由默默無聞變爲「經典」，是一次重要的文學史事件，是當代文化、文學話語在文學史敘述中的體現。它一方面表明1980年代以來的文化思潮、文學閱讀語境與穆旦詩歌之間存在一種內在的默契，知識分子從穆旦詩歌那裡獲得了一種言說角度，一種自我情緒、思想釋放的途徑，穆旦與他們之間構成一種互證關係，發現穆旦某種意義上是這個時代的自我辯護，穆旦詩歌那特有的西方化抒情方式和內在的西方文化話語，提示、印證了這個時代所崇尚的文學西化道路的合理性。另一方面，中國新詩到20世紀末已有近百年的歷史，雖然湧現出大量詩人，詩作更是無以數計，但對它的指責從未間斷過，甚至它的合法性在1990年代也受到許多人質疑，正是在如此情形下，一些新詩維護者、研究者爲給新詩正名，便努力尋找代表性詩人，而他們對多年來文學史所公認的「經典」詩人又不滿意，因爲在他們看來既有的「經典」詩人的文學史書寫過程中滲透了許多非文學性因素，於是他們以百年詩歌發展爲視野，站在審美的立場，盡可能地從詩歌本體角度重新盤點新詩，找尋新詩的代表者，正是在如此情形下，他們不約而同地發現了穆旦，共同完成了對於穆旦的書寫，將穆旦經典化。這是一場文學史事件，是世紀交替時歷史的必然現象，詩歌研究者完成了他們對於一個世紀詩歌的歷史性總結，令人敬佩。

　　然而，從歷史經驗看，文學經典化是一個與時間相關的非常複雜的現象，同時代作家以及稍晚的批評者的言說固然非常重要，但並非決定性因素。穆旦「經典化」事件存在的主要問題是時間短，言說者與穆旦之間沒有足夠的距離，加之爲百年新詩尋找傑出代表者的現實使命，使得認同成爲言說的話語前提，反思性話語被抑制；而且，參與者圈子過小，基本上沒有超出文學界，且主要是穆旦的詩友和文學史研究專家，多爲大學教授，這樣，他們的話語代表性便值得懷疑。眾所周知，文學史上眞正經典性作家，能爲大多數

――――――――――――――――――――

〔註27〕程光煒等主編：《中國現代文學史》，中國人民大學出版社2000年版，第333頁。

讀書人所接受，而穆旦實際上只是在極少數知識分子中受推崇，尚不能稱為經典詩人。文學經典並非少數專家所能決定，它的尺度掌握在多數讀者手中。

# 五、詩之防禦者成仿吾

1923 年 5 月 13 日《創造周報》第 1 號發表了成仿吾的《詩之防禦戰》，提出要進行一場對於詩歌的防禦戰，即反對新詩創作中出現的某些傾向，革除新詩的諸多弊端。這是一個頗有意味的現象，它關涉彼時新詩理論探索和寫作實踐上的諸多問題。

## （一）

爲什麼要進行詩歌防禦戰，這與詩壇現實及探索者對詩歌的理解有關。新詩從 1917 年登場到 1923 年已經有近 7 年的歷史，關於詩歌革新的話語已經很多，胡適、郭沫若等人創作發表了大量作品，早期白話詩歌到郭沫若那裡，已經越來越自由，越來越散文化，從傳統審美尺度衡量，許多詩歌確實不像詩，沒有詩意，缺乏詩味，正是在這樣的情勢下，成仿吾提出要開展一場詩之防禦戰。

他是怎樣評說當時的新詩呢？對既有新詩，他持完全否定的態度，認爲新詩「王宮內外遍地都生了野草了，可悲的王宮啊！可痛的王宮！」，並不惜大量引錄新詩，批駁之，如抄錄《嘗試集》中的《他》：

> 你心裏愛他，莫說不愛他。
>
> 要看你愛他，且等人害他。
>
> 倘有人害他，你如何對他？
>
> 倘有人愛他，更如何待他？

在成仿吾看來，「這簡直是文字的遊戲，好像三家村裏唱的猜謎歌，這也可以說是詩麼？《嘗試集》裏本來沒有一首是詩，這種惡作劇正自舉不勝舉。」

他接著又抄錄《人力車夫》，並嘲弄道：「這簡直不知道是什麼東西。自古說：秀才人情是紙半張。這樣淺薄的人道主義更是不值半文錢了。坐在黃包車上談貧富問題，猶如抱著個妓女在懷中做了一場改造世界的大夢。」他又不厭其煩地抄錄胡適的《我的兒子》：

> 我實在不要兒子，
>
> 兒子自己來了。
>
> 「無後主義」的招牌，
>
> 於今掛不起來了！

在他看來：「這還不能說是淺薄，只能說是無聊。」

談完胡適，成仿吾將筆鋒轉向康白情的《草兒》，引錄其中的《別北京大學同學》，然後點評道：「這實在是一篇演說詞，康君把他分成『行了』便算是詩了！無怪乎《草兒》那麼多，那麼厚。」接著又抄錄了《西湖雜詩》：

> 往熙去了：
>
> 少荊來了。
>
> 少荊去了：
>
> 舜生來了。
>
> 舜生去了：
>
> 葆青絳霄終歸在這裡。

成仿吾諷刺曰：「這確如梁實秋君所說是一個點名簿。我把他抄下來，幾乎把腸都笑斷了。」在一番諷刺之後，成仿吾開始對新詩中的小詩、哲理詩大加批判，諷刺周作人、宗白華、冰心等人的作品。

關於小詩，他認為沒有什麼價值可言：其一，小詩——和歌、俳句在日本早已過時了，成了骨董，正如中國的律詩、絕句，周作人將它翻譯過來是對中國詩宮的蹂躪；其二，俳句是日本文所特長的，但不適合於漢語；其三，俳句僅一單句，沒有反覆的音律，實在沒有抒情的可能；其四，歌人的理想是閒雅，排人的理想是灑脫、幽玄、靜寂，……閒雅是安於遊樂的貴人的境地，靜寂是脫離人生之苦惱的隱士的境地，所以不適合於中國新詩。

關於哲理詩歌，他認為宗白華不過是把概念與概念聯繫起來，而冰心不過善於把一些高尚的抽象的文字聚攏來罷了，而「理論的或概念的，與過於抽象的文字，縱列為詩形，而終不能說是詩」，「我們玩賞詩歌，是為詩歌自己，他自有他內存的目的。如果哲理可以詩傳，則科學的論文也可以詩來代

替，教科書也可以用詩的形式寫出」〔註1〕，「詩的本質是想像，詩的現形是音樂，除了想像與音樂，我不知詩歌還留有什麼。這樣的文字也可以稱詩，我不知我們的詩壇終將墮落到什麼樣子。我們要起而守護詩的王宮，我願與我們的青年詩人共起而爲這詩之防禦戰！」〔註2〕顯然，成仿吾是針對詩壇現狀發起詩歌防禦戰的，其理由分明且充分。

## （二）

那麼，成仿吾倡導詩歌防禦戰的資源何在呢？由其立論及言說邏輯看，主要來自日本作家夏目漱石的《文學論》。《文學論》1907 年 5 月由日本大倉書店出版，它是夏目漱石的文論專著，是繼坪內逍遙的《小說神髓》之後，日本近現代文學史上又一個里程碑。1925 年川端康成認爲，《文學論》的見識是「出類拔萃的」，漱石以後在日本「已經找不到一本值得信賴的文學概論」，他稱漱石爲日本近現代最傑出的文學理論家；著名文學評論家吉田精一在1975 年出版的《近代文藝評論史・明治篇》（至文堂）中也指出，《文學論》是「整個明治和大正時代唯一的最高的獨創的」著作，「在思想的深刻性上，作家和文學家之中無人能及漱石。」〔註3〕在中國，1931 年神州國光社出版了張我軍的譯本，並附有周作人的序文，周稱自己在《文學論》初版時就購得一冊，雖未曾細讀，但對夏目的自序內容卻記憶猶新。

至於成仿吾，我至今尚未發現他讀過此書的直接記載，這可能是研究界無人論及他與《文學論》關係的主要原因。然而，如果從 1910 年成仿吾便去日本留學，深諳日本文學這一角度推測，他很有可能接觸到當時日本青年學生、知識分子敬仰的大文豪夏目漱石的《文學論》。自 1906 年起，夏目漱石便於木曜日（星期四）下午於書齋裏舉行文藝沙龍活動，名曰「木曜會」，直到 1916 年 12 月去世爲止，影響培養了許多學者、作家和評論家，包括鈴木三重吉、高濱虛子、江口渙、芥川龍之介等。而這一期間成仿吾正好留學日本，熱衷於文學事業，從常理看，他應該聽說過「木曜會」，並可能由此引起

---

〔註1〕　成仿吾：《詩之防禦戰》，吳宏聰等編《創造社資料・上》，福建人民出版社 1985 年版，第 36 頁。

〔註2〕　成仿吾：《詩之防禦戰》，吳宏聰等編《創造社資料・上》，福建人民出版社 1985 年版，第 38 頁。

〔註3〕　參見何少賢：《日本現代文學巨匠夏目漱石》，中國文學出版社 1998 年版，第 1～4 頁。

對夏目漱石的好奇與興趣。不過，推測只是一種主觀運思，我的觀點並非只是建立在這種推測上，而主要來自文本觀點的對比。

成仿吾於 1922 年至 1923 年寫作了幾篇重要文學理論與批評文章，如《評冰心女士的〈超人〉》、《〈殘春〉的批評》、《詩之防禦戰》、《新文學之使命》、《寫實主義與庸俗主義》等，對五四以來文學中出現的哲學化、概念化和庸俗的寫實傾向，作了批評，提出了自己的救治方案。而如果將它們與夏目漱石的《文學論》相對照，便可發現其諸多立論與《文學論》相同，而這種相同，從基本概念、觀點、論述方式等角度看，絕非跨文化語境的巧合，實屬直接借用的結果。

夏目漱石構建了自己獨特的文學理論體系，用公式表示就是（F＋f），《文學論》就是對這一公式的闡釋、解說。第一編第一章開門見山地提出了這一公式：「大凡文學內容之形式，須要〔F＋f〕。F 代表焦點的印象或觀念，f 代表附隨那印象或觀念的情緒。然則上舉公式，可以說是表示印象和觀念的兩方面即認識的要素『F』，和情緒的要素『f』之結合的了。」〔註4〕接下來，他將「我們平常所經驗的印象和觀念」分為三種：一是有 F 而無 f 的，即有智的要素而缺乏情的要素的，如我們所有的三角形之觀念，並沒有附帶什麼情緒；二是隨著 F 發生 f 的時候，例如對於花、星等的觀念；三是僅有 f 而找不出與其相當的 F 的時候，如所謂的「fear of every thing and fear of nothing」，即沒有任何理由而感到的恐怖之類。而在這三種之中，可以成為文學內容的，在他看來，是第二種，即具有〔F＋f〕的一種。〔註5〕

這一理論，被成仿吾所借用，從《詩之防禦戰》〔註6〕中能得到證明。一，成仿吾使用了兩個與《文學論》相同的符號：F 和 f，「F 為一個對象所給我們的印象的焦點（focus）或外包（envelope），f 為這印象的焦點或外包所喚起的情緒」，它們的意思與上述夏目漱石《文學論》中的 F、f 的意思完全相同。二，成仿吾用 $\frac{df}{dF}$ 表示出了夏目漱石對 F 與 f 關係的理解，他說：「這對象的選擇，可以把 F 所喚起的 f 之大小來決定。用淺顯的算式來表出時，便是我們選擇材料時，要滿足一個條件。如果 $\frac{df}{dF}＞0$，這微分系數小於零時，那便是所謂蛇

---

〔註4〕〔日〕夏目漱石：《文學論》，張我軍譯，神州國光社 1931 年版，第 1 頁。
〔註5〕〔日〕夏目漱石：《文學論》，張我軍譯，神州國光社 1931 年版，第 1～2 頁。
〔註6〕成仿吾：《詩之防禦戰》，《創造周報》1923 年 5 月 13 日第 1 號。

足。這算式所表出的意思，如用淺近的語言說出，便是詩中如增加一句一字，必是這一句一字能增加全體的情緒多少。」這裡道出了兩種情況，即 $\frac{df}{dF} < 0$ 和 $\frac{df}{dF} > 0$，並暗示出了第三種情況 $\frac{df}{dF} = 0$，它們分別代表了上述夏目漱石所謂的「經驗的印象和觀念」的三種情形，即：$\frac{df}{dF} < 0$ 表示「有 F 而無 f 的時候」，$\frac{df}{dF} > 0$ 表示「隨著 F 發生 f 的時候」，$\frac{df}{dF} = 0$ 表示「僅有 f 而找不出與其相當的 F 的時候」，這說明成仿吾對夏目漱石將「經驗的印象和觀念」分爲三類的觀點是認同的，只是換了一種表達方式而已。而且，如果從數學上說，成仿吾的 $\frac{df}{dF} > 0$ 這一公式比夏目漱石的（F＋f）公式要準確簡練一些，$\frac{df}{dF} > 0$ 是一個科學的表示法，而（F＋f）在數學上是講不通的，它只是一種文學性的公式罷了。$\frac{df}{dF}$ 表示的是定量關係，而 F＋f 則意味著一種定性關係。三，在三種關係中，成仿吾看取的是 $\frac{df}{dF} > 0$，與夏目漱石認爲的可以成爲文學內容的是「隨著 F 發生 f 的時候」這一種，即具有（F＋f）的一種是一致的。四，關於微分系數，通常的表示法是 $\frac{dy}{dx}$ 或者 $\frac{df}{dx}$，而沒有 $\frac{df}{dF}$ 這一種，成仿吾使用 $\frac{df}{dF}$，用 dF 替代 dx，也就是用 F 代替 x，顯然是受了夏目漱石（F＋f）的啓發影響，希望以其表示出（F＋f）的含義。由此可見，成仿吾的《詩之防禦戰》與夏目漱石的《文學論》在文學觀上的一致性，絕非超文化語境的認識巧合，實屬直接借鑒的結果。

　　這一結論，我們還可以從成仿吾其它作品中的某些觀點與夏目漱石《文學論》觀點的相同，而得到進一步的佐證。如在《〈殘春〉的批評》〔註7〕中，他說：「一個文藝的作品，總離不了內容（即事件）與情緒」，這一觀點實際上是夏目漱石《文學論》中「（F＋f）」觀點的一種文字表述。在論及文藝情緒時，他以幾何圖形說明「情緒不可不與內容並長；因爲內容增加時，情緒若不僅不與他同進增加，反而減少，則此內容之增加，個當畫蛇添足」，這種情

―――――――――――――――――――
〔註 7〕成仿吾：《〈殘春〉的批評》，《創造季刊》1923 年 2 月第 1 卷第 4 期。

緒隨內容並長的觀點，顯然與《文學論》所主張的「f 與 F 的具體程度成正比例」〔註 8〕相同。又如在《寫實主義與庸俗主義》〔註 9〕中，他稱：「在文學上最有效力的是關於人事，其次是關於感覺世界的，最後乃是理智的與超自然的。浪漫的文學取的多是最後的理智與超自然的內容，寫實的文學才是赤裸裸的人事與感覺世界的表現。」這種將文學內容分為人事、感覺、理智與超自然四類的做法，同樣與《文學論》相同。夏目漱石把一切能夠構成文學內容的成分，分成四類：感覺 F、人事 F、超自然的 F 和知識 F。其中感覺以自然界為標本，人事以人的善惡美醜、喜怒哀樂為鏡子，超自然的標本則是宗教，而知識則是以有關人生問題為標本，這是他的獨見。而在這四類中，他以為感覺的要素最值得注意，它是文學中最必要的因素之一，因為它最能喚起人們的情緒。從重要程度而言，接下來的依次是人事 F、超自然 F 和知識 F。由此可見，成仿吾的四類，無論是能指還是所指與夏目漱石的四類完全相同，這顯然非巧合所能解釋得通的。不過區別也是明顯的，夏目漱石以為感覺 F 最重要，因為它是以自然界為標本的，而知識 F 位於最後，因為純粹的知識是不可能產生強大的情緒的。〔註 10〕而成仿吾則視「人事」為最有效力，「感覺」其次，超自然排在最後，因為它比「理智」更難引起情緒。這種差異與各自所歸宿的民族傳統文化與審美趣味相關，同時也說明成仿吾在接受他國文學資源時，能依據民族文化立場〔註 11〕與文學現實發展需要，對他者經驗作出相應的調整，使之更有效地作用於中國文學的發展。

對於成仿吾來說，借用《文學論》的觀點，並非為了建構某種純理論體

---

〔註 8〕 〔日〕夏目漱石：《文學論》，轉引自何少賢的《日本現代文學巨匠夏目漱石》，中國文學出版社 1998 年版，第 52 頁。

〔註 9〕 成仿吾：《寫實主義與庸俗主義》，《創作周報》1923 年 6 月第 5 號。

〔註 10〕 參見何少賢：《日本現代文學巨匠夏目漱石》，中國文學出版社 1998 年版，第 59 頁。

〔註 11〕 成仿吾那時以激進的反傳統著稱，然而由他對人事、感覺、知識與超自然關係的理解、排序，不難發現儒家思想在他那裡的確是根深蒂固的，所以我才稱他「依據民族文化立場」對他者經驗作出相應的調整。不過，對於他來說，「依據民族文化立場」主要還是一種不自覺的文化行為。自覺反傳統與不自覺地親和、表現傳統是五四那一代知識者共同的特點，誰也無法逃避這種文化宿命。他們在反傳統時聲嘶力竭，可傳統卻在跟他們開玩笑，讓他們常常以傳統的方式、話語去反傳統，這樣他們反傳統的行為往往在本質上又是表現與維護傳統，他們常常被置於這樣一種自己沒有意識到的矛盾、尷尬的境地。

系，著力點亦不在理論探索，因爲他當時還沒有這種餘裕，沒有純理論研究興致。他是以《文學論》作爲一種新的文學批評武器，來論析中國文學發展中亟待解決的問題，並試圖依據《文學論》的基本觀點，探尋出解決問題以走出困境的方案。

（三）

借用《文學論》關於情緒、情感爲文學中心的觀點，否定五四初期的小詩熱。

《文學論》認爲「文學內容以情緒爲主，文學靠情緒才能成立」、「情緒是文學的骨子。」〔註 12〕情緒是夏目漱石估價文學內容價值的主要標準。這裡的情緒，就是 feelings，〔註 13〕亦可譯成情感。成仿吾接受了這種以情緒爲文學骨子的觀點，並以之爲救治當時中國文學的一種主張。在《詩之防禦戰》中，他說：「文學是直訴於我們的感情」，「文學始終以情感爲生命的，情感便是他終始」，落實在詩上，則「不僅詩的全體要以他所傳達的情緒之深淺決定他的優劣，而且一字一句亦必以情感的貧富爲選擇的標準。」這種情感中心說的立場，使他稱當時的詩壇爲「一座腐敗了的王宮」，一座遍地野草叢生的可悲、可痛的王宮，由是對胡適的《嘗試集》起始的早期白話詩，包括康白情的《草兒》、俞平伯的《冬夜》、周作人的《所見》、徐玉諾的《將來之花園》等，作了不留情面的批評、否定〔註 14〕，因爲這些詩，在他看來，未能寫出眞情，難以激起讀者的感興、情緒。

接下來，他將論說的中心移向「所謂的小詩或短詩」。小詩既指周作人介紹、倡導的日本小詩，又包括受這種日本小詩影響而成爲中國詩壇時尚的五四小詩。成仿吾說過：「最初我聽了這個名字時，很有點不明白周君所指的是什麼；後來才知道就是日本的和歌與俳句」。由於五四小詩主要由日本和歌、俳句引起，所以成仿吾將注意力投向了日本和歌、俳句，而情緒乃文學生命的觀點，則決定了他對這種日本小詩的不滿與否定，因爲它們「可稱爲抒情詩的究是極小數，——至少俳句是這般」。何以如此？理由是「日本語是多音

---

〔註 12〕 夏目漱石：《文學論》，轉引自何少賢的《日本現代文學巨匠夏目漱石》，中國文學出版社 1998 年版，第 66 頁。

〔註 13〕 參見何少賢：《日本現代文學巨匠夏目漱石》，中國文學出版社 1998 年版，第 42 頁。

〔註 14〕 成仿吾：《詩之防禦戰》，《創造周報》1923 年 5 月 13 日第 1 號。

節的，往往一個名字占四五個音，如杜鵑一個名字，在日語占五個音，鶯一個名字，占四個音之類，和歌一首為五七五七七的三十一音，俳句更只五七五的十七音。以這樣少數的語音，要寫出抒情的詩句，在和歌或猶易為，在俳句卻實很困難的。」這實際上是一個關涉到 F 與 f 關係的問題，也就是「一個對象所給我們的印象的焦點」與「這印象的焦點或外包所喚起的情緒」間的關係問題。成仿吾在論證俳句難以成為抒情詩時，就是從這種關係角度立論的：「1、音數既經限定，字數自然甚少，結果難免不陷於極端的點畫派（Punktierkunst）。2、同時又難免不陷於極端的剎那主義（Momentalismus）。3、容積既小，往往情緒的負載過重。4、剎那主義與點畫的結果，最易陷於輕浮。」這四層的共同之處由第三層道出，即容積小難以負載過重的情緒，也就是情緒沒有相應的支撐物，它接近於夏目漱石《文學論》中所謂的僅有 f 而找不出與其相當的 F 的情形，這樣所抒發的情感大都陷於輕浮，其詼諧也多是淺薄的。這一結論，使得成仿吾不解周作人何以要介紹、倡導日本小詩，何以要讓小詩來「蹂躪」中國詩壇。

在論述小詩不適合中國文學時，成仿吾還談到小詩不易譯為漢語，並舉出周作人所譯芭蕉的名句：「古池——青蛙跳入水裏的聲音」，認為周作人簡直將詩的生命也譯掉了：「青蛙的『青』字是周君添的蛇足。俳句以粗略（Simple or rough）見長，添上一個青字，亦不能於全體的情緒有所增加，倒把粗略的好處都埋沒了。水裏的聲音的『裏』字，也是周君添的跎足，把原文的暗昧的美點也全失了。」成仿吾這裡的「蛇足」之論，其依據是文章前面所主張的「詩中如增加一句一字，必是這一句一字能增加全體的情緒多少」，否則便是蛇足，也就是夏目漱石《文學論》中所謂的有 F 而無 f。成仿吾批評的主要是俳諧，但如他自己所言，「關於俳諧所說的話，大抵都可以應用於和歌」。

對日本小詩的批評否定，實際上就是對五四初期譯介日本小詩、創作上模仿日本小詩的「小詩熱」的否定，這一點成仿吾說得很清楚：「現在流行的小詩，不必盡是受了周作人的影響，然而我關於俳句所說的話，是可以應用於別的短詩的。」〔註15〕

這裡存在一個有趣的現象：坪內逍遙在《小說神髓》中認為，小詩是未開化社會的詩歌，只用三十一個音節是無法表現出近代人複雜的情感，「所以

〔註15〕以上未注明出處的引文均出自《詩之防禦戰》，《創造周報》1923 年 5 月 13 日第 1 號。

還不能成爲完全的詩」。〔註16〕而深受《小說神髓》影響的周作人卻極力倡導小詩，認爲「這多含蓄的一兩行的詩形也足備新詩之一體，去裝某種輕妙的詩思，未始無用。」〔註17〕夏目漱石《文學論》肯定俳句、和歌的單純、精鍊，而成仿吾卻運用《文學論》中情緒爲文學骨子的觀點，對和歌、俳句作了完全的否定。這一現象也許可以歸結爲文學跨文化接受影響中個人因素的作用。而正是這一作用使得不同時期乃至同一時期對異域某一文學的接受呈現出多元複雜的態勢，並一定程度地促使本國文學的發展呈現出多元趨向。

## （四）

借用《文學論》關於智的要素難以引起人之情緒的觀點，否定五四初期文學包括白話新詩置重思想的哲學化傾向。

夏目漱石在《文學論》中認爲，人們平常所經驗的印象和觀念，可分三種，而第一種是「有 F 而無 f 的時候，即有智的要素而缺情的要素的；例如我們所有的三角形之觀念，並沒有附帶什麼情緒」，這種智的要素「僅作用於我們的智力，絲毫不叫起我們的情緒」，而文學是以喚起讀者情緒爲主要目的，所以它「不能視爲文學的內容」。〔註18〕成仿吾在《詩之防禦戰》開篇表述了類似觀點：「文學是直訴於我們的感情，而不是刺激我們的理智的創造；文學的玩賞是感情與感情的融洽，而不是理智與理智的折衝」，「不是關於他的理智的報告」，理智與情感在文學那裡是一種矛盾關係，理智不僅難以引起人的情緒反應，而且還會破壞情緒的抒寫。詩歌尤其如此，理智是詩「不忠的奴僕」，「是不可過於信任的」。詩「只在運用我們的想像，表現我們的情感。一切因果的理論與分析的說明是打壞詩之效果的」，「凡智的歡喜只是一時的，變遷的，只有眞情的愉悅是永遠的，不變的」，「中了理智的毒，詩歌便也要墮落了。」所以「我們要發揮感情的效果，要嚴防理智的叛逆！」這種關於理智與情感、與文學關係的「淺近的原理」，顯然主要來自夏目漱石的《文學論》。

---

〔註16〕〔日〕坪内逍遙：《小說神髓》，劉振瀛譯，人民文學出版社 1991 年版，第 25 頁。
〔註17〕周作人：《日本的小詩》，收入《藝術與生活》，上海文藝出版社 1999 年版，第 133 頁。
〔註18〕〔日〕夏目漱石：《文學論》，張我軍譯，神州國光社 1931 年版，第 1～3 頁。

接下來，他依據這些原理對五四時期宗白華、冰心爲代表的哲理詩作了嚴屬的批評：五四哲理詩人「把哲理夾入詩中，已經是不對的；而以哲理詩爲目的去做，便更是不對了」，「理論的或概念的，與過於抽象的文字，縱列爲詩形，而終不能說是詩。」因爲它們「使我們看了，如像在讀格言，如像看了一些與我們不常會面的科學書籍，引不起興致來，」也就是無法激起我們之情感。而宗白華、冰心的哲理詩最具代表性，「我只覺得宗君不過把概念與概念聯絡起來，而冰心亦不過善於把一些高尚的抽象的文字集攏來罷了。」〔註19〕它們只具有智的要素而不具備情的內質。這段評說頗似夏目漱石《文學論》中探求華茲華斯《義務頌》第一節失敗原因的一段文字，即「遠離了詩的本質，只不過是搜羅高尚的文字而已」，「具體的成分減少到極端就像是康德的論文、黑格爾的哲學講義，或像歐幾里德的幾何學，不能使我們產生絲毫的興趣。」〔註20〕對這種哲理詩傾向，成仿吾深表不安，在借《文學論》觀點批評了這種傾向之後，他說：「多少朋友們的活力已經消耗在這兩種傾向之下了！我們如不急起而從事防禦，我們的新文學運動，怕不要在這兩種傾向之間沉滯起來了？」〔註21〕

成仿吾本是擁護新詩革命的，但他站在自己的詩學立場上，對當時新詩實驗之作不以爲然，對它們進行猛烈的抨擊。他的理論相當程度上來自日本，當然中國傳統詩學觀，如緣情說等對他也有很大影響。他的詩歌觀念，有一種純詩的傾向，認爲詩歌就是詩歌，應遵循詩歌規范進行探索。在思考小詩時，他能從語言特點出發，進行分析，是有眼光的。他對哲理詩的看法，也有可取之處。這種自覺的詩歌防禦戰，對於新詩建設具有積極意義，如果說聞一多的詩歌格律探索更富有建設性，那麼成仿吾的防禦戰則可促使詩人們審愼而爲，認眞思考、探索詩之爲詩的問題。

〔註19〕均出自《詩的防禦戰》，《創造周報》1923年5月13日第1號。
〔註20〕〔日〕夏目漱石：《文學論》，轉引自何少賢的《日本現代文學巨匠夏目漱石》，中國文學出版社1998年版，第52頁。
〔註21〕成仿吾：《詩之防禦戰》，《創造周報》1923年5月13日第1號。

第四編　傳播解讀與經典形成

# 一、新詩經典化引論

（一）

　　新詩經典化，就是將一些新詩化為經典，是一個主謂結構的動詞，表一種行為，但這種行為不是主語「新詩」發出的，新詩自身沒有主動行為的能力，所以這個不及物的主謂結構相當特別。在這個主謂結構之外，還有一個「第三者」，是「他」心甘情願地實施、完成了「經典化」行為，那這個「第三者」又是誰呢？

　　所謂的「第三者」就是「讀者」。從接受美學的角度看，沒有讀者的閱讀參與，詩人所創作的詩歌文本僅是靜止的文本而已，一種沒有生成意義的存在，或者說是沒有被激活的文字組合。讀者閱讀、批評就像火柴一樣點燃了文本，使文本進入社會關係網絡，成為一種有生命的作品，成為真正的詩歌。所以，一定意義上講，一個文本是不是詩，主要不是作者說了算，而是讀者。讀者擁有裁決權，可以否定詩人所滿意的「詩作」，認為它毫無詩意；也可以將通常以為毫無詩性的文字，諸如商業廣告、標語等，指認為詩意的存在。所以，一段文字，一個文本，是不是詩歌，相當程度上取決於讀者的閱讀接受與再創造。

　　中國新詩誕生於 19 世紀末 20 世紀初，已有一個世紀的歷史。在這一個世紀裏，它是中國社會語境中所發生的最大的文學、文化現象，因為它所置換的是被古老民族普遍認可的登大雅之堂的舊詩，簡言之，即置換了文言格律詩。無論從哪個角度看，這種置換都是一種深刻的顛覆，一種由外到內的文化革命行為，相當程度上改變了中國人的生活樣態與深層傳統。古代讀書

人幾乎無人不讀詩、吟詩，無人不作詩，詩是一種基本的文化生活方式，一種自我陶醉和愉悅他人的方式，一種身份標誌；不僅如此，詩還是實現理想的重要途徑，是自我存在價值的顯現，是人格教育的依據，而他們心中的詩是舊詩，主要是文言格律詩，所以新詩置換舊詩使傳統詩教失去了課本，使讀書人無法繼續舊的生存方式，他們的內心不免陣陣疼痛。這種疼有時是自覺的，有時則是一種本能，或者說是民族文化集體無意識反應，讓人莫名地煩惱。正因如此，一個世紀以來，對於新詩的閱讀言說，雖然正面之聲很響亮，氣勢很足，但牴觸抗拒情緒也是常有的事情，一些人甚至以不屑一顧的心理漠視新詩的存在，蔑視新詩的成就，批判乃至聲討不絕於耳。即便是今天，仍有不少人在質疑新詩。這種質疑一方面與新詩相較於舊詩總體成就不高直接有關，不少劣質作品為讀者的指責提供了理由，它們各由自取；但另一方面，也與中國詩歌新舊改道對那些守成意識強烈的讀者之深層文化心理的刺激、傷害相關。某種程度上講，新詩是在質疑中誕生、發展的，它已經習慣於質疑，質疑是一種校正、鞭策與動力，其實新詩經典化過程是由質疑之聲參與完成的，或者說沒有反向的質疑之語就沒有新詩經典化，這是新詩經典化的重要特徵。

如前所言，「經典化」是一個動詞，意指新詩誕生至今延續不斷的閱讀新詩、批評質疑新詩、肯定新詩的活動，一種既已發生的傳播接受現象。儘管我個人認為 20 世紀有一些非常優秀的稱得上經典的詩作，但是，我還是要指出討論經典化不是討論新詩經典，更不是確認經典，而是考察一種既已發生的閱讀批評行為，所以我所謂的「新詩經典」一般是打引號的，就是說經典化過程所遴選出的那些經典，其實不一定是經典，這是我們言說的認識前提。

經典化是廣大「讀者」實施完成的，即一種閱讀傳播與接受的行為過程。新詩從倡導、實驗至今已有百年，新詩經典化相應地有一個世紀的歷史，於是新詩的「讀者」指的就是一個世紀的新詩閱讀批評者，「他」是流動變化的，不是單數，而是指不同時期、不同階層的閱讀者、批評者，是一個集合性概念；且包括一般的新詩愛好者、大眾讀者和受專業訓練的新詩批評者、研究者，有些讀者甚至兼有詩人的身份。不同時期的讀者所處的閱讀語境不同，所受到政治、文化思潮影響有別，自身的知識結構、審美意識、文化價值立場不同，閱讀批評的出發點、目的也不一樣。特別是大眾讀者與專業讀者之間，存在著很大的差異。所以，閱讀哪些詩人的詩作，不閱讀哪些詩人詩作，

他們的「選擇」很不一樣，閱讀出的內容、言說的語態自然也千差萬別，即是說 20 世紀新詩經典化歷程內在形態、結構相當複雜，這種複雜性超出了我們的想像。考察研究固然是爲了揭示現象內在的複雜性，但我們的研究其實很難眞正啟開或還原問題的複雜性，因此必須時時警惕自己不要簡單化地言說現象，不要粗枝大葉地處理問題。

語境，是新詩經典化展開的言說處境，由中國近百年的時空歷史構成，雖然作爲個體的讀者有自己的立場與趣味，但由政治、經濟、文化思潮等所構成的語境，相對於個體人而言太強大了，是個體生命難以抗拒、逃避的存在環境；況且中國人在文化性格上容易爲潮流所動，被潮流所裹夾，換言之，即習慣於順從語境潮流。其結果是，同一時代的讀者其閱讀批評雖千差萬別，但總體傾向又趨向一致，這是中國文學閱讀史包括新詩批評接受過程的一個突出特點。不僅如此，中國最近 100 年又是一個語境力量特別強勢的世紀：從近代維新變法到「五四」現代思想啓蒙；從 30 年代無產階級與資產階級之爭到 30、40 年代的民族救亡圖存，再到國共內戰；從 50 年代的社會主義改造與建設到文化大革命；從撥亂反正到改革開放；政治、文化運動和社會思潮一浪緊接一浪，而每一浪潮都有自己的主題，有自己的思想文化訴求，而這些主題、訴求又往往是在鮮明的非此即彼的二元對立中凸顯出來的，就是說具有明確的二選一的特徵。在這樣一個「二選一」性的世紀裏，文學閱讀、批評勢必深受語境潮流制約，審美意識語境化，著上語境色彩，文學之外的因素時常參與對新詩的遴選與批評。雖然那些優秀的詩作，還是被絕大多數時期的讀者所欣賞與遴選出來，沉積爲經典，但也有一些藝術成就不很高的作品被語境浪潮所裹夾、托起，反覆顯現，令人們耳熟能詳；在這一過程中，還有一個特別的現象，就是一些所謂的專業人士，他們在編選新詩選本和編撰文學史時，或者因爲審美能力不足，或者因爲懶惰，或者其他因素，而照搬他人的選本或評說文字，缺失自己的判斷與辨識，沒有作個性化的增刪，致使一些因特殊社會思潮需要而受讚譽實則藝術水準不高的作品不斷出現在文學選本或新詩史上，而一些優秀作品長期被淹沒，如此情形不斷重複，以致某些一般水準的作品被讀者慣性地視爲重要作品，甚至尊爲「經典」。

就是說，20 世紀新詩經典化過程，因外在語境影響致使一些非文學因素的參與而變得不可靠，所遴選出的有些「新詩經典」，實則稱不上經典。這一情形決定了清理、研究新詩「經典化」現象的重要性。通過大量的史料梳理、

分析，可以弄清楚哪些重要作品的遴選主要是文學因素決定的，哪些則是非文學原因將其推爲經典的，進而拔開歷史的迷霧，掃除沉積在文本上的塵埃，還原其真相，爲作品重新定位尋找出可靠的依據，爲文學史重寫奠定基礎。

## （二）

新詩經典化是在傳播中完成的，傳播的主要途徑包括報刊發表、結集出版、大中小學校講壇、教材、廣播、電視朗誦、報刊新詩評論、學術著作等等，是這些傳媒因素、途徑的合力決定了新詩經典化，其結果主要表現在兩個大的方面，一是將一些詩人遴選出來，刪除枝蔓，突出、放大其主要特徵，使其成爲重要詩人，甚至成爲「經典詩人」；二是遴選出新詩作品，不斷闡釋以敞開其重要性，使它們爲讀者認可，被詩壇認可，被後來者反覆研究甚或模仿，逐漸沉澱爲「新詩經典」。

詩人和詩作之所以被遴選出來，固然與其風格、詩性貢獻分不開，但更與傳播語境有著密切的關係，只有那些與語境特徵相契合的詩人、詩作才能被遴選出來，被解讀放大。近百年歷史是分段的，每一階段有每一階段的時代主題、語境特徵，只有那些與近百年不同歷史階段不同語境反覆契合的作品，才可能被塑造定型成爲「經典」。事實即是如此，郭沫若、聞一多、徐志摩、戴望舒、卞之琳、艾青等，及其作品《鳳凰涅槃》《死水》《再別康橋》《雨巷》《斷章》等就是因爲與多個歷史階段的語境相契合，與不同語境下讀者的閱讀期待相契合，才被遴選出來，被反覆言說，塑造成爲經典的。

中國現代詩人、詩作被經典化的過程，是一個意義生產的過程，一個建構的過程，建構了什麼呢？大而言之，表現在兩個層面，一是闡釋、整合詩人及其詩作內在的情感、思想質素與文化價值等，將其凝煉成爲中華民族現代意識、現代精神；二是將詩人特別是其詩作中的形式藝術、詩美個性等揭示出來，闡釋、凝煉成爲一種中華民族現代審美形式、審美意識。

中國現代新詩發生於民族歷史轉型時期，從一開始就與反傳統和學習西方聯繫在一起。新詩的倡導者、實踐者，特別是一些後來被公認的重要詩人，諸如胡適、郭沫若、徐志摩、聞一多、劉半農、李金髮、戴望舒、穆旦等等，無不與西方現代文化有著密切的聯繫，現代思想文化價值是他們創作的立足點與主要資源所在，這決定了他們的詩作具有一種深層的現代性。不僅如此，這些詩人無不是有良知的中國知識分子，他們憂國憂民，立志拯救中國，復

興文化、弘揚藝術是他們的理想，詩歌與個性解放、民族振興深刻地聯繫在一起。他們的詩歌往往包含著一種深層的民族情感，他們的人生追求歷程就是典型的現代性個案。即是說，中國新詩人及其新詩作品是現代的，具有新世紀文化品格，對他們的閱讀、傳播就是整合、凝煉某種現代精神，或者說是更新中國文化意識的文學實踐。

　　胡適在美國留學時期民族自尊心受到刺激，立志進行文學革命，倡導新詩，並身體力行地寫作新詩，最終結集出版了《嘗試集》。實事求是地講，胡適的詩歌天賦不足，其新詩少有詩意甚至可謂乏味，然而近百年裏人們不斷地言說胡適的詩歌活動，反覆出版《嘗試集》，解讀集中作品，新詩選本多選其詩，文學史、新詩史必談《嘗試集》。其實，讀者認同的不是其詩本身，而是胡適那敢為人先的意識，是其嘗試性探索理念。一代又一代地言說《嘗試集》，其實是在塑造中華民族嘗試者形象，凝煉一種現代「嘗試精神」。郭沫若的《女神》誕生於「五四」時期，表現了大膽地破壞、創造的思想，體現的是自我的更新、民族的新生。對《女神》的閱讀傳播，將《女神》經典化的行為，表現了古老的中華民族對於自由創造的渴望與認同，閱讀傳播《女神》使其生成為經典的文學行為，可謂是培育民族現代自由創造意識的實踐活動。徐志摩不幸離世後，胡適將其詩歌與人生概括為「愛」、「美」、「自由」所構成的「單純信仰」，後來的讀者一般認可胡適的觀點，當然也有例外如茅盾。但總體上看，對徐志摩《再別康橋》、《雪花的快樂》等的解讀活動，將徐志摩經典化為傑出詩人，是實實在在地整合、凝煉一種現代「單純信仰」，是在重塑中國人新的文化性格。在 20 世紀，聞一多的人生與詩歌被定格為愛國主義，聞一多及其《死水》被經典化可謂是規整現代知識分子批判意識、民族憂患意識、身體力行觀念、愛國主義精神的過程。戴望舒是新詩讀者幾乎公認的優秀詩人，《雨巷》稱得上真正的詩歌經典。戴望舒的詩歌既是個體的，又是民族的，是以個我書寫民族情懷的大作；詩人以啟蒙的心境與姿態，將自己與民族救亡聯繫在一起；《雨巷》哀而不怨，怨而不怒，象徵了一種愛的執著、人生的執著、理想的執著，對戴望舒和《雨巷》的經典化凝煉出一種不屈不饒的追求意識和現代執著精神。馮至是一位世紀性的詩人，上世紀 20 年代被魯迅贊為最傑出的抒情詩人，但後來不斷變化，在否定中新生。大多數讀者欣賞的還是《十四行集》，它普通而又奇特，把捉住了一些難以把捉的東西，讀者朗誦詩歌，品味著那些直指生命存在的詩意。總體看來，半個

多世紀以來，《十四行集》闡釋接受史完成了對於生命「擔當」精神的確認與定型。艾青是現代中國典型的知識分子，追求真理與背離舊家庭聯繫在一起。《大堰河——我的保姆》是現代知識分子的「母親頌」，是讀書人新型價值觀的體現。半個多世紀以來對於艾青詩歌的閱讀，對於艾青詩人形象的塑造，將艾青及其詩歌經典化，相當程度上是在發掘一種大地情懷，闡釋、生產新的人文意義，凝煉一種以大地、太陽、人民為訴求的文化認同，培育了中國現代知識分子的人文價值觀及愛國情懷。穆旦的詩歌誕生於血與火的年代，與民族苦難緊密地聯繫在一起，關注現實但又不為現實所羈絆，表現了生命內在的苦痛，形式別樣，很早就被認為代表了新詩現代化的方向，但後來卻在詩壇、讀者眼前消失了，幾十年後才被重新發現，被重新闡釋，甚至被認為是 20 世紀中國最偉大的詩人。穆旦由不在場到被經典化，是一個重要的文化事件、詩歌事件。穆旦接受史、經典化過程是中國對於現代性由誤讀到重新辨識、認定的艱難蛻變史，是一種文化整合與現代意義生產。《黃河大合唱》是富有時間性又超越時間限制的民族精神敘事作品，是民族體力和心力的大爆發，是中國的大合唱，也是世界人民大合唱的主旋律；它的傳播經典化過程，塑造、凝煉了民族不屈不撓、傲然獨立的精神。

　　新詩閱讀傳播，是個體行為，又是集體活動，是特定語境中的文化實踐。不同時期遴選的作品不同，發掘出的思想文化價值也不一樣。但不同語境中的讀者所發掘出的價值與意義，最終被放大、整合，沉積、凝煉為具有普遍意義的中華民族現代精神，這就是意義生產。

（三）

　　中國古代審美意識、藝術精神，主要是由傳統經典塑造、建構起來的，對應的是傳統農耕社會的生活形態與生存方式，與傳統文化價值觀念相契合，規約著傳統社會讀者審美閱讀取向，維護著傳統社會意識形態秩序；進入現代社會後，僅有舊的審美意識顯然是不夠的，這也是那些缺少現代美學意識的讀者面對現代藝術時迷茫、暈眩、不知所措的原因。民族審美意識的更新、升級途徑很多，諸如傳播現代哲學理念、譯介西方現代文論、翻譯現代主義小說等等，其中中國新詩傳播、閱讀闡釋這一經典化過程所起的作用很大，或者說新詩是培育、建構民族現代審美精神最重要的平臺與力量。

　　當代讀者，熱愛古典精品者固然不少，但絕大多數還是習慣於現代藝術，

當他們遭遇挫折、內心矛盾苦悶時，往往是憑藉現代藝術釋放情緒，在大多數情況下，一般現代人難以靜心地欣賞、陶醉於慢節奏的古典藝術。就是說，他們的審美趣味、藝術意識相比於古代讀者發生了根本性改變，他們所有的是現代審美趣味與精神。那麼，在現代人審美意識生成過程中，新詩提供了哪些資源了，發揮了怎樣的作用呢？

郭沫若的新詩在形式上絕端自由，沒有任何外在格律的束縛，想像超凡，不拘一格，天馬行空，令「五四」時期的讀者耳目一新；《女神》在 20 世紀絕大多數時期受讀者歡迎，它的傳播、接受經典化過程，是民族現代審美意識建構的重要環節，張揚了現代浪漫主義美學，培養了浪漫主義審美趣味，爲「五四」以降的讀者提供了新的審美眼光，凝煉出一種全新的現代浪漫主義藝術精神。胡適的《嘗試集》稱不上藝術經典，這是不容爭辯的事實，但在 20 世紀它卻被反覆言說，起到了話語平臺的作用。經由這個平臺，讀者討論著何謂新詩、何謂非新詩的問題，討論著白話詩歌創作的標準問題，也許至今這些問題還沒有令人信服的答案，但這個存在了近一個世紀的無形平臺，卻讓讀者在聽與說中形成了屬於自己的新詩審美標準，或者說建構起了一種完全不同於古典詩歌審美取向的現代審美原則。聞一多詩歌接受史，從藝術上看，是探索傳統形式與現代精神融通的過程，宣講了由音樂美、繪畫美、建築美相融合以生成詩意的詩學，在均齊中實現藝術的自由，最終培植了讀者跨越藝術門類以創作新詩的意識。徐志摩在想像中飛翔，在浪漫中體味苦痛，在追求理想中發抒不滿，他的詩是現代藝術精靈。徐志摩形象塑造史、作品被經典化的過程，張揚了藝術獨立、自由的現代觀念，定型了一種空靈、飛揚的審美神韻。李金髮是另一種離經叛道，受西方象徵主義詩歌影響，將傳統詩歌美學拒之門外難登大雅之堂的內容作爲書寫對象，熱衷運用暗示、象徵、通感等修辭，賦予意象非常規涵義，遠取譬。他的《棄婦》眞好，可謂是中國詩歌自古至今書寫棄婦不幸人生最深刻的作品，它將棄婦放在反思、批判中國男權文化的框架裏進行表現，可謂是新詩的一大絕唱；晦澀使李金髮獲得了「詩怪」稱謂，在近百年的閱讀接受過程中，「詩怪」涵義在不斷變化，對李金髮的闡釋接受某種意義上講，就是在辨識傳統詩歌的「比」、「興」與來自西方的「象徵」之差異，就是在探索現代審美形式之秘密，培育了一批新型讀者，使他們獲得了一種現代主義審美意識與欣賞眼光。戴望舒的《雨巷》既有古詩的幽婉、靜美，又有現代的執著，接通古今，是

一種新型詩歌美學的體現。近百年對戴望舒的閱讀，對《雨巷》的賞析，將其經典化，體現了一種「美的執著」，傳播了一種現代「雨巷」情懷，塑造出蘊含現代性內涵的「雨巷」意象，培養了中國現代讀者幽婉、淒美的審美心理。卞之琳是 30 年代的新智慧詩人，《斷章》、《距離的組織》、《魚化石》、《道旁》等在新詩壇別開生面。詩句簡單口語化，但合爲詩體後，其境與意、詩與情則頗難理解，詩人自解《魚化石》達千多字，最後也難說清楚，只得作罷；《斷章》四行，看似簡簡單單，實則豐富深邃，展示了新詩相比於古詩的魅力，呈現的風景讓讀者流連往返，它是一首富有經典內質而被經典化的詩歌。卞之琳的一些作品儘管不太好懂，但讀者不捨，叨叨嘮嘮，評頭品足，硬是打造出了一個現代主義詩人形象，參與放大了新詩壇那片新異的「斷章」風景，凝煉出讀者嚮往、心會而又似乎難以盡言的現代審美「斷章」，或者說培育了一種近似維納斯風格的「斷章美」。馮至是一位世紀性詩人，一位不斷探索、更新詩歌風格的詩人，他有浪漫主義絕唱，更有現代主義傑作，不同時期的讀者都能從他那裡找到適合自己口味的作品。《十四行集》是其代表作，它在傳播中擴大了自己的名聲，被尊爲現代詩歌上品。對《十四行集》的解讀、經典化讓讀者接受了存在主義美學意識，接受了詩歌乃一面「風旗」——一面把捉住了某些把捉不住的東西的「風旗」。這是典型的現代審美觀念。穆旦的詩歌想像豐富、特別又不直抒胸臆，關注現實又直指生命存在，理性思辨又充滿詩意，他被指認是現代主義詩人，但又與李金髮、戴望舒、卞之琳、馮至等不同，其詩歌將現實、象徵、玄學融爲一體。對穆旦的言說、傳播，將穆旦經典化，是肯定、張揚、培育一種現代詩學理性，凝集著一種理性主義詩歌意識。

　　既已發生的新詩經典化過程由眾多不同個性的讀者在近一個世紀的特定語境中完成，它遴選出了一批詩人與作品，整合、凝煉進而生產出不同層面的現代審美意識。但我們應清醒地意識都經典化只是將與時代語境和讀者期待視野相契合的詩人、詩作變爲經典，還有大量的詩人、詩作被無情地淘汰了，其藝術水準究竟怎樣？一定比那些所謂的經典差嗎？這些提示我們應該拂去沉積在詩人及其作品上的灰塵，重新閱讀、鑒賞並評介近百年的詩人及其詩作，千萬不能讓那些新詩上品永遠埋沒在歷史的泥淖裏，也不能讓個別平庸之作混跡在藝術經典的行列。

　　新詩經典化所「化」出、凝煉的那些現代精神、審美意識，固然屬於中

國現代文化、文學精神大廈的重要部分，但從今天的角度看，又總顯得內容不夠豐富，氣勢不十分足，似乎差那麼一點。這是因爲經典化過程本身的問題所導致的呢？還是新詩內在資源不足所致呢？不管答案是什麼，均是嚴峻的問題，是新世紀中國詩人和讀者必須嚴肅面對、認眞思考並實實在在地去解決的問題。

# 二、傳播與新詩現代性的發生

　　晚清以降的詩歌，總體而言，具有強烈的外在社會訴求，這種訴求在文本上表現為創作主體對社會歷史進程的關注、想像與自覺的詩性表達，表現為外在思潮對傳統詩歌文本空間的滲透、影響，而這種文本訴求相當程度上又是借助於傳播完成的，所以傳播作為一個重要維度參與了晚清以降的新詩建構，新詩現代性的發生與之有著密切的關係。

　　這裡所謂的傳播存在於晚清以後特別是「五四」特定的歷史語境中，它不同於傳統文學傳播的單一性、私人性，而是一個由多重力量相互作用、組構而成的復合空間。具體言之，這個空間包括有形的外在傳媒和無形的意義場域。有形的外在傳媒包括現代報刊雜誌、出版、教材、講壇、文學集會、詩歌朗誦會等，它們是詩歌走向讀者的社會性通道；無形的意義場域是一個由社會思潮、詩人主觀訴求和讀者閱讀期待所決定的思想空間，它雖無形，卻對詩歌傳播走向產生巨大的制約力。這二重空間實際上融為一體，構成一個獨特的力量場域，相當程度上左右著詩人的創作選擇、構思、主題想像與言說方式，它是新詩逐漸獲得有別於傳統詩歌的現代品格的重要力量；或者說，這一傳播空間參與了現代詩歌生產，影響了新詩現代性的發生。

　　那麼，這種傳播空間究竟是如何作用於詩歌創作呢？在這一空間中新詩現代性是如何發生、生成的呢？要回答這一問題，我們必須回到創作主體——詩人那裡，因為詩人是第一生產者，傳播空間因他們而獲得存在價值與意義。傳播對於詩歌生產的影響，其實首先是對詩人的影響。新的傳播空間使詩人的創作心理、詩性體認與表達發生變化，詩歌的內外特徵隨之亦發生變化，它意味著詩歌現代性的發生。這樣，我們就可以通過考察現代傳播空間

中詩人的獨特存在而對上述問題作出回答。具體言之，就是追問詩人創作旨在傳播什麼和如何傳播這兩個相互關聯的問題，以探索傳播對於新詩現代性發生所起的作用。

其實，傳播什麼和如何傳播本身就是典型的現代性問題，是現代社會詩歌寫作所特有的現象，它表明現代詩人身份相對於傳統詩人而言，發生了根本性變化。詩人不再完全是自足世界中個體經驗感受者、體驗者，不再以詩創作本身為陶醉方式，遊戲、玩味開始退場；他們不再以「天人合一」的寧靜、圓融為追求境界，而是自覺地將社會、世界主客體化，將自我世界與他者世界分開，詩人有自己的話語系統，他者世界亦有自己的規定性，詩人創作既是自我表達，更是向他者言說，詩人成為公共文化社區的言說者，而不是詩之玩味者，寫作相當意義上是詩人向他者——擬想讀者的言說，也就是傳播某種東西。

傳播什麼主要取決於詩人對外在社會的感受、理解，對歷史發展和擬想讀者的想像，而這些在根本上又是由詩人的自我身份認同所決定的。在中國近現代社會轉型期，詩人大都是民族國家事業的思考者，民族國家命運在他們攝取、想像世界的過程中佔據著極為重要的位置，開發民智、為民族國家覺醒而吶喊，成為多數詩人內在的使命。他們無疑扮演著啟蒙者角色，是啟蒙思潮的弄潮兒，他們的詩歌寫作在業已存在的啟蒙主義氛圍影響下，言說的主要是啟蒙話語，言說方式遵循的是啟蒙話語方式。

所謂啟蒙話語，就是一種理性話語，基本來自西方，是西方典型的現代性話語。梁啟超、黃遵憲、胡適、周作人、魯迅、劉半農、康白情、汪靜之、郭沫若等詩人那一時期的詩歌，在骨子裏無不言說著由西方輸入的現代話語，特別是物競天擇、適者生存的現代進化論思想。他們以質疑現在、嚮往未來的直線進化時間觀，取代了傳統農業社會的循環時間意識。於是，中國詩歌在 20 世紀初期便經由表達西方基督時間意識，傳播西方時間命題，而發生根本性變化。就是說，中國新詩最初的現代性是以傳播西方進化時間觀而獲得的，是一種被移植的現代性，而這種現代性由於與中國當時救亡圖存的時代政治相契合，滿足了詩人們立功、立言的理論需要，便迅速內化，或者說本土化。現代時間觀念的內化，表明詩人生命存在方式的改變，意味著詩歌現代性的真正發生。它標誌著中國詩歌的根本變化，標誌著新詩的真正出現。這是新詩與舊詩根本區別所在，是新詩的內在規定性，具有這一內在特徵的詩歌才可能成為新詩。

　　不僅如此，五四前後啓蒙言說與傳播之需要，使主體在詩創作的許多方面不斷地借鑒、移植西方經驗，促使詩歌現代新質不斷生成。那時有一個重要現象，就是詩歌翻譯受到普遍重視，而且翻譯與創作緊密聯繫在一起，譯詩目的在於借鑒，在於創作，翻譯與創作的互文性極爲鮮明，許多詩人甚至將譯詩看成是自己的得意之作，例如胡適就將譯詩《關不住了》視爲自己新詩之傑作，它是一首以自由詩形式翻譯的愛情詩。翻閱新詩發生期那些重要刊物如《新青年》、《新潮》、《少年中國》等，不難發現新詩人對西方愛情詩和愛國詩的譯介熱情非常高，因爲在他們看來愛國詩、愛情詩是中國所無需要大力引進、發展的兩類詩歌。劉半農就曾說：「余嘗謂中國無眞正的情詩與愛國詩，語雖武斷，卻至少說中了一半」〔註1〕。朱自清亦說過：「中國缺少情詩，有的只是『憶內』『寄內』，或曲喻隱指之作；坦率的告白戀愛者絕少，爲愛情而歌詠愛情的更是沒有。」〔註2〕如此認識和創作上的自覺追求，致使愛國詩、愛情詩成爲新詩發生期兩類重要作品。

　　劉半農、朱自清的觀點雖有失偏頗，但我們必須承認中國古代這兩類詩確實很不發達，承認中國缺乏眞正意義上的愛情詩、愛國詩，承認愛國詩、愛情詩的輸入對於中國詩歌轉型具有重要的意義。愛國意識與近代以後詩人們所獲得的世界觀念分不開，是他們自覺地將中國置於世界歷史中審視的結果，是民族國家身份認同的表現，這種民族國家身份認同是詩人們面對西方現代性挑戰而萌生的一種現代民族國家觀念的體現，是古代詩人們所缺乏的一種典型的現代性意識；而眞正的愛情意識，對於中國人來說，更意味著對傳統婚姻觀念的反叛，意味著自我意識的覺醒，它建立在個性解放基礎上，是一種個體身份確認，同樣屬於典型的現代性範疇。所以，愛情和愛國是初期新詩現代性的兩個最爲重要的維度，它們對由西方輸入的許多現代性理念具有強大的吸附力，或者說許多現代理念借助於這兩大維度得到了有效的表達。胡適的《他——思祖國也》《夢與詩》、劉半農的《教我如何不想她》、周作人的《中國人的悲哀》、郭沫若的《爐中煤》《晨安》等詩歌中，不僅愛國與愛情常常纏繞在一起，而且往往滲透著個性主義、婦女解放、自由平等、宇宙意識等現代觀念，相對於中國傳統詩歌，它們的內在意義空間豐厚而複

〔註1〕劉半農：《詩與小說精神上之革新》，載《新青年》1917年第3卷第5號。
〔註2〕朱自清：《中國新文學大系·詩集·導言》，上海良友圖書印刷公司1935年版，第4頁。

雜。行文到此,也許有人要問愛國詩、愛情詩與傳播有關嗎?回答是肯定的。翻閱初期多數愛國詩、愛情詩,不難發現它們並非完全屬於詩人個體經驗的切實表現,它們不像古代那些邊塞詩歌、「憶內」詩歌完全屬於個人的情感宣洩,新詩人往往是借助於這兩類詩歌傳播一種現代的愛國思想、愛情觀念,就是說民族國家觀念和愛情獨立意識的輸入、傳播,催生了現代愛國詩、愛情詩。愛國詩、愛情詩是思想傳播的產物,著上濃烈的外在傳媒色彩,這樣本來最富於個體情感色彩的愛國、愛情詩歌相當程度地工具化,這是啓蒙傳播時代的一種現代性現象,亦是中國新詩現代性的重要表徵。

現代思想傳播空間使新詩獲得了一種內在的現代時間意識,催生了現代愛國詩、愛情詩,使新詩以現代性新質而與古詩區別開來;與此同時,外在傳媒則使詩人們時時關注讀者的接受能力和詩歌形式問題,使新詩形成了一種現代性表意方式。眾所周知,啓蒙者身份使初期詩人們從一開始就將被啓蒙對象——詩歌的擬想讀者,納入自己的關注視野,思考如何傳播的問題,也就是如何讓擬想讀者讀懂自己的作品,這實質上關涉的是詩歌的形式問題。古代詩人也有自己的擬想讀者,但對象大都比較明確,範圍小,除應試詩寫作外,多數讀者或吟唱者均爲詩、歌上的志同道合者,相互酬唱,欣賞;而現代詩歌的擬想讀者主要爲大眾傳播空間的讀者,範圍廣,對象不明確,大多爲陌生人,但又是詩人啓蒙言說的對象,在詩人想像中他們的文化程度一般不會太高。這種想像規約著初期詩人們對於詩歌形式的思考與追求。胡適在倡導新詩時就明確表示「有什麼話,說什麼話;該怎麼說,就怎麼說」〔註3〕,這種將詩與話相等同的觀點,或者說無規則的詩學原則,是充分考慮傳媒過程中大眾讀者理解水平的結果,是現代大眾讀者作爲一個重要維度進入詩歌再創造空間後其作用之體現,詩人們對詩歌的思考、探索突破了傳統的私人性空間,大眾傳播相當程度上左右著新詩審美現代性走向,賦予新詩一些相應的言說方式、表意特徵。

如果說傳統詩歌往往是詩人的自言自語,詩歌空間比較狹窄,意境寧靜,那麼新詩由於傳媒的介入,詩人們充分考慮到讀者的接受問題,考慮到啓蒙思想的傳播問題,所以新詩內在空間往往充滿多種色彩、力量與聲音,成爲詩人感受中複雜世界的縮影。而在這個世界中,對話成爲一種新的言說方式,且佔據著重要的位置。翻閱五四前後《新青年》等刊物上的詩歌,不難發現

---

〔註 3〕 胡適:《胡適學術文集・新文學運動》,中華書局 1993 年版,第 381 頁。

這一特點普遍存在。例如魯迅的《愛之神》如此敘述「小娃子」與「我」的對話：「小娃子先生，謝你胡亂栽培！／但得告訴我：我應該愛誰？」小娃子回答道「你應該愛誰，我怎麼知道。／總之我的箭是放過了！你要是愛誰，便沒命的去愛他；／你要是誰也不愛也可以沒命的去自己死掉。」劉半農的《賣葡萄人》也是以對話方式言說，且對話不限於二人，有賣葡萄人與警察對話，還有小孩子的話語，近似於戲劇。而且，當時相當數量的詩歌對話，是一種潛對話。所謂潛對話指的是詩中抒情主人公「我」與「你」的對話，實際上出場者只有「我」，「你」只是不在場的受眾，也就是擬想讀者。如陳衡哲的《人家說我發了癡》就是寫「我」對「你」的傾訴，一種假想性對話。劉半農的《D——！》主要寫「我」向 D 言說。胡適的《一涵》《一棵星兒》《送任叔永回四川》，李大釗的《歡迎獨秀出獄》，沈尹默的《小妹》，陳建雷的《樹與石》，雙明的《泥菩薩》，周作人的《兒歌》等均屬這類作品。「我」與「你」的對話包括潛對話是一種典型的現代啟蒙話語方式，是現代傳播交流的基本模式，它對詩歌的影響，使對話成為新詩的一種重要的表意方式，一種有別於傳統詩歌的典型的現代性形式。

現代傳媒空間是一種大眾化的公共空間，它使那些具有傳媒意識的詩人自覺地將文本創作與公共場域聯繫在一起，深感作品的思想傾向性經由公共領域傳播，勢必影響自己的聲譽，所以他們就不可能像古代多數詩人那樣在詩中完全敞開心扉（不包括應試詩歌），抒情言志，他們會隱藏某些傾向，而有意張揚某些東西，這樣新詩就形成了一種自我講述性、人格表演性，成為某些詩人自我包裝的一種方式，這也是現代人的重要特徵。於是，新詩便逐步建立起一套與之相應的話語表述系統，出現一些定型化的句式，諸如「我要……」，「我是……」，「啊！……」，「也許……」，「在……時候」等等。「我」要幹什麼，「我」是什麼，「我」將怎樣，成為許多詩人特別是那些傳媒意識強烈的詩人熱衷的表意方式。這些定型化的句式，將現代人的某些觀念、情感固定下來，為現代人提供了一種便利的言說模式。它們無疑是新詩在現代傳媒空間中發生、生成的現代性表意特徵。

同一流派詩歌雖有相對一致的形態，但總體看來，新詩尚處於向未來敞開的探索之中，不像傳統格律詩有一套公認的規則與可供效法的經典性形式，這正是新詩生命力所在；然而，上述定型化句式在提供表達便利同時，因不同詩人的反覆使用而失去表現張力，在一些詩中這些習慣性句式甚至淪

爲空洞的能指。這也進一步表明不定型才是詩之生命力所在，新詩現代性本身應是一個不斷發生、更新的過程。現代多數詩人對此有清醒的意識，所以新詩史實際上是一個不斷自我否定的過程。在這一過程中，我們能清晰地看到，受傳媒影響較大的詩人，他們往往一半是詩人，一半是公共領域的言說者，其詩大都形式簡潔明快，表意清晰，容易理解、接受；而對傳播過程考慮較少的詩人，則能夠沉浸於自我世界以建構相對獨立的詩性空間，爲之而陶醉，如李金髮坦言自己寫詩：「從沒有預備怕人家難懂」、「我不能希望人人能瞭解」，〔註 4〕這類詩人的作品往往晦澀、難懂。多數現代主義詩歌可作如是觀。

現代傳播對新詩現代性發生、生成的作用非常複雜，它是中國詩歌發生裂變，從古詩向新詩轉換的重要力量，它使詩歌更多地關注現實人生，面對大眾讀者言說。但它所催生的現代性內部也存在一些原生性負面因子，其中一個突出表現是過於傳媒化、社會化，傳媒的時事新聞性抑制了詩性的生成，以至於在特定語境中新詩淪爲非詩性的大眾話語，甚至變爲大眾狂歡的盛宴。

---

〔註 4〕李金髮：《是個人靈感的紀錄表》，《文藝大路》1935 第 2 卷第 1 期。

# 三、傳播與《女神》的出場及其
# 被經典化 [註1]

　　郭沫若的《女神》以驚世駭俗的思想和自由言說方式，開一代詩風。其出場與「經典」地位的確立，原因錯綜複雜，既有域外思想的衝擊，五四新文化的激蕩，亦有個人情感生活的刺激。學界在充分挖掘、論析這些因素時，卻相當程度地忽略了現代傳媒所起的作用，或者說傳播作為一個重要維度，往往在政治意識、人學建構乃至詩性歸納的統攝性言說中被遮蔽。本文將從傳播、接受角度，在作品與讀者的互動互涉中，解讀《女神》的出場及其被經典化過程。

## （一）現代傳媒與歷史性出場

　　文學發生牽涉諸多相關因素，刊物發表、編輯出版作為文本、媒體與讀者傳播機制中的重要環節，無疑是諸多元素中極具活力者。郭沫若在中國詩壇的出現，以至成為中國新詩的一座豐碑，編輯出版便功不可沒。它不僅為其詩歌提供了出場的機會與舞臺，而且激發了他的詩歌創作激情。

　　早在 1916 年留日期間，郭沫若便開始白話詩創作。1919 年因偶然機緣在《學燈》上讀到康白情的《送慕韓往巴黎》，十分驚訝，「這就是中國的新詩嗎？那麼我從前作過的一些詩也未嘗不可發表了」[註2]。於是將《鷺鷥》《抱

---

〔註 1〕合作者 陶麗萍

〔註 2〕郭沫若：《創造十年》，《沫若文集》第 7 卷，人民文學出版社 1958 年版，第 56 頁。

−203−

和兒浴博多灣》兩首新詩投向《學燈》，並獲刊載，這強化了郭沫若「作詩的興會」〔註3〕。接著，他又陸續發表《夜》《死的誘惑》《新月與白雲》等詩，並得到宗白華的賞識與鼓勵：「很希望《學燈》欄中每天發表你一篇新詩」〔註4〕，於是，每投必登。新詩的成功發表，不僅引起國內讀者以及日本文藝界關注的目光，更重要的是使郭沫若的創作熱情全面復甦。1919 年 12 月《學燈》進行重大改版，在《新文藝》之外開設「新詩」專欄，以「造星」之舉，持續大規模地發表郭沫若詩歌，新詩欄幾乎成爲其個人專屬。其中「《鳳凰涅槃》把《學燈》的篇幅整整佔了兩天，要算是闖出了一個新記錄」〔註5〕。新詩實驗陣地的快速擴張和日漸高漲的聲名，促使郭沫若進入一個創作的「爆發期」，「好像一座詩的工廠，詩有銷路，詩的生產便愈加旺盛起來」〔註6〕，並由此在新詩壇脫穎而出，成爲一顆耀眼的新星。

由於「商品價值還不壞」〔註7〕，受上海泰東書局老闆趙南公邀請，1921 年春，郭沫若回國，歷時五月餘，完成了戲劇詩歌集《女神》的編定工作，1921 年 8 月 2 日正式出版。猶如異軍突起，《女神》風行一時，激起社會，尤其是青年讀者的極大反響，郭沫若的詩壇地位迅速提高。如果說上述報刊的成功發表，爲郭沫若新詩出場提供了舞臺，提升了其新詩創作的自信心，那麼《女神》的結集出版，則在公共閱讀與社會傳播中，整體性地傳達了詩人對人生、社會的歷史審視，以及對詩歌的獨特想像與創造，詩人的公眾形象與地位得到了全面的歷史性呈現與提升。

這裡特別值得一提的是，在後來一個時期，郭沫若詩歌創作熱情的消減乃至停筆，固然與新文化思潮的消退有關，但是，與作品出版發表的具體情況亦有著較密切的聯繫。宗白華 1920 年 5 月赴德國留學，《學燈》編輯易人，每每給他不公平待遇，常將其詩排在最後。一次甚至把他的詩放在另一抄襲之作後

---

〔註3〕 郭沫若：《我的作詩的經過》，《沫若文集》第 11 卷，人民文學出版社 1959 年版，第 143 頁、第 144 頁。

〔註4〕 宗白華、田漢、郭沫若：《三葉集》，亞東圖書館 1923 年版，第 49 頁。

〔註5〕 郭沫若：《我的作詩的經過》，《沫若文集》第 11 卷，人民文學出版社 1959 年版，第 143 頁、第 144 頁。

〔註6〕 郭沫若：《創造十年》，《沫若文集》第 7 卷，人民文學出版社 1958 年版，第 59 頁。

〔註7〕 郭沫若：《創造十年》，《沫若文集》第 7 卷，人民文學出版社 1958 年版，第 85 頁。

面，他說：「這件微細的事不知怎的就像當頭淋了我一盆冷水。我以後便再沒有為《學燈》寫詩，更把那和狂濤暴漲一樣的寫詩欲望冷了下去」〔註8〕。這裡雖有詩人個性使然，反過來也恰恰證明，當日的發表、編輯出版與讀者閱讀對於「中國抒情天才」的特殊意義與價值。他自己曾說，如果他當時沒有看到《學燈》，沒有讀到康白情的詩，沒有遇到宗白華這樣具有遠見卓識的編輯，或許他的「創作欲的發動還要遲些，甚至永不見發動也說不定」〔註9〕。顯然，某種程度上是現代刊物、出版等傳播媒介決定了郭沫若的歷史出場。

## （二）閱讀與文本意義敞開、生成

　　文學的閱讀與鑒賞實質上是接受者對文本所傳導的文化信息的歷史整合。通過閱讀，具有某種集體經驗的主客體在文化的「共享空間」中舉行「集體心理儀式」，賦予文本以大眾性品格與經典性地位。《女神》成為中國自由新詩的奠基作，相當程度上是它所彰現的時代文化心理、現代意識與大眾閱讀期待互動的結果。詩歌滿足了大眾閱讀期待，閱讀使詩歌意義不斷敞開、生成與傳播，被經典化。

　　作為中國新詩的重要里程碑，《女神》不是文言與白話的簡單分界，而是對早期白話詩「模仿」表現的終結。它不再單純停留在符號形式的革新層面，而是深入到觀念與想像方式領域，以自我為話語中心，在創造的情感與情緒中表現出「二十世紀的動的和反抗的精神」〔註10〕，具有強烈的民主思想與平民旨趣。

　　在《女神》中，郭沫若呼喚「開闢鴻荒的大我」，追崇「我自由創造，自由地表現我自己」（《湘累》），在個體生命意識的覺醒中，勃發出前所未有的「人的解放」的強度與廣度。他歌頌一切創造與毀壞的「力」，希望「提起全身的力量來要把地球推倒」，「不斷的毀壞，不斷的創造」（《立在地球邊上放號》），在「一切的一，和諧，一的一切，和諧」（《鳳凰涅槃》）的歷史想像中，洋溢著庶民勝利的狂歡之情。他讚美敢於反抗，富於革命精神的古今中外的

〔註8〕　郭沫若：《我的作詩的經過》，《沫若文集》第11卷，人民文學出版社1959年版，第143頁、第144頁。
〔註9〕　郭沫若：《創造十年》，《沫若文集》第7卷，人民文學出版社1958年版，第56頁。
〔註10〕　朱自清：《中國新文學大系·詩集·導言》，上海良友圖書印刷公司1935年版，第354頁。

政治、社會、宗教、學說、文藝、教育革命的「匪徒們」(《匪徒頌》),渴望「我是個偶像破壞者」(我是個偶像崇拜者),將一切的權威與偶像都打倒,體現出對一切舊事物徹底否定的平民式反抗、叛逆精神。他宣稱「我是個無產階級者」,號召人們「爲自由而戰喲!爲人道而戰喲!爲正義而戰喲!」(《巨炮之教訓》),表現了對「自由地、自在地、隨分地、健康地享受著他們的賦生」(《地球,我的母親》)的烏托邦式理想王國的平民化追求與嚮往。集中反映了五四青年個性解放、社會革命的理想,成爲時代平民化思想最富詩情的代言人與體現者。

郭沫若主張藝術是自我的表現,認爲眞詩、好詩應是「我們心中的詩意詩境之純眞的表現」,「生之顫動,靈的喊叫」〔註 11〕,注重主觀自我,強調感情的自由抒發。在《女神》中,詩人以男性雄壯的抒情與天馬行空的想像,將新詩從傳統的「溫柔敦厚,怨而不怒,哀而不傷」的審美價值取向中解放出來。激情四溢的生命的尖叫,青春的憤激與焦灼,自我個性的張揚,在無節制的情感的痛快泛濫與宣泄中得到淋漓盡致的展現與抒寫,具有鮮明的青春人格色彩與平民化特徵,成爲五四時代的典型的話語方式。如《鳳凰涅槃》《天狗》《地球,我的母親》《立在地球邊上放號》《梅花樹下醉歌》等都騷動著青春的激情,在個人情緒、精神的抒情表現中折射著時代的光影,與五四青年的普遍心理與追求相契合。

與個人情緒的狂歡相適應,《女神》詩體上追求「絕端的自由,絕端的自主」〔註 12〕,徹底顛覆古典詩詞的均衡、精緻與圓滿。語言上更以情緒的自然消長組織詩歌,突破傳統詩學的格律限制,在酣暢淋漓或雄放不羈的形式中,生動地傳達抒情主體飛揚的開放意識、破壞與創造的精神,形成一種昂揚雄渾、狂暴粗糙的特性,鮮明體現著現代的平民自由精神。

如果說《女神》的平民意識的青春表達是其文學經典敘事的內在基礎,那麼,五四時期的特定歷史情境與文化心理所形成的閱讀期待視野,則是《女神》迅速成爲新詩代表作的重要外部傳播環境。五四時期,新舊交替。一方面,廣大青年以一種強烈的破壞與創造精神,努力尋求社會、思想、文化、個性的全面民主與解放。另一方面,社會的黑暗與沉悶如一重厚厚的壁壘,

---

〔註11〕郭沫若:《論詩三箚》,《沫若文集》第 10 卷,人民文學出版社 1959 年版,第205 頁。

〔註12〕宗白華、田漢、郭沫若:《三葉集》,亞東圖書館 1923 年版,第 49 頁。

青年們的「煩惱悲哀眞象火一樣燒著，潮一樣湧著，他們覺得這『冷酷如鐵』、『黑暗如漆』、『腥穢如血』的宇宙眞一秒鐘也羈留不得了。……他們的心裏只塞滿了叫不出的苦，喊不盡的哀。他們的心快要塞破了」〔註 13〕，渴望自由與創造，期盼毀滅與新生，成爲一種普遍的社會心理與閱讀期待。正是在這世界呈現出死的岑寂的時刻，《女神》的出現，猶如「忽地一個人用海濤底單調，雷霆底聲響替他們全盤唱出來了」〔註 14〕，一下子將五四眾多青年的「心弦撥動」，「智光點燃」，「以非常速度佔領過國內青年的心上的空間，……，每日有若干年青人爲那些熱情的句子使心跳躍，使血奔竄」〔註 15〕。

因此，雖然《女神》在思想內容上不夠深刻，藝術表現也較粗糙，但其狂飆突進的思想解放之光，暴躁淩屬之氣，平民追求之趣，卻熱烈地感動了讀者，使青年們「從麻木、屈悶中跳出，充滿著奮鬥，冒險」〔註 16〕，極大地釋放了五四青年長期鬱積的社會壓抑心理，滿足了自我精神與情感的需要。不僅如此，《女神》還極大地喚醒和激發了五四青年對未來新生活的想像。受其鼓舞和引導，他們紛紛走向社會，走向叛逆，在火的涅槃中實現自我再生。可以說，正是在詩人郭沫若和眾多讀者特別是熱血青年的共同閱讀、言說中，《女神》的意蘊空間日益拓展，意義不斷敞開與生成，認同日益定型，並逐漸轉換成爲一種集體記憶，向經典轉化。

## （三）批評、闡釋中被經典化

文學批評與創作共生互動。特別在現代，文學意義的生成與擴張，作家身份與地位的確定，在很大程度上有賴於文學批評的介入與闡釋。伴隨著《女神》的廣泛傳播，在不同歷史語境下，人們以不同的闡釋標準對它進行了不同的解讀，並在讀者、批評家的閱讀與批評所形成的多維力量中，其文學史意義不斷生成，詩壇地位不斷確立。

《女神》問世之初，以其徹底不同於舊詩及早期白話詩的創造姿態，爲中國新詩提供了一個全新的詩歌文本，給廣大讀者以強烈的心理震撼。雖然

〔註 13〕聞一多：《女神之時代精神》，《創造周報》第 4 號，1923 年 6 月 3 日。
〔註 14〕聞一多：《女神之時代精神》，《創造周報》第 4 號，1923 年 6 月 3 日。
〔註 15〕沈從文：《論聞一多的〈死水〉》，《沈從文文集》第 11 卷，花城出版社 1992 年版，第 147 頁。
〔註 16〕謝康：《讀了〈女神〉以後》，《創造季刊》第 1 卷第 2 期，1922 年 8 月 25 日。

當時「頗有些人不大瞭解」〔註17〕，但大都從獨創精神角度對它進行評價，肯定其「奔放的感情，打破因襲的力」〔註18〕的個性特點，稱讚郭沫若是受過科學洗禮的「時代精神的謳歌者」〔註19〕。1922年，詩集出版一週年之際，郁達夫撰寫《〈女神〉之生日》，敏銳捕捉到郭詩對白話新詩的超越，認為中國詩歌「完全脫離舊詩的羈絆自《女神》始」。聞一多則在稍後的《〈女神〉之時代精神》中，將詩集放在新詩發展歷程中加以審視，「若講新詩，郭沫若君的詩才配稱新呢！不獨藝術上他的作品與舊詩詞相去最遠，最要緊的是他的精神完全是時代的精神——20世紀的時代精神」，充分贊同郭詩所涵納的新的詩歌內質，將《女神》定位為新詩的真正起點。關於《女神》「動的，反抗的」精神的歷史抽象，對人們接受、評價《女神》產生了深刻影響，不僅成為對其藝術創造的經典概括，且逐漸上昇為詩歌內在質素的詩學理想，對中國新詩創作影響很大。

值得注意的是，自1922年始，出於對中國新詩及命運的深刻反思，郁達夫、聞一多、成仿吾、梁實秋等先後撰文，以激烈姿態對早期白話詩的散文化傾向進行整體性批判，批評新詩「收入了白話，放走了詩魂」〔註20〕。因此，郁達夫和聞一多對《女神》的肯定，實際上是他們對新詩創作規範的重構，代表其對新詩範型的一種歷史性想像。正如一位讀者的感慨：「我讀了胡適的《嘗試集》，才知道用白話寫新詩；我讀了郭沫若的《女神》，《鳳凰涅槃》，才知道新詩中有好詩」〔註21〕。在對早期白話詩非詩化的清算中，《女神》對中國新詩的意義逐漸凸顯，並成為形式化標本，滿足了讀者對「詩美」的期待。

30年代，新詩經過象徵化、格律化思潮，對郭沫若及《女神》的批評主要集中在創作個性及其得失上，並被納入文學史敘事。沈從文明確推崇郭沫若為中國新文學史上第一個可稱得起傑出的詩人。認為人們應把他的名字「位置在英雄上，詩人上，煽動者或任何名分，加以尊敬與同情」〔註22〕。廢名與朱湘等也從《女神》的浪漫主義風格和對新詩拓展角度進行分析，認為「亂

〔註17〕謝康：《讀了〈女神〉以後》，《創造季刊》第1卷第2期，1922年8月25日。
〔註18〕謝康：《讀了〈女神〉以後》，《創造季刊》第1卷第2期，1922年8月25日。
〔註19〕謝康：《讀了〈女神〉以後》，《創造季刊》第1卷第2期，1922年8月25日。
〔註20〕梁實秋：《讀〈詩的進化的還原論〉》，《晨報副刊》，1922年5月27日。
〔註21〕戈壁舟：《戈壁舟文學自傳》，《新文學史料》1987年第1期。
〔註22〕沈從文：《論郭沫若》，黃人影編《郭沫若論》，光華書局1931年版，第6頁。

寫才是他的詩，能夠亂寫是很不易得的事」〔註23〕，稱頌「不僅限於新詩，就是舊詩與西詩裏面也向來沒有看見過這種東西的」〔註24〕；同時認爲他「適宜於做新時代的詩，而不適於作文」〔註25〕，並指出了《女神》「對藝術的忽略」和「傳達情感的單調的結構」〔註26〕等藝術局限性。

　　《中國新文學大系》的編撰是對新文學成果的一次集中展示和理論描述。作爲文學史敘事，它進一步強調了《女神》作爲詩壇「異軍」的特殊地位。在《詩集‧導言》中，朱自清從比較研究的視角，研究詩歌藝術創作的規律，指出郭詩不同於傳統的特點與長處，認爲「他的詩有兩樣新東西，都是我們傳統裏沒有的——不但詩裏沒有——泛神論，與二十世紀的動的反抗的精神」，從內容到形式對詩歌進行了徹底改造。而趙景深和陳子展在《中國文學小史》、《最近三十年中國文學史》中，更直接將《女神》作爲新詩形成期的代表和標誌，從此，《女神》正式進入了新詩史主流線索的敘事和構造中。

　　抗戰爆發後，民族救亡成爲時代主題，對《女神》的批評更多地表現爲：在歷史——文化閱讀中，從社會功利價值闡釋其思想內涵、時代特點和創作風格，賦予其政治歷史意義，而文學審美本體、創作的複雜性與局限性則往往被忽視。1941 年 11 月，時値郭沫若五十壽辰和創作二十五週年。在周恩來的提議下，重慶、成都、桂林、昆明、延安等地，各民主黨派、進步人民團體和文化界著名人士舉行了隆重的紀念活動。周恩來、鄧穎超、董必武、茅盾、馮乃超等，都撰文或賦詩，祝賀並充分肯定郭沫若二十五年的「光榮的業績」〔註27〕，產生一種「權威性」力量。特別是周揚爲《女神》作了總體的經典描述：「郭沫若在中國新文學史上是第一個可以稱得起偉大的詩人。他是偉大的『五四』啓蒙時代的詩歌方面的代表者，新中國的預言詩人。他的《女神》稱得起第一部偉大新詩集。它是號角，是戰鼓，它警醒我們，給我們勇氣，引導我們去鬥爭」〔註28〕。不僅對《女神》進行文學史定位，更通過道德評價對其進行一種政治定位，使之眞正走上中國新詩至高無上的領袖

〔註23〕廢名：《談新詩》，人民文學出版社 1984 年版，第 152 頁。
〔註24〕朱湘：《郭君沫若的詩》，《中書集》，生活書店 1934 年版，第 193 頁。
〔註25〕沈從文：《論郭沫若》，黃人影編《郭沫若論》，光華書局 1931 年版，第 6 頁。
〔註26〕朱湘：《郭君沫若的詩》，《中書集》，生活書店 1934 年版，第 193 頁。
〔註27〕茅盾：《爲祖國珍重——祝郭沫若先生五十生辰》，《華商報》1941 年 11 月 16日。
〔註28〕周揚：《郭沫若和他的〈女神〉》，《解放日報》1941 年 11 月 16 日。

位置，成為代表中國新詩傳統的文學史形象，不斷引導和影響後來的文學生產。

新中國成立，特別是 50 年代後，對《女神》的批評闡釋日益與政治意識形態、國家權力相結合，被納入規範化的文學史敘事中。《女神》的時代意義與精神越來越被單一化，賦予其政治觀念語義，「昇華到有關五四及新文化的整體歷史想像中」〔註29〕，最終確立了它在中國新詩史上的經典化地位。

總之，《女神》的出場及其經典化是多重話語和傳播機制共同言說與塑造的結果。在不斷的傳播和闡釋過程中，它在中國新詩壇的合法性地位、意義不僅被確定，詩歌創作的審美要求與規範的制度性想像也在其間逐漸呈現出來，對現代詩歌的新秩序產生了深刻影響。當然，由於文本生產、傳播、運行方式不同，現代詩歌與傳統相較，經典化的路徑與影響具有不同的特質。傳統詩歌的社會運行機制，相對自足，寫作與閱讀具有明顯的封閉性、局限性。那些遊戲交際、個人自遣的「類型化」之作，大多表現為文人間的酬唱應和，民間的口頭流傳，歌坊歡笑場所的傳唱，民間或官方的詩歌傳抄、刻印和編撰，其詩歌批評亦多為即興隨意的個人感悟，缺乏公共的大眾化的呈現。由此，古代某一詩歌運動或趣味的倡導與流佈往往只局限於少數同好之間，難以吸引眾人參加，社會影響不大。而五四時期，隨著現代報刊的產生，傳統寫作、閱讀和評價的封閉性、個人性被打破，文學的大眾化平民化成為一種普遍的價值追求。詩歌也從傳統的個人應酬唱和、交際遊戲轉變成面向大眾的公共言說。正是借助於現代出版、傳播，《女神》不僅成為新詩的豐碑，激勵了一代人的覺醒和成長，且有力地推動了中國浪漫主義詩潮的形成。

---

〔註29〕姜濤：《「新詩集」與中國新詩的發生》，北京大學出版社 2005 年版，第 248 頁。

# 四、艾青《大堰河——我的保姆》被經典化現象[註1]

　　本著在論述艾青《大堰河——我的保姆》的「經典」地位時，將「經典」二字打上引號，是基於如此認識：在政治意識形態與文學關係過於緊密的二十世紀，許多作品之所以被奉為「經典」，除了其獨特的詩質，還有歷史的機緣。「經典」很可能是某一特定時空的閱讀要求及延續下來的慣性所造成的，由於接受過程相對短暫，缺乏充分沉積，因此，在新詩範圍內確立的「經典」，並非都是指向人類集體經驗的審美意義上的經典。《大堰河——我的保姆》走向「經典」的過程，是多種參與機制和權力話語共同作用的結果，是具有思想史意義的「經典」塑造事件。本著的目的不在於甄別「經典」和「偽經典」，而是在眾多話語間隙中考察《大堰河——我的保姆》走向「經典」的過程，釐清此過程中各參與機制發生作用的方式與結果。

## （一）左翼話語策略與《大堰河——我的保姆》出場

　　1930 年代的現代主義詩歌，是前期象徵主義詩歌藝術上成熟和深化的結果。它在反撥詩歌內容上的淺白平淡與形式上的和諧整飭兩方面，建構自己的詩學品格；它以自由詩的形式和象徵主義的藝術技巧表達獨具現代性的個人體驗，成為那一時期最具影響力的詩歌潮流。

　　1932 年從「彩色的歐羅巴」歸國的艾青就置身於這樣的詩歌語境中。法國象徵主義的薰陶和中國詩壇大勢，促使早期的艾青以現代主義詩人身份登

---

〔註1〕合作者　陳璇

上詩壇。期間，他創作了《巴黎》、《蘆笛》、《黎明》等大量帶有象徵主義色彩的新詩，並多發表在現代派刊物《現代》和《新詩》上。因此，在梳理當時的現代派詩人時，詩評家孫作雲將艾青歸入其類。在《論「現代派」詩》中，他指出其時的現代派詩人主要有「戴望舒，施蟄存，李金髮及莪珈，何其芳，艾青，金克木，陳江帆，李心若，玲君」〔註2〕，其中莪珈就是艾青，並提及了艾青的詩作《當黎明穿上了白衣》、《陽光在遠處》和《蘆笛》，同時給予《蘆笛》極高的評價。

　　1936年底，艾青將1932年至1936年間所寫的詩作彙編成集，選取《大堰河——我的保姆》、《透明的夜》、《聆聽》、《那邊》、《一個拿撒勒人的死》、《畫者的行吟》、《蘆笛》、《馬賽》和《巴黎》等九篇，以《大堰河》爲名出版。《大堰河》的出版，對於詩人不僅有里程碑意義，也奠定了他在中國新詩史上的地位。最早爲這本詩集宣傳的是戴望舒等人主編的《新詩》（1936年12月第3期），它用四分之一的頁面宣告了這本詩集出版的消息；而1937年的《文學》雜誌（8卷1期）僅在《新詩集編目》裏，將《大堰河》淹沒在大量新出版的新詩集裏。但最早關注這本詩集的評論文章卻刊於《文學》，置評者是兩位頗具影響的左翼文學批評家——茅盾和胡風。

　　憑著他們在文壇的威望，其批評爲《大堰河——我的保姆》提供了良好的輿論環境，並爲此後該詩走向「經典」創造了條件。其中，茅盾在主題想像（苦難主題的選擇）與言說方式（內容情緒的深入）上，對《大堰河——我的保姆》做了肯定，認爲它「用沉鬱的筆調細寫了乳娘兼女傭（大堰河）的生活痛苦」，與當時同主題的白話詩「缺乏深入的表現與熱烈的情緒」〔註3〕形成鮮明對比。胡風則採取左翼的話語策略將艾青的創作置於現實主義語境中進行考察，認爲艾青的詩「平易地然而是氣息鮮活地唱出了被現實生活所波動的他的情愫，唱出了被他的情愫所溫暖的現實生活的幾幅面影」，並且將艾青的詩歌做了具有階級意味的解讀：在《大堰河——我的保姆》中，看到了詩人對於自己階級的背叛；在《蘆笛》中，看到了詩人對資產階級的詛咒。而對於詩中象徵主義表現手法，胡風則稱之爲作者「心神的健旺」和「偶而現出了格調的飄忽」，他從大局上肯定了艾青現實主義的創作潛力：「雖然健旺的心總使他的姿態是『我的姿態』，他的歌總是『我的歌』，但健旺的東西

---

〔註2〕孫作雲：《論「現代派」詩》，《清華周刊》1935年第43卷第1期。
〔註3〕茅盾：《論初期白話詩》，《文學》1937年8卷1期。

原是潛在大眾裏面，當不會使他孤獨的。」〔註4〕從而委婉道出了艾青詩歌創作應選擇的方向。

　　從現代派詩人的身份指認到受到左翼文學理論家的關注和引導，固然與艾青的詩質相關，但正如杜衡所言：「在形式的完整上，在情緒和思想的和諧上，在表現的充分上，我們無疑是應該舉出這本薄薄的集子的第一首詩《大堰河——我的保姆》來做代表的。……只是，這一種單純的和諧卻只限於《大堰河》這一首詩作，而並不能推而至於《大堰河》這整個的集子；這集子，裏面所包含的長短篇什雖然總共不過九題，但我們的詩人可就取了幾種不同的姿態在裏面出現。」「於是，《大堰河——我的保姆》便只有對自己的調和，而對全集卻成了獨特的例子。」〔註5〕簡單說來，《大堰河——我的保姆》是這本詩集中唯一一首以現實主義手法創作的詩篇，與其它更具象徵主義色彩的詩篇風格迥異，成為整部詩集的異彩。而一部詩集的命名應該是對詩集總體風格的指認，那麼，詩人的命名選擇是否也是出於某種現實策略的考慮？這裡要提醒注意的是，在1933年前後直到1937年初，艾青都在創作和發表現代主義詩歌，寫於1933年1月的《大堰河——我的保姆》只是他現實主義創作的偶而嘗試。這首詩在1934年1卷3號《春光》上的發表，既沒有動搖艾青的一貫創作方式，也沒有在評論界產生任何影響。而當艾青將前期作品彙編成集時，不但將其置於詩集第一篇的重要位置，並且以此詩名稱為詩集名稱。這一做法產生的直接後果是，凸顯了這篇現實主義詩作，並且引導人們以現實主義的閱讀經驗來考量其他具有象徵主義色彩的詩作，從而有效地實現了對這些詩作象徵主義因素的弱化與規避，其個中原因既與艾青個人思想轉變有關，也與戰前詩壇風氣有關。這種命名策略可以看作是艾青創作道路轉向的一個暗示。

　　艾青的命名策略使詩集《大堰河》脫穎而出，並暗示著《大堰河——我的保姆》的重要性。而此詩真正引起左翼文學理論家關注，是因為它至少在兩方面契合了左翼文學理論家對左翼文學的先期預設：一方面是現實主義的表現方法，《大堰河——我的保姆》是一首寫實性很強的詩篇，這毋庸多言；另一方面是階級意識的展現。「左翼」的階級基礎是無產階級，階級意識產生於無產階級在反抗其他階級壓迫的過程中對自我利益的維護，因而強調在作

---

〔註4〕胡風：《吹蘆笛的詩人》，《文學》1937年8卷2期。
〔註5〕杜衡：《讀《大堰河》》，《新詩》1937年1卷6期。

品中以階級的觀念來劃分人、理解人，並確認自我階級身份的正義性。《大堰河——我的保姆》由於表現地主與農民的對立，成為階級意識最好的載體：「艾青是『地主的兒子』，然而卻是吃著受了『人世生活的凌辱』和『數不盡的奴隸的淒苦』的保姆的奶長大了的，不但在『生我的父母家裏』感到了『忸怩不安』，而且『在寫著給予這不公道的世界的咒語』」〔註6〕。司馬長風就認為艾青之所以受到左翼的關注，「大概因為詩中控訴自己是『地主的兒子』，甚得中共批評家賞識，遂被召去延安，成為中共有名的詩人。」〔註7〕這話雖然有失偏頗，但也揭示了詩中的階級意識與左翼觀念的暗合。正是從這兩方面，《大堰河——我的保姆》契合了特定歷史時期的文化心理所形成的閱讀期待，從而迅速地傳播開來。

## （二）文學史敘事與《大堰河——我的保姆》價值重估

《大堰河》出版不久，中國就進入了長達十二年的戰爭階段。戰爭改變了讀者的閱讀取向，人們期待從詩中看到能給人以新鮮刺激與強烈震撼的充滿激情的形象。因此，在艾青的眾多詩篇中，讀者更青睞於反映對光明的嚮往和對戰爭的歌頌的詩篇，如《黎明的通知》、《火把》和《雪裏鑽》，而前一時期較受重視的《大堰河——我的保姆》，在戰爭背景下則被邊緣化，因為它流淌的脈脈溫情與戰時精神格格不入。

然而，它並沒有就此從人們的視野中消失。始於新中國成立後的一輪新文學史書寫熱潮，為《大堰河——我的保姆》提供了重新出場的機會。

新中國成立後的文學史敘事，旨在將新文學的發展納入左翼文學、革命文學的軌道，以文學對革命的參與程度來判斷文學作品價值的優劣。由於現實主義創作原則更加符合革命表達的需要，它成為當時唯一合理的創作方法和作家必須遵循的創作準則。因此，在考察艾青詩歌時，便有意識地在現實主義規約範圍之內尋找艾青詩歌發展的歷史脈絡，於是作為第一首備受關注的現實主義作品——《大堰河——我的保姆》就理所當然地成為了艾青詩歌創作的開端。同時，一些文學史著作還採用就實避虛的處理方式，對艾青早期創作中的現代主義詩歌有的予以否定（如王瑤的《中國新文學史稿》），有的作現實主義解讀（如劉綏松的《中國新文學史初稿》），有的則直接從歷史

〔註6〕胡風：《吹蘆笛的詩人》，《文學》1937年8卷2期。
〔註7〕司馬長風：《中國新文學史（中卷）》，香港：昭明出版社1976版，第220頁。

中抹去（如丁易的《中國現代文學史略》），它們選擇性地將《大堰河——我的保姆》和後來創作的一些現實主義色彩濃厚的作品納入現實主義的審美框架，以勾勒出艾青創作的軌跡。這一軌跡以第一篇受到好評的現實主義詩歌《大堰河——我的保姆》為開端，於是該詩重新獲得了重要性。可以說，如果沒有文學史對艾青詩歌作現實主義傾向性的梳理，那麼《大堰河——我的保姆》在完成第一次審美接受後，能否再次進入讀者閱讀視野，則值得懷疑。

　　《大堰河——我的保姆》所具有的自傳性也確證了它進入文學史的必要。文學史著作在敘述某個作家時往往先介紹作家的出身和經歷。這首詩中的幾句：「我是地主的兒子；／也是吃了大堰河的奶而長大了的／大堰河的兒子。／大堰河以養育我而養育她的家，／而我，是吃了你的奶而被養育了的，／大堰河啊，我的保姆」，暗示了階級的對立和詩人的價值取向，成為了史家多番引用以證明艾青詩歌風格之所以形成的證據。如劉綬松在《中國新文學史初稿》中評論此詩時說，「它是一首帶有自傳性質的詩，作者幼年時的生活境遇和他的與中國農民之間所結成的第一道情感的紐帶，作了這篇詩的最重要的主題。這是一首屬於個人的詩，但又是屬於時代和社會的詩。作者背叛了他所出身的地主階級，以自己的思想感情完全呈獻給了中國的勤勞樸質卻又受苦受難的廣大農民」〔註8〕。丁易也在《中國現代文學史略》中說：「作者的出身經歷，和他的詩篇是多少有些關係的。由於他在農村里長大，受了農民的撫養，所以他雖然是地主階級的出身，但對於受著苦難的農民卻有著真摯的熱愛。」〔註9〕新文學史家在關於艾青身世的諸多方面中，選取最能體現階級對立的一點加以強調，賦予《大堰河——我的保姆》階級立場和階級意義，從而使它在左翼文學史上獲得了重要地位。可見，此詩的重要性不僅在於被認定是艾青創作的開端，同時也是艾青表明階級立場和價值取向的自白書。在以階級性取代個性的十七年，這點尤為重要。

　　而艾青的另一首自視甚高的自傳性詩篇《我的父親》卻未獲此殊榮，甚至從未獲得在新文學史中出現的資格（只在近幾年的艾青評論中，此詩才受到了一定的關注）。這首同樣揭示艾青生活背景、更加注重「刻畫典型」〔註

---

〔註8〕劉綬松：《中國新文學史初稿（上卷）》，作家出版社出版1956版，第334頁。
〔註9〕丁易：《中國現代文學史略》，作家出版社1955年版，第350頁。
〔註10〕艾青曾說：「在刻畫典型方面，我覺得《我的父親》比《大堰河——我的保姆》要好些。」見葉錦：《艾青談他的兩首舊作》，《東海》1981年第4期。

10〕的詩篇爲何無緣文學史？原因在於：《我的父親》塑造的是一位典型的地主鄉紳形象，如果文學史論述艾青時開篇就提及《我的父親》，勢必會混淆艾青的階級立場，不利於艾青形象的純潔性。左翼文學史家在艾青的眾多作品中，刪除那些會產生誤解的旁枝錯節，遴選出《大堰河——我的保姆》等具有積極意義的作品作爲論述的聯結點，構成了一個封閉單一的系統，以確證艾青作爲現實主義詩人的地位，從而成功地將艾青納入時代的意識形態之中。

1980 年代，中西文學關係發生了新的變化，不少人開始在中國新文學的演進中尋找現代主義因子。錢理群等著的《中國現代文學三十年》是最具影響力的啓蒙主義文學史，在敘述艾青時，給予了其早期象徵主義詩作一定的關注，將其價值與 1980 年代所強調的世界主義聯繫起來，但它並沒有以艾青早期那些象徵主義詩歌作爲其創作的開端，而是和左翼文學史一樣，肯定了《大堰河——我的保姆》爲艾青創作的起點：「艾青（生於一九一〇年）在新詩發展的第二個十年的後期，即以《大堰河，我的保姆》引起了詩壇的注目，被稱爲『吹蘆笛的詩人』」，「艾青的詩在起點上就與我們的民族多災多難的土地與人民取得了血肉般的聯繫。」〔註 11〕可見，儘管指導文學史書寫的觀念和人們的審美趣味發生了變化，但是《大堰河——我的保姆》作爲艾青創作起點的看法得到了延續。這一觀點在近二十年的艾青研究中也相當流行，多數人在評論艾青時，賦予了《大堰河——我的保姆》極高的地位：如謝冕稱此詩「奠定了他（艾青——筆者注）的詩創作基石」〔註 12〕，楊匡漢、楊匡滿稱「《大堰河——我的保姆》是艾青的新紀元。」〔註 13〕孫玉石也認爲它是「不朽之歌」〔註 14〕，此類說法不勝枚舉。

隨著現代主義影響的進一步深化，此後的文學史在重視艾青詩歌現實性的同時，也加強了對其早期詩歌的探索。程光煒等著的《中國現代文學史》在《艾青與七月詩派》一章中，分析了艾青的《會合》、《透明的夜》和《蘆笛》等早期詩作，以此弱化了《大堰河——我的保姆》作爲艾青創作的開端意義；但是，它的重要性並沒有因此消失，「1933 年問世的《大堰河——我的

〔註11〕 錢理群等：《中國現代文學三十年》，上海文藝出版社 1987 年版，第 493～494 頁。

〔註12〕 謝冕：《他依然年青——談艾青和他的詩》，《中國現代文學研究叢刊》1980 年第 3 期。

〔註13〕 楊匡漢、楊匡滿：《艾青傳論》，上海文藝出版社 1984 版，第 58 頁。

〔註14〕 孫玉石：《20 世紀中國新詩：1917～1937》，《詩探索》1994 年第 3 期。

保姆》，是艾青由『叛逆者』轉向『吹號者』，把思想感情和藝術個性眞正融入民族生活大地的重要轉折點。」〔註 15〕由此可見，不管是以現實主義眼光梳理艾青的創作軌跡，還是在宏大視野裏考察艾青的詩歌，《大堰河——我的保姆》始終作爲一個重要的歷史聯結點而受到重視。

## （三）新詩選本與「經典」確證

作品的「經典地位」往往是通過不同時代的選本共同參與逐漸確證的。選本是讀者獲知「經典」的重要渠道。但是，不同時代的選本對經典有不同的取捨標準，不同群體的讀者對經典也有不同的認識。因此，在價值觀念激變和多元文化並存的當代，要推薦眾口一詞的經典之作相當困難。然而一個值得關注的現象是，《大堰河——我的保姆》在新中國成立以來的新詩選本中卻幾乎成爲了一致推崇的「經典作品」。

1950 年代，臧克家的《中國新詩選（1919～1949）》，收入艾詩 5 首，即《大堰河——我的保姆》、《雪落在中國的土地上》、《手推車》、《吹號者》和《黎明的通知》。

1980 年代的詩歌選本：《中國新文學大系（1927～1937）》，收入艾詩 16 首，即《大堰河——我的保姆》、《透明的夜》、《畫者的行吟》、《蘆笛》、《馬賽》、《巴黎》、《鐵窗裏》、《太陽》、《春》、《生命》、《黎明》、《煤的對話》、《笑》、《老人》、《賣藝者》、《死地》等；謝冕、楊匡漢的《中國新詩萃》，收入艾詩 6 首，即《大堰河——我的保姆》、《太陽》、《我愛這土地》、《曠野》、《冬天的池沼》、《時代》等；周紅興的《現代詩歌名篇選讀》，收入艾詩兩首，即《大堰河——我的保姆》和《雪落在中國的土地上》。

1990 年代的詩歌選本：謝冕、錢理群的《百年中國文學經典》，收入艾詩 7 首，即《大堰河——我的保姆》、《雪落在中國的土地上》、《手推車》、《我愛這土地》、《魚化石》、《虎斑貝》、《互相被發現——題「常林鑽石」》等；譚五昌的《中國新詩三百首》，選入艾詩 6 首，即《大堰河——我的保姆》、《太陽》、《雪落在中國的土地上》、《我愛這土地》、《時代》、《黎明的通知》等。

2000 年以來的詩歌選本：楊曉民的《百年百首經典詩歌（1901～2000）》，選入艾詩 1 首，即《大堰河——我的保姆》；張新穎的《中國新詩：1916～2000》，

---

〔註 15〕程光煒等：《中國現代文學史》，中國人民大學出版社 2000 年版，第 312 頁。

選入艾詩 4 首,即《大堰河——我的保姆》、《雪落在中國的土地上》、《向太陽》、《我愛這土地》等;伊沙的《現代詩經》,選入艾詩 4 首,即《大堰河——我的保姆》、《我愛這土地》、《雪落在中國的土地上》、《乞丐》等。

縱觀以上詩歌選本,發現它們的交集只有一個,即《大堰河——我的保姆》。這些選本產生於不同的年代,也產生於具有不同審美傾向和價值觀念的編選者之手,所選篇目和數目也有很大的出入,那為什麼在《大堰河——我的保姆》的選擇上取得了驚人的一致?

第一個值得關注的詩歌選本是臧克家的《中國新詩選(1919~1949)》,這是新中國成立後對三十年來新詩創作的一個總結。1950 年代的臧克家對新詩的「選擇」,主要基於左翼文學價值觀的指導和作為詩人的詩學觀,因此,他所選的艾詩都具有較強的現實性,同時,由於臧克家自己的詩人身份和對土地農民問題的一貫關注,他對表現農村和農民的詩篇格外青睞。臧克家在序言中雖然高度評價了艾青「沁透著詩人的真實的愛國主義的思想和情感」的《他死在第二次》、《吹號者》和「革命詩人的豐滿熱情和美麗理想開出的花朵」的《向太陽》、《火把》,但是作為詩人的臧克家,還是對艾青詩歌中帶有更多詩味和憂鬱情調的詩歌感興趣,「艾青寫鄉村的詩,是出色的。但也是有些憂鬱悲哀味道的。但這憂鬱,悲哀,艾青自己說是『農民的憂鬱』的『感染』,也是對中國農民在解放之前所遭受的悲慘命運的反映。」〔註16〕在這本詩選中,他所選擇的篇章都是基於此種認識。可以說,這是一個在左翼文學觀指導下溶入詩人個人詩美追求的詩歌選本。

第二個有代表性的選本是張新穎的《中國新詩:1916~2000》。這本出版於 2001 年的選本與八九十年代的詩歌選本可以說一脈相承。在序言中,張新穎透露了自己的選擇標準:「所選的詩作,無疑應該還原到它們所從中產生的時代和文學史背景裏去理解;以近一個世紀為時間跨度的選本,無疑也應該通過作品反映基本的文學史情形。在這一取向上,這個選本顯然也有它的追求。」〔註17〕這是一個比較實誠的說法,袒露了中國大多數文選編輯者的野心,即以「選」代「史」,「想盡可能地呈現出多元的詩觀和詩作面貌」,希冀

---

〔註16〕 臧克家:《「五四」以來新詩發展的一個輪廓(代序)》,《中國新詩選(1919~1949)》,中國青年出版社 1956 年版。

〔註17〕 張新穎:《把住一些把不住的事體(編選小序)》,《中國新詩:1916~2000》,復旦大學出版社 2001 年版。

自己的選本能夠展現中國新詩發展的概貌，因此，一些佔據重要歷史聯結點的作品不容忽視，至於其在當下所具有的審美價值和意義則不是編選者考慮的內容。此番做法，以文學史上具有重要意義的作品來代替自己的審美價值取向，以讀者「公認」的重要作品來代替個人的見解，其結果雖為自己的選本贏得了更多的支持與認同，卻犧牲了編選者的「慧眼獨具」。

第三個值得注意的詩歌選本是伊沙的《現代詩經》。伊沙是九十年代身體寫作的代表詩人，人們也許認為這位先鋒詩人會以更具個人化的方式呈現一個獨到的詩歌選本，其實不然。伊沙自陳：「帶著對詩人的我的寫作的印象來評判我的這次編選，我知道，相當一部分對既成秩序急於打破的『激進分子』一定會說我怎麼突然變得保守起來了，激進的寫作，保守的編選——我樂於留下如此的印象。」〔註18〕即使是個性詩人伊沙，在進行編選工作時，也自願採取了保守的態度，他說自己的編選是「憑藉閱讀」，站在讀者的位置上的個人感受，但是讀者的詩歌感受大多數並非來自詩人全集的閱讀，而是前人的詩歌選本。此時的伊沙混淆了作為被動接受者的讀者和具有獨立審美能力的選者之間的差別。

以上的分析透露了編選者在選本編輯時主要考慮的兩大因素：一個是對「史」的輪廓的把握，一個是對讀者的接受能力和範圍的自我限制。兩者妨礙了編選者以更具有個人性的、基於詩歌審美的價值觀念來完成詩歌的編選工作。但是，選本的關鍵動作在於「選」，它是編選者按照一定的選擇意圖和選擇標準所進行的能動性活動。其選擇範圍必然包羅萬象，而不是在某一既定標準之內的二次篩選。作品的「選」與「漏」（不選）這一價值判斷行為暗示著編選者的文學批評觀和審美價值觀，可以說，選本是一種主觀性、個人化的文學批評方式。而以上列出的選本要麼以「選」代「史」，要麼只是在讀者期望值之內進行取捨，有意無意地放棄了選者的自主性。因此，作為重要歷史聯結點和讀者最為熟悉的《大堰河——我的保姆》成為了必選篇目。

而另外兩個選本則體現了不同的價值取向：一個是聞一多於四十年代在西南聯大編訂的《現代詩鈔》，它選入艾青詩11首：《青色的池沼》、《秋》、《太陽》、《生命》、《煤的對話》、《浪》、《老人》、《他死在第二次》、《透明的夜》、《聆聽》、《馬賽》等；另一個是香港文學研究社 1980 年版的《艾青選集》，在三十年代部分選入了《橋》、《浮橋》、《死地——為川災而作》，四十年代詩

〔註18〕伊沙：《我們的來歷.現代詩經》，灕江出版社 2004 年版。

歌選入 1 首《古松》，五十年代選入《鴿哨》、《下雪的早晨》，七十年代選入
《回聲》等 10 首。這兩個選本獨具一格，與我們常見的選本有很大出入。聞
一多的《現代詩鈔》完成於西南聯大時期。在這遠離戰爭和意識形態的西南
一角，現代主義有了發展的空間，並且在詩藝上獲得了極高的成就。此時的
環境有利於聞一多撇開政治等外在因素，專注於詩美進行新詩的編選工作。
在他的新詩選本中，艾青的現代主義詩歌受到了更大的重視，除了敘事詩《他
死在第二次》寫於抗戰後，其他的詩歌均寫於抗戰前。但是，聞一多並沒有
選入《大堰河──我的保姆》這首備受關注的詩歌。可見，這首詩的重要性
──至少在聞一多看來──並不在於其詩藝的成熟。香港文學研究社出版的
《艾青詩選》與大陸流行的選本所選入的詩歌有很大不同，它所選入的很多
詩篇在大陸極少被提到。這可以說是兩種不同的審美觀念造成的差異，也可
以說是編選者把握自主選擇能力的結果。我們無意於比較兩者的優劣，但要
注意的是此版本也沒有選入《大堰河──我的保姆》。

　　綜上所論，如果撇開歷史運動中的具體因素，重新考量艾青的詩歌創作，
則《大堰河──我的保姆》是否屬於經典作品則值得懷疑。換一句話說，《大
堰河──我的保姆》的「經典」地位是特定歷史時空所賦予的，在未來讀者
的閱讀天空中，也許難覓其蹤跡。

# 五、聞一多《紅燭》、《死水》的傳播接受 [註1]

　　聞一多的詩集《紅燭》和《死水》面世至今，已逾八十年。在這八十多年間，兩部詩集受到的評價和闡釋一直在發生變化。這種變化，是政治文化氣候、文學場域、接受語境以及詩人本身命運等因素合力作用的結果。本文將考察《紅燭》和《死水》在不同時期的批評接受情況，敞開其意義生成和文本價值實現過程。

## （一）

　　聞一多第一本詩集《紅燭》，1923 年 9 月出版，與郭沫若的《女神》甫一面世就引起詩壇震蕩不同，它在出版後差不多一年多的時間內，沒能引起詩壇主流話語的關注。直到 1924 年 10 月，才出現了朱湘以筆名「天用」發表的名為《桌話·〈紅燭〉》和《桌話·〈小溪〉》的兩篇短論。朱湘與聞一多同為清華文學社成員，頗有私交，對聞一多的《李白之死》和《小溪》毫不吝惜讚美，認為前者在藝術成就上「不下似國內任何新詩人」〔註2〕，後者「是新詩解放以來的代表著作」〔註3〕。同年 11 月，洪為法發表了長篇詩評《評〈紅燭〉》，既介紹了聞一多對於新詩的「見解」、「寫的方法與態度」，又分析了其創作實踐與理論主張之關係，重點論述並肯定了《紅燭》在「辭句」、「修

〔註 1〕合作者　陳瀾
〔註 2〕天用（朱湘）：《桌話·〈紅燭〉》，《文學》1924 年 10 月 20 日。
〔註 3〕天用（朱湘）：《桌話·〈小溪〉》，《文學》1924 年 10 月 20 日。

辭」、「詞采」、「音節」、「想像」和「情感」等方面的實驗探索;既認爲《紅燭》中的詩歌「亦很長於寫兩性的愛」,又充分肯定了它遣詞造句「對於新的,舊的,以及西洋詩中的辭調,都盡量吸收」,使詩歌成爲他自己所期盼的「中西藝術結婚後產生的寧馨兒」〔註4〕

朱湘對《紅燭》的言說,是以個人藝術感覺爲基礎的印象式批評,洪爲法的評論則是對《紅燭》進行較全面、客觀的學理性分析,均有獨到之處,但依然沒能爲《紅燭》引來主流詩壇的關注。此後一兩年間,幾乎再沒有關於《紅燭》的評論文章發表。《紅燭》不僅在評論界遇冷,銷量也非常寥落。在籌備出版階段,聞一多給《紅燭》預設的價格是六角錢一本,並有信心至少售出八百本〔註5〕,即售書收益四百八十元。然而,實際定價只有四角,且「顧主終屬寥寥」〔註6〕,最後只得「酬資八十元」〔註7〕。

客觀地看,收錄了103首詩作的《紅燭》,單從數量上看,即是一本有分量的詩集,其中部分詩作的藝術價值也較高。聞一多對這首本詩集也格外重視,出版前期工作準備了一年多,從出版商的選擇,到詩集的裝幀設計,費盡心思。一本既有可觀作品數量,又有相當藝術水準,出版前期工作充分的詩集,最後爲什麼出現既不「叫好」、也不「叫座」情況呢?

《紅燭》出版前,聞一多大部分的新詩作品發表在清華大學校刊《清華周刊》上,很少在其他刊物露面。作爲一個校園刊物,《清華周刊》不足以爲聞一多在校園以外的詩壇贏得足夠的聲譽。聞一多本人也知道這一點。在籌劃《紅燭》時,他曾給家人透露顧慮:「從來在校外的雜誌上姓名沒有見過一回,忽然就要獨立的印出單行本來……」〔註8〕,「不見得有許多人注意」〔註9〕。作爲一種補救策略,他推遲了《紅燭》的出版時間,決定先從發表詩歌

〔註4〕 洪爲法:《評〈紅燭〉》,《時事新報·學燈》,1924 年 11 月 27 日至 11 月 29 日。

〔註5〕 聞一多:《致聞家騄、聞家駟》,孫黨伯、袁謇正主編:《聞一多全集·書信》,武漢:湖北人民出版社 1993 年版,第 100 頁。

〔註6〕 劉夢葦:《中國詩底昨今明》,《晨報副刊》,1925 年 12 月 12 日。

〔註7〕 聞一多:《致聞家駟》,孫黨伯、袁謇正主編:《聞一多全集·書信》,武漢:湖北人民出版社 1993 年版,第 188 頁。

〔註8〕 聞一多:《致家人》,孫黨伯、袁謇正主編:《聞一多全集·書信》,武漢:湖北人民出版社 1993 年版,第 157 頁。

〔註9〕 聞一多:《致聞家駟》,孫黨伯、袁謇正主編:《聞一多全集·書信》,武漢:湖北人民出版社 1993 年版,第 33 頁。

理論和評論他人詩作入手，「最要緊我們在這一年中，可以先多作批評討論的零星論文，以製造容納我們的作品底空氣」〔註10〕，「先有一本著作出去，把我的主張給人家知道了，然後拿詩出來，要更好多了」〔註11〕，最終計劃中的著作雖未面世，但卻有《〈冬夜〉〈草兒〉評論》、《〈女神〉之時代精神》等一系列詩評見諸報端，在詩壇引起了較大反響。他的詩評對胡適、俞平伯、康白情等人的詩論和作品多有批評，對於郭沫若的創作理念和作品則相較更加認同。胡適此時在文壇地位已相當顯著，俞平伯和康白情在新詩創作上都受到胡適影響。此外，俞平伯還是文學研究會成員，而康白情也較認同文學研究會的詩歌創作理念。在此時的文壇上，文學研究會佔據著詩壇的中心位置，攜《女神》橫空出世的郭沫若，發起成立的創造社正試圖打破文學研究會一統詩壇的格局，兩大詩歌團體正處於微妙的對立狀態。聞一多對此時詩壇的「勢力割據」有著清醒的認識，並由於在詩歌創作理念上對郭沫若更加認同，而傾向於聯合創造社的力量「抗衡」文學研究會。他曾致信友人梁實秋說：「我們若要抵抗橫流，非同別人協力不可。現在可以同我們協力的當然只有《創造》諸人了」〔註12〕。這種試圖與創造社結爲同盟，以尋求「突圍」的行爲，無疑是對當時某種中心秩序的冒犯，因此，針對他的詩評，「胡適之主持的《努力周刊》同上海《時事新報》附張《文學旬刊》上都有反對的言論」，而郭沫若則寫信表示「同情」〔註13〕，這也爲後來《紅燭》的出版和傳播接受受到牴觸埋下伏筆。

這一時期，新詩人在出版詩集時，都會積極聯繫詩壇上已頗具名望的人物，幫自己推薦、聯繫出版商，並爲自己的詩集作序，以求吸引評論界和讀者關注。聞一多也不例外，曾想找「一位有身價的人物」替《紅燭》「講幾句話」〔註14〕，最終卻沒有找到。出版過程也頗爲不順，最後經多方聯絡，在

〔註10〕聞一多：《致吳景超、梁實秋》，孫黨伯、袁謇正主編：《聞一多全集·書信》，武漢：湖北人民出版社 1993 年版，第 96 頁。

〔註11〕聞一多：《致聞家駟》，孫黨伯、袁謇正主編：《聞一多全集·書信》，武漢：湖北人民出版社 1993 年版，第 33 頁。

〔註12〕聞一多：《致梁實秋》，孫黨伯、袁謇正主編：《聞一多全集·書信》，武漢：湖北人民出版社，1993 年，第 128 頁。

〔註13〕聞一多：《致父母親》，孫黨伯、袁謇正主編：《聞一多全集·書信》，武漢：湖北人民出版社，1993 年，第 131 頁。

〔註14〕聞一多：《致梁實秋》，孫黨伯、袁謇正主編：《聞一多全集·書信》，武漢：湖北人民出版社 1993 年版，第 129 頁。

郭沫若的幫助下，得以自費在泰東書局印行。對處女詩集寄予厚望的聞一多，原本對《紅燭》的包裝有著精緻的構思，如配以插畫等，但由於經費不足，最終印刷時被迫一切從簡〔註 15〕。由於既沒有充足的出版費用，作者此時又是沒有知名度的新人，導致《紅燭》裝幀粗陋，封面白底紅字，藍色框邊，不甚美觀，印刷質量也極為低劣，聞一多本人都忍不住喟歎：「排印錯誤之多，自有新詩以來莫如此甚。」〔註 16〕。在銷售宣傳方面，也只有聞一多母校的《清華週刊》為《紅燭》做了宣傳，其他主要的報刊雜誌上，均未見《紅燭》的售賣廣告。《清華週刊》作為一本校園刊物，面向的讀者群並不廣泛，這則廣告所起的宣傳作用也就相當有限。

再者，從 1919 年到《紅燭》出版的 1923 年，是新詩集出版的繁盛期。這一時期各類個人詩集、同人合集、詩歌選集和包含詩歌作品的作品合集共有 21 部，相較其他文學體裁的出版物而言，數量是最多的〔註 17〕。而與新詩出版市場相對應的新詩閱讀市場，卻並不算火熱。一般的大眾對於仍處於發生期的新詩普遍缺乏瞭解，新詩的讀者數量相對其他文學體裁併不算多。在這種情況下，詩壇新人聞一多的《紅燭》，既無文壇重量級人物的推薦，也未能得到發行商良好的宣傳和包裝，自然也很難從眾多詩集當中脫穎而出，博得讀者的眼球。最終評價不高、接受度不廣、銷量不佳也就成了必然。

## （二）

1925 年，聞一多從美國歸來，結交了一群有著相同詩歌理念的詩人，常在家裏舉辦聚會，和新詩人們一起做詩、談詩、評詩。1926 年 4 月，他與徐志摩等創辦《詩鐫》，標誌著新月詩派形成，圍繞在他周圍的那批新詩人，也就成了新月詩派的主幹，《詩鐫》的主要撰稿人。他們共同豎起了反對自由詩體的旗幟，發起了新格律運動。在這一年，聞一多計劃對原有《紅燭》詩作進行刪節和遴選，並加入小部分 1923 年以後的詩作，將《紅燭》更名為《屠龍集》重新出版（最終未能付梓）。同年，曾經對《紅燭》讚譽有加的朱湘，再次以《紅燭》中

---

〔註15〕 聞一多：《致梁實秋》，孫黨伯、袁謇正主編：《聞一多全集·書信》，武漢：湖北人民出版社 1993 年版，第 125 頁。

〔註16〕 聞一多：《致家人》，孫黨伯、袁謇正主編：《聞一多全集·書信》，武漢：湖北人民出版社 1993 年版，第 194 頁。

〔註17〕 蒲梢：《初期新文藝出版物編目》，見宋原放主編：《中國出版史料》近代部分，補卷下冊，武漢：湖北教育出版社 2011 年版，第 455 至 459 頁。

的詩作爲主要評論對象，發表了《評聞君一多的詩》。他一改之前對《紅燭》讚譽有加的態度，嚴厲的指謫聞詩中存在的用韻、用字、音節等缺陷。曾被他譽爲藝術成就不下國內任何新詩人的《李白之死》，此時被他批評用錯了韻；而在音節方面，「只有《太陽吟》一篇比較的還算是有音節，其餘的一概談不上」，前後態度變化如此之大的原因，據朱湘自己說，是因爲「越熟的人越在學問上彼此激勵，越有交情的人越想避去標榜」〔註18〕。實際上，自聞一多與徐志摩等人創辦《詩鐫》開始，朱湘就與聞一多產生了嫌隙。1926 年 4 月，聞一多負責編輯和排版《詩鐫》第 3 期時，把朱湘的得意之作《採蓮曲》放在了自己和饒孟侃的詩作後面，徹底激怒了朱湘，使其發表聲明，宣佈與《詩鐫》諸人決裂〔註19〕，5 月便發表了《評聞君一多的詩》這篇態度苛刻的詩評。

這篇詩評發表後，幾乎沒有得到任何認同和支持，相反的，劉大白、黎錦明和徐志摩等人都撰文表達對這篇詩評的不滿〔註20〕。原因除了這篇詩評本身確實態度過激、措辭過於嚴苛以外，還因爲此時文學研究會和創造社之間的關係早已緩和，原先有些詩人對聞一多抱有的牴觸態度也逐漸消弭，同時聞一多憑藉著活躍的詩歌創作和社團活動，爲自己在詩壇上獲取了一定的聲譽和地位，身邊聚集了一批志同道合者，爲他的創作進行辯護。從 1923 年出版時少有人注意，到 1926 年受到批評時得到多方的維護，《紅燭》所受待遇的轉變，顯示出此時聞一多在新詩壇已經成功獲取了一個「場域位置」。1926年以後的文學史著作對於《紅燭》的關注也證明了這一點。此前的很多文學史，雖已將新詩的發展情況納入了寫作範圍，但都沒有提到聞一多和《紅燭》。而 1926 年出版的《中國文學小史》第一次對《紅燭》有所關注，將其歸爲「西洋體詩」〔註21〕。這部文學史在民國影響相當大，截止到 1936 年共印了 19版，還被列爲清華大學入學考試指定的「唯一的參考書」〔註22〕，對於促進大眾，特別是青少年、學生讀者對《紅燭》的瞭解和接受起了一定的作用。

〔註18〕 朱湘：《評聞君一多的詩》，《小說月報》第 17 卷 5 號，1926 年 5 月 10 日。
〔註19〕 丁瑞根：《悲情詩人——朱湘》，石家莊：花山文藝出版社 1992 年版，第 84至 85 頁。
〔註20〕 商金林：《聞一多研究述評》，天津：天津教育出版社 1990 年版，第 77 至 79頁。
〔註21〕 趙景深：《中國文學小史》，上海：大光書局，1937 年 3 月第 20 版，第 190頁。
〔註22〕 趙景深：《中國文學小史》1936 年十九版自序，上海：大光書局，1937 年 3月第 20 版，第 1 頁。

　　《屠龍集》出版計劃流產後，聞一多第二本詩集《死水》在 1928 年 1 月出版。這部詩集可以說是聞一多「詩的格律」理論的實踐產物。出版商新月書店在宣傳上相當賣力，在 1928 年的多期《新月》上刊登廣告，讚譽其為新詩的「最好的範本」〔註 23〕。在裝幀和印刷方面，自然也遠非《紅燭》可以比擬，連此前兩年對聞一多詩作諸多挑剔的朱湘，也承認「《死水》裝訂得雅致」〔註 24〕。然而和《紅燭》一樣，《死水》引起評論界的關注和重視經過了一個「慢熱」的過程。在《死水》剛面世的前兩年內，公開發表的關於《死水》的評論文章很少，1930 年以後才逐漸增多。據統計，截止到 1937 年抗戰爆發以前，直接或間接評論《死水》詩作的文章至少有 60 多篇，在同期詩人中，「是除徐志摩之外，其他詩人無法攀比的」〔註 25〕。這些評論文章，對《死水》評價最高的、發表時間較早的，大部分都是來自新月派內部。不僅如此，徐志摩、陳夢家、于賡虞、何德明、臧克家等多位聞一多的私交好友或門生都在此期自稱創作上受到詩集《死水》的影響，將《死水》認定為格律運動中標杆式作品。在新詩早期建設過程中，一批創作理念相契合的詩人以社團或流派的名義形成同盟，在理論建設、創作實踐和作品批評各方面給予「盟友」關注和支持，並借助出版的力量，形成所謂的詩壇勢力，以爭奪主要的「場域位置」，是極為普遍的現象。《死水》在上世紀三十年代能夠大獲成功，不得不說，也是借助了這種結盟的力量。

　　聞一多詩歌社團中的領導地位促進了《死水》的成功，反過來，《死水》的成功又進一步推高了聞一多在此期詩壇上的地位。這一點從此期的最重要、影響力最大的詩歌選本——1935 年朱自清編選的《中國新文學大系・詩集》中可見一斑。《中國新文學大系・詩集》收錄聞詩數目 29 首，居第一位，徐志摩 26 首、郭沫若 25 首，緊隨其後。朱自清還在《中國新文學大系・詩集・導言》中稱，在《詩鐫》眾多詩人中，「聞一多氏的理論最為詳明」、「影響最大」，「但他的詩不失其為情詩。另一面他又是個愛國詩人，而且幾乎可以說是唯一的愛國詩人」〔註 26〕。最重要的詩歌選本對聞詩的

〔註 23〕　《新月》月刊，上海：新月書店，第一卷第一期，1928 年 3 月 10 日出版。

〔註 24〕　朱湘：《朱湘遺書摘選〈聞一多的死水〉》，刊《青年界》第 5 卷 2 號，1934
　　　　　年版。

〔註 25〕　商金林：《聞一多研究述評》，天津：天津教育出版社 1990 年版，第 170～171 頁。

〔註 26〕　朱自清：《中國新文學大系・詩集・導言》，上海良友圖書印刷公司 1935 年版，
　　　　　第 5～7 頁。

特別關注，也對推進聞詩傳播，提高聞詩的大眾接受度，起到了重要的作用。

## （三）

　　1937 年後，「抗戰詩歌」成為詩壇主流訴求，《紅燭》和《死水》迅速邊緣化，《死水》中那些新格律詩等被批評為教條化產物，是西洋詩的「移植」，內容上「更覺貧弱」，「新的爛調套語，鋪滿紙上」，缺少「社會意識和民族意識」〔註27〕，其中左翼人士的批判尤為猛烈。1937 年下半年《近二十年來中國文藝思潮論》〔註28〕出版，編纂者李何林措辭激烈的抨擊新月派是革命文學的「敵人」，特別批判了《新月的態度》一文，指出這篇文章是聞一多代徐志摩所寫，對聞一多充滿敵視。在鋪天蓋地的批評中，也有為新月及聞一多的詩歌辯護的聲音，如沈從文在 1938 年 9 月寫作的《談朗誦詩——一點歷史的回溯》中，針對抗戰初期提倡的「朗誦詩」口號，回憶了《詩鐫》創刊前後在聞一多家中舉行的「讀詩會」，提出新月諸人之所以提出詩歌格律化，就是為了讓詩歌「適於朗誦，便於記憶，易於感受」〔註29〕。但類似的辯護顯得過於微弱，未能引起詩壇重視。

　　這一時期最流行的詩作或富有節奏感，充滿戰鬥力，如田間等人的作品；或充滿現實主義色彩，揭露社會現實，如艾青等人的詩作。流著淚的「紅燭」，和「絕望的死水」，與時代風氣格格不入，自然難以受到讀者的歡迎和喜愛。

　　1938 年以後，人們開始意識到抗戰的艱難性、複雜性，不再滿足於初期「號角」式、「預言」式的詩歌，認為那種作品「有技巧的沒有內容，有材料的沒有技巧」〔註30〕，「粗糙、獷野、熱情，它服務於政治比服務於藝術的更多」〔註31〕，新詩審美性重新受到重視。一些詩人和詩評家對新月派的態度發生改變，重新將眼光投向聞一多，開始客觀地評論和研究詩集《紅燭》、《死

---

〔註27〕　《廿七年來我中華民族詩歌》，1938 年 11 月，《民族詩壇》第 2 卷 1 輯，第 8
　　　　　～9 頁。

〔註28〕　李何林：《近二十年中國文藝思潮論》，上海：生活書店，1937 年。

〔註29〕　沈從文：《談朗誦詩——一點歷史的回溯》，《沈從文文集》第 11 卷，廣州：
　　　　　花城出版社 1984 年版，第 250 頁。

〔註30〕　艾青：《文陣廣播·艾青來信》，《文藝陣地》第 3 卷 3 期，1939 年 5 月 16 日
　　　　　出版。

〔註31〕　臧克家：《新詩，它在開花，結實——給關懷它的三種人》，重慶《大公報·
　　　　　戰線》第 984 號，1943 年 7 月 25 日。

水》。郭紹虞〔註32〕、朱自清和臧克家等人，都充分肯定了格律詩對新詩發展做出的貢獻。尤其朱自清在 1943 年前後發表的一系列詩論中，多次讚揚聞一多的詩歌「勻稱」、「均齊」，不但沒有舊格律詩的呆板，而且「相體裁衣」，並反覆強調《紅燭》和《死水》具有愛國特色。1948 年朱自清因不肯接受美國救濟糧而病逝，獲得毛澤東的高度評價，被追認為愛國文人的代表，使得他對於聞一多詩歌愛國因素的品評，獲得了權威性，為後來聞詩愛國因素被拔高埋下了伏筆。

無論詩壇對自己的詩歌創作是肯定，還是批判，聞一多本人在這一時期都沒有做出任何回應。1931 年後，他很少再寫詩，及至抗戰後期，他的文藝思想和政治態度有所變化，開始對左翼詩人表露出欣賞之情。1943 年聞一多在編選《現代詩鈔》時，大量選取了艾青、田間、何其芳等人的作品，多次在公開場合讚譽、推薦和朗誦艾青、田間等人的詩作，如 1945 年，聞一多在西南聯大慶祝五四青年節舉辦的詩歌朗誦會上，朗誦了艾青的《大堰河》；5 月 5 日在詩人節紀念會上，聞一多在演講中讚揚艾青和田間〔註33〕。他甚至私底下向人承認讀過毛澤東的著作，「並坦白承認同情延安的全部文藝政策」〔註34〕。聞一多的這種變化很快得到了來自延安的回應。1944 年，社會上謠傳聞一多要被教育部解聘，延《安解放日報》立刻發文表示慰問，讚揚聞一多「正義敢言」、憂慮「國家民族前途」〔註35〕。

1946 年 7 月 11 日，聞一多在昆明被特務刺殺身亡。延安方面立刻作出反應，重要領導人紛紛致電弔唁，《新華日報》、《解放日報》等媒體紛紛撰文報導聞一多的殉難，聲援其家屬，並對當局的野蠻行徑表示憤慨和抗議。在政治力量的推動下，各地都掀起了聲勢浩大的悼亡活動。聞一多的詩作，也得到了新一輪的闡釋和評估。

## （四）

在聞一多遇害之前，雖也有像朱自清那樣反覆推崇聞詩愛國主義精神的作家，但大部分人在評論《紅燭》和《死水》的時候，著眼點都放在藝術風

---

〔註32〕 郭紹虞：《新詩的前途》，選自《語文通論》，開明書店 1941 年版，第 128 頁。
〔註33〕 聞一多：《艾青與田間》，孫黨伯、袁謇正主編：《聞一多全集·文藝評論·散文雜文》，武漢：湖北人民出版社 1993 年版，第 232 頁。
〔註34〕 杜運燮：《時代的創傷》，《萌芽》第 1 卷第 2 期，1946 年 8 月 15 日。
〔註35〕 《慰問聞一多先生》，《解放日報》1944 年 10 月 15 日第 4 版。

格和創作技巧方面，而且普遍認爲，《死水》相較於《紅燭》顯示出巨大的進步。聞一多遇害後，評論界突然集體轉向，將目光投向了聞詩的內容和思想，注重發掘其詩歌的民族特色、尋找愛國主義的精神內核。《紅燭》詩集中《紅燭》詩篇那「莫問收穫，但問耕耘」的犧牲精神，《憶菊》、《太陽吟》、《孤雁》等詩篇對祖國的思念、謳歌和熱愛，以及《紅燭》整體對於中國古典詩歌傳統的繼承，都成爲評論家關注的重點。特別是《紅燭》這首序詩，更被評論家們看做是聞一多生命的序詩和誓詞，高度讚揚他的「紅燭精神」，如勞辛直接讚揚聞一多就是「紅燭」〔註36〕；而《死水》則由於某些詩作表現出悲觀、頹廢、哀傷情緒或懷疑主義色彩，因而評論家對《死水》的整體評價，不再高於《紅燭》。即使有所讚譽，也是強調《死水》中也有積極的作品，或者是將《死水》中表現出的悲觀失望，闡釋成對黑暗時局的控訴和不滿，如黃藥眠就認爲《死水》中大量的詩歌都流露出了困惑、絕望的「不健康」情緒，但是這種消極的情緒是由於沉悶的時代造成的，「是爲了忠實於未來更積極躍進的準備」〔註37〕，而且黃藥眠認爲《死水》的下半部里正面的詩作還是很多的，這也反映出聞一多思想的進步和轉變。

聞一多的遇難，不僅讓評論界掀起了評論《紅燭》和《死水》的熱潮，還在大眾讀者中掀起了朗誦、閱讀聞詩的高潮。同樣的，因爲《紅燭》中有較多具有愛國主義色彩的詩作，而更受讀者歡迎，尤其是《紅燭》、《洗衣歌》等篇目，在各種爲聞一多舉行的悼念活動、或進行的民主集會中，時常被朗誦、引用。《紀念聞一多在清華園》〔註38〕中就記述了當時清華大學的學生舉行青年集會，最後一項程序必是集體朗誦聞一多的《洗衣歌》；很多青年學生撰文，表示視聞一多爲導師，要學習他做只求奉獻的「紅燭」，或洗刷祖國的苦難和骯髒的「偉大洗衣匠」；一些文人和學者也紛紛表示，以前對聞一多的詩歌不夠重視，「知道的很少」〔註39〕，這時才開始認眞閱讀《紅燭》和《死水》，並表示對這兩部詩集「有重新估價的必要」〔註40〕。經歷了八年抗戰的人們，對內戰充滿

---

〔註36〕勞辛：《聞一多的道路——燃燒著的生命的紅燭》，《大公報》，1949 年 7 月 15 日第 7 版。

〔註37〕黃藥眠：《論聞一多的詩——讀〈死水〉》，香港《文藝叢刊》第 1 輯，1946 年 9 月 20 日出版。

〔註38〕《紀念聞一多在清華園》，《觀察》，第 2 卷 23 期，1947 年 8 月 2 日。

〔註39〕喬木：《哀一多先生之死》，《解放日報》，1946 年 7 月 18 日。

〔註40〕黃藥眠：《論聞一多的詩——讀〈死水〉》，香港《文藝叢刊》第 1 輯，1946 年 9 月 20 日。

牴觸情緒，期待著民主、和平，聞一多爲了追求民主而犧牲，使得不同年齡、地域、信仰的人都對他充滿敬意，他的詩歌也在這一時期得到了最廣泛的讚譽。

總體看來，從 1946 到 1949 年，評論界和大眾讀者對《紅燭》和《死水》的看法大致有四點：第一，聞一多是一位愛國詩人，他有相當多的詩歌充滿了愛國主義色彩，這些詩歌是他所有詩歌中最具價值的部分；第二，詩集《死水》中有部分詩作雖表現出悲觀、頹廢、懷疑的色彩，但這是當時的社會環境造成的，是詩人對黑暗現實的憤怒和不滿的體現；第三，詩集《紅燭》的內容是愛國主義，藝術風格是唯美主義；詩集《死水》上半部是悲觀主義、懷疑主義，下半部轉向了現實主義。聞一多詩歌作品從思想內容到藝術風格的變化，揭示出聞一多本人思想的發展歷程，大致脈絡是從富有愛國激情，到對現實心灰意冷，再到重新燃起鬥志，即從詩人、學者到民主鬥士；第四，聞一多的階級身份基本定型，即「進步的民主主義者」。

從 1949 年中華人民共和國成立到文革前期，對聞詩的研究和闡釋，基本上是沿著前期這四點展開的。評論和研究聞詩的文章眾多，艾青〔註 41〕、臧克家〔註 42〕、劉登翰、孫紹振、謝冕、孫玉石、洪子誠〔註 43〕、陸耀東〔註 44〕等著名的詩人和學者的文章都產生了較大影響。這些文章所共有的特點是，將聞詩中具愛國色彩的一面不斷放大，對其詩作的闡釋和評析，都只是爲其愛國提供佐證。而聞詩在詩歌格律、形式方面進行的探索，在這時期鮮少被論及。原因是自 1949 年以後，發起格律詩運動的新月派成員，大多被定性爲「資產階級」。關於聞一多的格律詩理論和格律詩的評價，也是否定多過於肯定，例如，何其芳稱聞一多的格律詩理論是「帶有形式主義的傾向的」〔註 45〕，卞之琳則認爲聞一多「有時還要求照英國詩作爲格律基礎的以輕重音相間的『音步』來寫詩」〔註 46〕。「形式化」和「歐化」的格律詩，顯然不利於熱愛

〔註41〕艾青：《愛國詩人聞一多——紀念聞一多先生逝世四週年》，刊《人民日報·人民文藝》第 59 期，1950 年 7 月 30 日。

〔註42〕臧克家：《聞一多的詩——謹以此文，紀念一多先生遇難十週年》，刊《人民文學》1956 年第 7 期；《聞一多的〈發現〉和〈一句話〉》，刊《語文學習》1957 年 4 月號，4 月 19 日。

〔註43〕劉登翰、孫紹振、孫玉石、洪子誠、謝冕等：《無產階級革命詩歌的高潮——「新詩發展概況」之二》，《詩刊》1959 年 7 月號，7 月 25 日。

〔註44〕陸耀東：《讀聞一多的詩》，《湖北日報》1961 年 7 月 16 日第 3 版。

〔註45〕何其芳：《關於現代格律詩》，《中國青年》1954 年第 10 期。

〔註46〕卞之琳：《談詩歌的格律問題》，《文學評論》，1959 年第 2 期。

「祖國的歷史與文化」的「愛國詩人聞一多」的形象塑造，也就被有意規避
了。

　　矛盾的是，在這一時期，很多聞詩的評論者，一方面通過評析詩集《紅
燭》以謳歌聞一多的愛國精神，另一方面卻又批評其在藝術上的稚嫩、粗糙、
浪漫主義和唯美主義的傾向；一方面對聞一多的格律詩創作報以消極否定的
態度，另一方面卻又肯定收錄了大量格律詩的詩集《死水》藝術上較詩集《紅
燭》更爲成熟，更加精鍊、嚴謹。這種矛盾的態度，折射出在當時政治先行
的大環境下，詩評家受到時代的「制約」，在評論、選擇聞詩時不得已採取了
重思想、輕藝術的原則，而這種符合時代主流的偏向，卻並不一定符合詩評
家個人的藝術審美取向。類似的矛盾性還體現在對聞一多與新月派關係的闡
釋中。一方面由於新月派被定性爲「代表買辦階級利益的反動文學團體」，從
而簡單化的認爲新月派眾詩人的創作「總的傾向基本是一致的」〔註47〕，並
予以全盤否定；另一方面卻又牽強的強調聞一多是不同於新月其他人，將其
樹立爲脫離自身階級的「好榜樣」〔註48〕。特別到了50年代中期以後，階級
鬥爭越演越烈，部分評論家和學者則乾脆忽視聞一多曾是新月成員的事實，
對聞一多與新月派的關係避而不談，強行割裂了聞一多的詩歌創作與新月派
的關係；還有評論家和學者承認聞一多早期是新月派，但強調其後來思想和
創作發生了轉變，而這種轉變的發生，則被簡單化地歸結爲接受了正確思想
的影響。至此，對聞一多詩歌的闡釋、研究已經完全被納入了「爲現實鬥爭
服務」的軌道，走向了極度的片面、狹隘和單一。大眾和讀者所接觸到的聞
一多的詩歌，被固化爲兩個類別，即表達對祖國的熱愛、對美帝的厭惡的詩
歌，或表達對國民黨統治下黑暗現實的不滿、對人民的同情的詩歌。

## （五）

　　文革十年，詩集《紅燭》和《死水》的印刷出版和相關評論幾乎全面停
滯。文革結束後，1979年適逢聞一多誕辰80週年、殉難33週年，隨著聲勢
浩大的紀念活動，聞一多詩歌的宣傳、評論和閱讀又開始活躍起來。進入1980
年代後，詩集《紅燭》和《死水》除了被反覆出版單行本以外，其中作品還

---

〔註47〕劉登翰、孫紹振、孫玉石、洪子誠、謝冕等：《無產階級革命詩歌的高潮——
　　　　「新詩發展概況」之二》，《詩刊》1959年7月號，7月25日。
〔註48〕華文軍：《擬聞一多頌》，《學術月刊》1960年第11期。

被收錄進《聞一多紀念文集》、《聞一多全集》、《聞一多作品欣賞》等各類聞一多相關著作中。部分詩作被高頻次收錄進各類詩歌選本中，對推進大眾讀者的閱讀接受起到了積極作用。據不完全統計，新時期僅以《新月派詩選》為名的詩歌選本就有三種〔註49〕，聞詩收錄數目均排在第二位，僅次於徐志摩。其中藍棣之主編的《新月派詩選》共收錄聞詩27首，其中9首選自詩集《紅燭》，13首選自詩集《死水》。這版詩選曾入選2000年教育部制訂並通過的「高等學校中文系本科生專業閱讀書目」，被列為「大學生必讀叢書」，進一步推進了詩集《紅燭》和《死水》中部分詩作在高校學生中的傳播。

　　新時期以來，這兩部詩集及其中詩作，除了在大眾讀者中受到歡迎，在學術界也被越來越多的研究者關注。由於政治氣候的寬鬆，對詩集《紅燭》和《死水》進行的評論和闡釋逐漸擺脫「極左」軌道，從偏重其思想內容，轉變到思想內容、創作技巧、藝術價值等兼顧，研究成果非常可觀。特別從1983年開始，全國聞一多學術討論會開始定期召開，推進了對聞詩更加系統性和學理性的研究，使得聞一多詩歌的研究此後一直走在現代詩歌作家研究的前列。對這兩部詩集的闡釋，出現了三大趨勢：

　　第一是格律詩創作及格律理論探索的價值被認可。論者們不再將詩作與其理論背景割裂開來，而是聯繫詩論和詩作進行整體的評論和研究。最能體現以上變化的例子，是詩篇《紅燭》和《死水》所受到的評價和關注的變化。在聞一多殉難後直至文革前，詩篇《紅燭》一直被視為聞詩中最有代表性的篇目，甚至被視作聞一多生命的「序詩」，影響力較詩篇《死水》更大。到了八十年代以後，由於聞一多的格律詩論越來越被評論家所注意，只要提到聞一多，必定言及其格律詩論；而只要說到聞一多的格律詩論，就必定會提到格律詩的典範之作——《死水》。詩篇《死水》得到了重新評估和研究，開始更高頻次地被引用、評論，當然也就更高頻詞的進入大眾讀者的視野。到了90年代，《死水》更成為了聞詩中唯一入選人教版高中語文必修教材的詩篇，在青少年學生中被廣泛閱讀傳播，影響力逐漸超過了詩篇《紅燭》。

　　第二是對具體詩歌的解讀更加深入和細化。以《死水》為例，由於詩人在《死水》一詩後標注的寫作時間是1925年4月，因此部分學者認為此詩是

---

〔註49〕分別是：藍棣之主編：《新月派詩選》，北京：人民文學出版社1989年北京第1版；楊芳芳主編：《新月派詩選》，武漢：長江文藝出版社2006年版；《新月派詩選》，武漢：長江文藝出版社2011年版。

詩人留學美國期間寫作的，在解讀詩歌內容時，將「死水」視爲影射美國黑暗腐敗的資本主義社會現實。到了新時期，部分學者對《死水》的具體寫作時間，做了深入詳盡的考證，通過饒夢侃遺作〔註50〕等文獻資料，考證出詩人所署的時間應爲出版印刷時的誤排，實際寫作時間應爲1926年4月。這一考證結果爲《死水》的解讀提供了新的思路。儘管《死水》的寫作時間至今依然存在爭論，但考證本身足可見在新時期聞詩研究的深入和細化的程度。

　　第三是研究視野越來越開闊。在前一歷史時期，學界爲凸出聞詩中的愛國主義精神內核，研究視角多放在發掘其詩歌的民族特色上，到了新時期，拜倫、雪萊、華茲華斯、惠特曼、哈代等英美作家與聞一多的關係被認眞清理〔註51〕，美國意象派「對聞一多新格律詩三美的影響」〔註52〕，被充分言說；還有學者，從新詩「自己的傳統」視野，論述了聞一多詩歌在當下的價值與意義〔註53〕。

　　時至今日，隨著對詩集《紅燭》和《死水》闡釋的深化，這兩本詩集可以說已經逐漸擺脫了「愛國主義和革命傳統教育教材」的標籤，更多的被作爲具有文學審美價值或文學史價值的傑作而被讀者接受。

〔註50〕饒夢侃：《詩詞二題》，《詩刊》1979年第8期。
〔註51〕薛誠之：《聞一多和外國詩歌》，《外國文學研究》1979年第3期。
〔註52〕【法】培蘭・魏燕彥・文緒：《聞一多文化愛國主義話語的追溯》，《長江學術》2007年第2期。
〔註53〕榮光啓：《形式意識的自覺——詩人聞一多與當下中國新詩》，《長江學術》2007年第2期。

# 六、選本與穆旦詩歌經典化

　　文學選本既是一種特殊的閱讀接受方式，又是作品保存、傳播的重要途徑。穆旦詩歌自 1940 年代以來，便不斷入選各種選本，其在中國新詩史上重要地位的確立，與這些選本的作用密不可分。本節考察了自聞一多《現代詩鈔》以來的 227 部收入了穆旦作品的選本，研究它們與穆旦經典化歷程之重要關係。

## （一）

　　最早收入穆旦作品的選本為 1940 年代聞一多編選的《現代詩鈔》，選入穆旦詩歌《詩八首》、《出發》、《還原作用》及《幻想底乘客》，數量上僅次於新月派詩人徐志摩，而與艾青相同。《現代詩鈔》對穆旦詩歌的傳播與接受意義重大，借助聞一多在中國新文學史上的地位與影響，穆旦為更多讀者所知。然而，新中國成立後直至文革結束，特定的歷史文化語境使現代主義色彩濃厚的穆旦詩歌失去了相應的傳播空間，這一時期出版的選本未見有收入穆旦詩歌者。

　　1979 年出版的，北京大學、北京師範大學、北京師範學院三校中文系中國現代文學教研室協作編選的《新詩選》，收入了穆旦《詩八首》、《洗衣婦》、《春天和蜜蜂》與《出發》。該選本是為配合高校中國現代文學教學而編。就筆者所見，這是文革結束後新時期大陸學界最早出現的收錄了穆旦作品的選本。幾位編者也是本時期大陸學界最早關注到穆旦的學者。儘管當時的歷史文化語境決定了現代主義色彩濃厚的他，地位不可能被凸顯，選家在選入風格類似的詩人作品時特意解釋道：「根據歷史唯物主義的原則，考慮了教學的

實際需要，對於資產階級詩歌流派的作品，也少量選入，以供參考。」〔註1〕
然而，這畢竟是一次大膽的嘗試，意味著穆旦的文學史意義時隔多年後終於
再次得到了肯定。此時對穆旦重新出場意義最重大的選本爲《九葉集》（江蘇
人民出版社 1981 年版），這是辛笛、陳敬容、杜運燮、杭約赫、鄭敏、唐祈、
唐湜、袁可嘉九位詩人 1940 年代作品的合集，收入穆旦詩歌《在寒冷的臘月
的夜裏》、《控訴》、《讚美》、《詩八首》等 17 首。《九葉集》影響巨大，爲詩
人們贏得了「九葉派」的稱號，並使其作爲一個流派進入了文學史，如 1983
年出版的許志英編《中國現代文學史簡編》、1984 年唐弢主編的《中國現代文
學史簡編》等。正是借助它，穆旦開始爲人們熟悉，並越來越多地出現在一
些評論文章中。除兩選本外，穆旦詩歌也開始零星出現在其它一些選本中，
包括：《中國現代抒情短詩 100 首（1919〜1979）》（上海文藝出版社 1981 年
版）、王家新等編《中國現代愛情詩選》（長江文藝出版社 1981 年版）、聖野
《黎明的呼喚》（四川人民出版社 1982 年版）、白崇義等編《現代百家詩（1919
〜1949）》（寶文堂書店 1984 年版）、黃修己《中國現代文學史參考資料》（中
央廣播電視大學出版社 1984 年版）、《中國四十年代詩選》（重慶出版社 1985
年版）等。它們進一步擴大了穆旦的影響，使更多讀者注意到他的存在。

　　然而，綜觀這些選本，它們對穆旦詩歌的選擇較爲分散，且多數作品爲
穆旦詩歌中現實主義色彩明顯、易於爲讀者理解並能輕易從中闡釋出愛國主
義思想的作品，如《讚美》、《在寒冷的臘月的夜裏》、《洗衣婦》、《控訴》、《農
民兵》、《旗》等；亦或是那些色調清新、言說愛情與青春的詩歌，如《春天
和蜜蜂》、《春》。選家也並未突出穆旦在文學史上的獨特地位與意義，這表現
在大部分選家在前言或其它紹介作者的部分，對穆旦或避而不談，又或將其
作爲「九葉」詩人中的普通一員言說，而言說也偏重於表現詩人的愛國思想
與現實主義精神，並將詩人與西方現代派在本質上加以區別，代表者如袁可
嘉。他在《九葉集・序》中說道：幾位詩人「並沒有現代西方文藝家常有的
那種唯美主義、自我中心主義和虛無主義情調。他們的基調是正視現實生活，
表現眞情實感，強調藝術的獨創精神與風格的新穎鮮明。從作品的思想傾向
看，他們則注意抒寫四十年代人民的苦難、鬥爭以及渴望光明的心情。」在
談到穆旦時，袁可嘉特別以《讚美》一詩爲例，說明詩人「是以何等深沉的

---

〔註 1〕　北京大學、北京師範大學、北京師範學院中文系中國現代文學教研室主編：《新
　　　　詩選・序》，上海教育出版社 1979 年版，第 1 頁。

感情讚美祖國，又是那樣激動地歡呼著『一個民族已經起來』」。〔註2〕《九葉集》按姓氏筆畫順序排列九位詩人，穆旦位列最後。

其後，1986 年，人民文學出版社推出了《穆旦詩集》。這是建國後出版的第一部穆旦詩集，收入穆旦不同時期詩歌 66 首。它一方面表明人們已開始關注、思索詩人獨特的詩學話語和價值，另一方又極大推動了這一進程，因此，對穆旦詩歌的傳播與接受意義重大。1987 年，江蘇人民出版社出版了紀念文集《一個民族已經起來——懷念詩人、翻譯家穆旦》。儘管文集主要收錄這一階段穆旦研究的評論文章，但也將穆旦《讚美》、《在寒冷的臘月的夜裏》、《春》、《詩八首》、《冬》、《合唱》、《五月》幾首附於書末，供讀者瞭解穆旦詩歌特質。文集的作者們一致高度評價穆旦的詩藝及對中國新詩史的獨特貢獻，認爲穆旦「到達中國詩壇的前區了」，「就在 40 年代新詩現代化的前列」。〔註3〕這些評論進一步推動了穆旦文學史地位的提升，也使更多選家關注到了穆旦。

的確，這一時期較之 1970 年代末、1980 年代初，穆旦詩歌更爲頻繁地出現在各種選本中。據筆者統計，1986 年至 1993 年間，至少 23 部選本選入了穆旦詩歌，代表性選本如屈文澤等編《中國現代文學作品選》（湖南文藝出版社 1986 年版）、李平《中國文學作品選》（北京大學出版社 1986 年版）、蔣洛平等編《中國現代文學作品選》（四川大學出版社 1986 年版）、錢谷融《中國現代文學作品選》（華東師範大學出版社 1989 年版）、駱寒超等編《中國現代文學作品選》（浙江大學出版社 1992 年版）、嚴家炎等編《中國現代文學作品精選》（北京大學出版社 1993 年版）、吳奔星《中國新詩鑒賞大辭典》（江蘇文藝出版社 1988 年版）、謝冕等編《中國新詩萃》（人民文學出版社 1988 年版）、唐祈《中國新詩名篇鑒賞辭典》（四川辭書出版社 1990 年版）、公木《新詩鑒賞辭典》（上海辭書出版社 1991 年版）、孫黨伯《中國新文學大系（1937～1949）·詩卷》（上海文藝出版社 1990 年版）、張永健《中國現代新詩三百首》（長江文藝出版社 1992 年版）、謝冕《魚化石或懸崖邊的樹·歸來者詩卷》（北京師範大學出版社 1993 年版）等。

可以看出，這些選本主要供高校中國現代文學教學所用之作品選、新詩名篇鑒賞辭典、新詩萃，還包括中國新文學大系等，專業性較強。其中，由

---

〔註2〕　《九葉集·序》，江蘇人民出版社 1981 年版。
〔註3〕　杜運燮等編：《一個民族已經起來——懷念詩人、翻譯家穆旦》，江蘇人民出版社 1987 年版，第 5 頁，第 18 頁。

臧克家作序、孫黨伯編選的《中國新文學大系 1937～1949·詩卷》，意義尤為特殊，因為中國新文學大系本身即是對新文學運動各個時期創作、理論的系統總結，富有經典性與權威性。穆旦《在寒冷的臘月的夜裏》、《詩八章》、《自然底夢》、《讚美》、《旗》被選入大系，數量上與辛笛、陳敬容相同，而多於其餘「九葉」詩人，這凸顯了他在流派中的獨特性，同時也意味著穆旦的新詩史地位得到了權威肯定。而從進入選本的穆旦詩歌看，更多的不同時期的詩作——亦包括建國後的詩歌，進入了選家視野，又尤以《讚美》、《詩八首》出現頻率最高。《詩八首》的頻繁出現意味著穆旦獨特的現代主義色彩得到了認同。選家們確實也不再著意強調詩人的愛國思想和現實主義精神，而是突出其現代派特徵。例如杜運燮，他在為《穆旦詩選》所做的後記中說道：「穆旦是中國最早有意識地採取葉慈、艾略特、奧登等現代詩人的部分表現技巧的幾個詩人之一。」杜運燮高度評價了穆旦對中國新詩的貢獻，指出：「他的詩在藝術上達到的水平，他的探索所取得的成就，以及在開拓和豐富中國新詩的表現方法方面，都做出了寶貴的貢獻。」〔註4〕另，就整體而言，穆旦詩歌數目在選集中的比重也有所上升，如嚴家炎等主編《中國現代文學作品精選》選入穆旦詩 11 首，數量上甚至多於馮至、徐志摩、艾青等人而居首，這無疑是對其新詩史地位的肯定。

　　而 20 世紀 90 年代中期以來，穆旦在新詩史上的地位得到了進一步的鞏固和提高，並被逐漸「經典化」。一個重要標誌是，一批重要選本紛紛選入穆旦詩歌，並賦予其極高的地位與評價。1994 年張同道、戴定南主編的《二十世紀中國文學大師文庫·詩歌卷》以「詩歌文本的審美價值及其對詩史的影響」為標準，選擇了 12 位對 20 世紀中國詩歌產生了重大影響的詩人，穆旦位列榜首，在序言中，編者稱穆旦「為 20 世紀中國現代詩學帶來了革命性震蕩」〔註5〕；1996 年，李方主編的《穆旦詩全集》被列為「二十世紀桂冠詩叢」中的一輯，由中國文學出版社出版，謝冕為詩集作序，他明確地稱穆旦為新詩的「經典性人物」，說道，穆旦是「最能代表本世紀下半葉——從他出現以至於今——中國詩歌精神的經典性人物」〔註6〕。其後，一系列宣稱選擇「優秀」、「經典」作品，甚至部分直接以「經典」名之的選集，都選入了穆旦作

---

〔註 4〕 《穆旦詩選·後記》，人民文學出版社 1986 年版。
〔註 5〕 張同道、戴定南編：《二十世紀中國文學大師文庫·詩歌卷》，海南出版社 1994 年版。
〔註 6〕 李方編：《穆旦詩全集》，中國文學出版社 1996 年版。

品。如：謝冕、錢理群《百年中國文學經典（1937～1949）》（北京大學出版社 1996 年版），謝冕、孟繁華《中國百年文學經典文庫・詩歌卷》（海天出版社 1996 年版），謝冕《中國百年詩歌選》（山東文藝出版社 1997 年版），張新穎《中國新詩：1916～2000）（復旦大學出版社 2001 年版）》，謝冕《百年百篇文學精選讀本・詩歌卷》（天津教育出版社 2002 年版），《詩刊》編輯部編《中華詩歌百年精華》（人民文學出版社 2002 年版），楊曉民《百年百首經典詩歌》（長江文藝出版社 2003 年版），王富仁《二十世紀中國詩歌經典》（北京師範大學出版社 2004 年版）等。這些選本中，穆旦詩歌佔據了重要位置，《百年中國文學經典（1937～1949）》、《中國新詩：1916～2000》中，穆旦入選詩歌數量均居各派詩人之首。還有一類試圖模仿《唐詩三百首》模式，爲新文學或新詩選出「三百首」經典的選本，如張大明《中國現代文學名作三百篇》（四川人民出版社 1998 年版），譚五昌《中國新詩三百首》（北京出版社 1999 年版），牛漢、謝冕《新詩三百首》（中國青年出版社 2000 年版）等，都入選了多首穆旦詩歌。

20 世紀 90 年代中期以後，穆旦詩歌仍舊進入了多部中國現當代文學教學所用的作品選，如朱文華、許道明《新編中國現代文學作品選》（復旦大學出版社 1996 年版），錢谷融《中國當代文學作品選讀》（華東師範大學出版社 1999 年出版），錢谷融《中國現當代文學作品選（1919～1945）》（華東師範大學出版社 2000 年版），黃曼君《中國現代文學作品選》（華中師範大學出版社 2000 年版），劉川鄂《新編中國現當代文學作品選》（武漢出版社 2002 年版），朱棟霖《中國現代文學作品選》（高等教育出版社 2002 年版）。此外，穆旦詩歌還進入了相當多大學、中學語文課本中，據筆者統計，1999 年以來，至少 76 部大學、中學語文課本選入了穆旦詩歌。穆旦個人詩歌選集也多次出版，除《穆旦詩全集》外，這一時期，還出版有曹元勇《蛇的誘惑》（「世紀的回響」叢書中一輯，珠海出版社 1997 年版）、夢晨《穆旦代表作》（華夏出版社 1999 年版）、《穆旦精選集》（燕山出版社 2006 年版）、《穆旦詩文集》（人民文學出版社 2006 年版）。穆旦 1947 年自印的詩集《穆旦詩集（1939～1945）》則不斷被重新出版：1994 年作爲「中國現代詩歌名家名作原版庫」一種由中國文聯出版公司出版，2000 年作爲「百年百種優秀中國文學圖書」一種由人民文學出版社出版（同套叢書還包括《九葉集》），2001 年作爲「新文學碑林」一種再次由人民文學出版社出版。

2010 年 9 月，謝冕任主編，歷時五年編選，總計十卷，時段近百年，收入新詩作品達四千餘首的《中國新詩總系》（以下簡稱《總系》），由人民文學出版社出版。有研究者認爲，「甚至在某種程度上，《總系》對文學編選的全景展覽式規模已經超越了《大系》。」〔註 7〕穆旦詩歌分別入選第 3 卷（編者吳曉東，時段爲 1937～1949）、第 4 卷（編者謝冕，時段爲 1949～1959）、第 6 卷（編者程光煒，時段爲 1969～1979）。穆旦詩歌入選數量不僅在第 3、6 卷中最多，而且亦爲《總系》中數目最多者，其在新詩史上的「經典」地位再次得到了確認。

（二）

那麼，這些選本呈現了一個怎樣的穆旦呢？選家的目光主要投向穆旦哪些作品？本文對出現在 227 個選本中的穆旦詩歌進行了統計，發現入選頻次最高的兩首詩歌爲《讚美》與《詩八首》，分別入選 111 次與 96 次，遠超於穆旦其它作品。〔註 8〕並且，這二首詩歌在不同時段收入穆旦詩歌的選本中，幾乎也均出現頻率最高。因而，正是這兩首詩主要參與了穆旦「經典」形象的塑造。但是這又是內容、風格差異很大的兩首詩，選家爲何對它們如此青睞？

從創作時間看，兩首詩均爲穆旦建國前作品，《讚美》作於 1941 年，《詩八首》作於 1942 年。然而，這兩首詩主題並不相同，分別代表了穆旦建國前創作的兩個重要方向：一類以抗日戰爭爲背景，描寫苦難中國的現實場景，抒發對社會人生的感受，屬於這類作品的有《讚美》、《在寒冷的臘月的夜裏》、《出發》、《洗衣婦》、《農民兵》、《給戰士》等。其中《讚美》無疑最爲優秀。它是「常常用來說明穆旦有左傾醒覺的例證」。〔註 9〕作者描寫了中華民族的深重苦難：在恥辱裏生活的佝僂的人民，永遠無言地跟在犁後旋轉的農民，在飢餓裏忍耐的孩子……構成了一副副苦難的鏡象。然而，這個民族沒有流

---

〔註 7〕 李潤霞：《〈中國新詩總系〉的編選原則與史料問題》，《文藝爭鳴》2011 年第 6 期。

〔註 8〕 據筆者統計，入選頻次居於前十的其它詩歌分別爲《春》（62 次）、《在寒冷的臘月的夜裏》（38 次）、《冬》（34 次）、旗（25 次）、《自然底夢》（22 次）、《智慧之歌》（22 次）、《野獸》（20 次）與《森林之魅》（19 次）。

〔註 9〕 李焯雄：《欲望的暗室和習慣的硬殼——略論穆旦戰時詩作的風格》，出自杜運燮等編：《豐富和豐富的痛苦——穆旦逝世 20 週年紀念文集》，北京師範大學出版社 1997 年版，第 50 頁。

淚，沒有屈服，相反，這個民族已經起來。詩人歌頌的是一個忍辱負重的民族蘊含的巨大潛在能量，感情深厚、凝重。「因爲一個民族已經起來」這一詩句則不斷在每節詩歌末尾重複，大大加深了詩歌的情感力度。風格上明顯帶有艾青影響的印記，沉雄有力、感人肺腑。在袁可嘉看來，這是一首帶有「深度和厚度」的詩，詩人對祖國的讚美「不是輕飄飄的，而是伴隨著深沉的痛苦的」，因而是一首「『帶血』的歌」。〔註10〕詩歌內涵並不晦澀，屬於其作品中的明白通暢之作。

　　另一類詩歌則側重於探索自我。這是穆旦詩作最獨特的部分。穆旦對「自我」從不盲目地加以肯定與推崇，反而著力表現「自我」的矛盾、痛苦、困惑與衝突，他筆下的「自我」永遠是殘缺、分裂、不穩定的。正是這種對「自我」的審視與懷疑，顯示了穆旦不同於其他前輩詩人的深刻性及他的現代性。《詩八首》即是這樣一組作品。同時，作爲一組愛情詩，它缺少了傳統愛情詩歌的熱烈與纏綿，詩人用一種極其冷峻的態度抒寫愛情，視其爲自然的一個蛻變程序，是「上帝在玩弄他自己」。這種對待愛情的態度不同於浪漫主義詩人，也是現代派的。在創作方法上，《詩八首》將形而下的肉體感覺與形而上的抽象玄思相結合。而身體與思想的結合是穆旦這一派詩人「區別於前輩詩人的重要詩學取向」〔註11〕。對此，王佐良評價道：穆旦的詩「總給人一點肉體的感覺」，他「不僅用頭腦思想，他還『用身體思想』」，進而，王佐良認爲《詩八首》這個「將肉體與形而上的玄思混合的作品是現代中國最好的情詩之一」。〔註12〕因此，在多重維度上，《詩八首》顯示出了穆旦的獨特性。它得到了眾多評論家的高度推崇，並被認爲是最能代表穆旦風格的作品。香港學者梁秉鈞也認爲它「可能是新詩中最好的情詩」〔註13〕；張同道說：「其深度、密度、廣度都抵達了前所未有的水準。當我們稱讚它的卓越時所面臨的是世界範圍的作品，而不僅僅是中國」，並認爲《詩八首》是「典型的穆旦式詩風」〔註14〕；杜運

〔註10〕　《九葉集・序》，江蘇人民出版社1981年版。
〔註11〕　吳曉東：《戰爭年代的詩藝歷程》，出自吳曉東編：《中國新詩總系（1937～1949）・導言》，人民文學出版社2009年版。
〔註12〕　王佐良：《一個中國詩人》，《文學雜誌》1947年8月號。
〔註13〕　梁秉鈞：《穆旦與現代的「我」》，出自杜運燮等編：《一個民族已經起來——懷念詩人、翻譯家穆旦》，江蘇人民出版社1987年版，第51頁。
〔註14〕　張同道：《帶電的肉體與搏鬥的靈魂：穆旦》，出自杜運燮等編：《豐富和豐富的痛苦——穆旦逝世20週年紀念文集》，北京師範大學出版社1997年版，第81～90頁。

變也指出，《詩八首》「的確較典型地表現了他的詩的獨特風格」〔註15〕。

當然，一個優秀詩人的創作不可能局限於某種風格，而帶有多面性。例如，穆旦建國後的作品較之建國前整體上又有了新變，其現代主義色彩大爲降低，語言更爲平實，思想則又達到了另一層深度。而《讚美》與《詩八首》是其建國前不同風格探索的兩首代表作。《讚美》以其對苦難民族的深沉愛戀及樸素、凝重、博大的詩風而被讚賞，《詩八首》則充分體現了詩人不同於前輩詩人的那些異質性因素。它們成爲穆旦詩歌中流傳最爲廣泛的作品，並經常同時入選不同選家的選本，如《九葉集》，唐祈的《中國新詩名篇鑒賞辭典》，《中國新文學大系（1937～1949）‧詩卷》，藍棣之的《九葉派詩選》，嚴家炎、孫玉石的《中國現代文學作品精選》，王聖思的《九葉之樹長青——「九葉詩人」作品選》，張同道等的《二十世紀中國文學大師文庫‧詩卷》，謝冕、錢理群的《百年文學經典》，張大明的《中國現代文學名作三百篇》，譚五的《中國新詩三百首》，錢谷融的《中國現當代文學作品選（1919～1945）》，牛漢、謝冕的《新詩三百首》，張新穎的《中國新詩：1916～2000》，喬以鋼的《現代中國文學作品選評》，吳曉東的《中國新詩總系（1937～1949）》等，並被賦予「經典」的稱號，共同「參與」了對穆旦詩人形象的塑造。這形象即如譚五昌所言：「穆旦的詩在揭示現代人靈魂深處自我搏鬥的尖銳程度所達到的深度方面，可謂罕有其匹」。譚五昌以《詩八首》爲例進行說明，指出它「對戀愛雙方在情感與理智方面層次繁多的衝突、磨合與糾葛的深入揭示，給人以空前的『閱讀震撼』」；同時，穆旦「在『帶電的肉體與搏鬥的靈魂』這樣典型化的現代主義母題探索中，又融入了歷史意識與民族情感（如《讚美》），極大地豐富了現代主義的主題」。又因其表現方式的創新，譚五昌認爲穆旦的創作「標誌著中國現代史的創作已臻巔峰狀態」。〔註16〕這樣，呈現在讀者面前的穆旦，不僅是一位深受西方現代派影響的現代主義詩人，還是一位強烈關注民族、人民命運，忠於民族與人民的民族詩人，這就是穆旦的「經典性」所在。

然而，誠如上文所言，這兩首詩之間風格差異頗大。受限於編選意圖、選家個人趣味乃至選本容量等因素，它們相當多時候並不同時出現在一個選本內，並且出現在同一類型選本中的頻次也並不相同。在本文考察的 227 個選本

---

〔註15〕 杜運燮：《穆旦著譯的背後》，出自杜運燮等編：《一個民族已經起來——懷念詩人、翻譯家穆旦》，江蘇人民出版社 1987 年版，第 112 頁。
〔註16〕 譚五昌主編：《中國新詩三百首‧序言》，北京出版社 1999 年版。

中，《讚美》入選總頻次爲 111 次，其中，入選高校中文系中國現代文學史課程教學作品選的頻次爲 19 次，大學、中學語文課本頻次 35 次，其餘普通選本 57 次；《詩八首》入選總頻次爲 96 次，高校中文系中國現代文學史課程教學作品選的入選頻次爲 23 次，大學、中學語文課本頻次爲 19 次，其餘普通選本 54 次。可發現，《讚美》入選總頻次高於《詩八首》，主要緣於其大學、中學語文課本入選頻次較高。進一步分析可得，《讚美》還頻繁入選於一些主題鮮明、旨在傳達進步愛國思想、增強人們愛國意識的選本，如臧克家的《中國抗日戰爭時期大後方文學書系・詩歌》（重慶出版社 1989 年版），呂進的《愛我中華詩歌鑒賞・現代份冊》（重慶大學出版社 1993 年版），陸耀東的《中國現代愛國詩歌精品》（武漢大學出版社 1994 年版），李輝凡的《世界反法西斯文學書系・中國卷》（重慶出版社 1994 年版），段茂南、郭仁懷的《抗戰名詩名文賞析》（江蘇教育出版社 1995 年版），《紅色詩歌集》（人民文學出版社 2001 年版），《紅色詩鈔》（人民文學出版社），劉增傑的《抗戰詩歌》（河南大學出版社 2005 年版）等。可見，《讚美》的頻繁入選，與其思想價值密切相關。

當從對中國新詩發展產生的影響及藝術審美角度考察時，《詩八首》得到了更多選家的青睞。這種偏愛自 1940 年代即已開始。1940 年代，聞一多編選《現代詩鈔》時，收入了《詩八首》，同時選入的還有《出發》、《還原作用》、《幻想底乘客》。幾首詩的入選，與此時聞一多審美意識的變化相關。自 1930 年代開始即浸淫於古籍整理研究、甚至被同事戲稱爲「何妨一下樓主人」的聞一多，1940 年代詩歌審美意識較之早期，已有所不同，由浪漫主義轉向對現實主義和現代主義的關注。他既注重詩歌的社會功能，熱情洋溢地讚揚田間爲「時代的鼓手」〔註 17〕；亦重視詩歌的審美特性，選集內收入了大量具有現代派風格的作品。據孫玉石統計：「《現代詩鈔》所選作品，入選詩人共 65 人，其中有明顯的現代派風格與傾向的詩人，有 29 位，占入選總數的 45.8％。入選詩作共 184 首，其中具現代派作風的有 70 首，約占入選總數的 38％。」〔註 18〕可見，聞一多確實將現代派詩人置於重要地位。入選的穆旦幾首詩歌均爲現代主義傾向明顯的作品。《現代詩鈔》對《詩八首》經典地位的確立意義重大。杜運燮曾說：「很多人對穆旦詩的印象都同《詩八首》聯在一起。這也很自然。因爲從聞一多《現代詩鈔》起的許多新詩選本都選有此詩。」

---

〔註 17〕《聞一多精選集》，北京燕山出版社 2005 年版，第 253 頁。
〔註 18〕孫玉石：《中國現代主義詩潮史論》，北京大學出版社 1999 年版，第 268 頁。

從中可看出該選本對《詩八首》最初及後來傳播的重要性，成爲了所謂最能顯示穆旦風格與特點的作品。後來，很多宣稱以詩歌藝術審美價值爲判斷標準的選本，都更爲推崇《詩八首》。例如張同道等人所編《二十世紀文學大師文庫》，編者聲明以作品的審美價值及文學影響而非其它因素爲準，選擇 20 世紀中國文學大師，並爲他們排定座次；對入選者的作品，依舊以此標準排序。循此，在選集的詩歌卷中，穆旦位居各位詩人之首，而《詩八首》在入選的穆旦作品中又居於榜首，《讚美》則居於《春》、《在寒冷的臘月的夜裏》之後，僅爲第四。此外，在專業性更強的高校中文系中國現代文學史作品選中，《詩八首》入選頻率也高於《讚美》。這些都說明，《詩八首》在藝術審美層面較之《讚美》獲得了更多認同。

## （三）

然而，選本間的這種差異不僅體現於對《讚美》與《詩八首》的選擇與評價方面，還突出表現於它們對穆旦其它「經典」作品的指認上。一個饒有趣味的現象是，不同選本間，其收入的所謂穆旦「經典」作品差異很大。本文考察了 1994 年至 2004 年間較爲集中出現的十部收錄了穆旦詩歌的選本，它們的編者均有明顯的經典意識，宣稱其選入作品爲中國新文學或新詩中「優秀」、「經典」之作。然而，僅就穆旦而言，其收入的篇目卻相差很大。它們收入的穆旦詩歌如下：

1. 張同道、戴定南主編的《二十世紀中國文學大師文庫・詩歌卷》（1994年）：《詩八首》、《春》、《在寒冷的臘月的夜裏》、《讚美》、《控訴》、《五月》、《防空洞裏的抒情詩》、《我》、《贈別》、《從空虛到充實》、《冬》、《友誼》、《森林之魅》、《合唱》、《還原作用》、《夜晚的告別》、《出發》、《自然底夢》、《幻想底乘客》、《詩（一）》、《詩（二）》、《成熟（一）》、《活下去》、《流吧，長江的水》、《甘地》、《給戰士》、《野外演習》、《先導》、《一個戰士需要溫柔的時候》、《野獸》；

2. 謝冕，錢理群主編的《百年中國文學經典》（1996 年）：《讚美》、《詩八首》、《在寒冷的臘月的夜裏》、《被圍者》、《森林之歌》〔註19〕；

---

〔註19〕 注：《森林之魅》最初刊行時題爲《森林之歌——祭野人山死難的兵士》，收入穆旦1947年5月自費印行的《穆旦詩集（1939～1945）》時，題目改爲《森林之魅——祭胡康河上的白骨》。

3. 謝冕，孟繁華主編的《中國百年文學經典文庫》（1996 年）：《在曠野上》，《在寒冷的臘月的夜裏》，《讚美》，《自然底夢》，《冬》，《停電之後》；

4. 謝冕主編的《中國百年詩歌選》（1997 年）：《在曠野上》，《在寒冷的臘月的夜裏》，《讚美》，《隱現》，《流吧，長江的水》，《冬》，《停電之後》；

5. 張大明主編的《中國現代文學名作三百篇》（1998 年）：《我》，《讚美》，《春》，《詩八首》；

6. 譚五昌主編的《中國新詩三百首》（1999 年）：《讚美》、《春》、《詩八首》、《旗》、《森林之魅》、《冬》；

7. 牛漢、謝冕主編的《新詩三百首》（2000 年）：《野獸》、《讚美》、《詩八首》、《春》；

8. 張新穎主編的《中國新詩：1916～2000》（2001 年）：《防空洞裏的抒情詩》、《還原作用》、《五月》、《讚美》、《詩八首》、《活下去》、《發現》、《智慧之歌》、《老年的夢囈》、《冬》；

9. 謝冕主編的《百年百篇文學精選讀本‧詩歌卷》（2002）：《讚美》、《詩八首》；

10. 王富仁主編的《二十世紀中國詩歌經典》（2004）：《讚美》、《出發》、《時感四首》、《隱現》、《理智和情感》、《自己》、《停電之後》、《冬》。

十選本共收入穆旦詩歌 42 首，其中入選頻次最高的三首詩爲《讚美》（10 次）、《詩八首》（7 次）與《冬》（6 次），也僅這三首詩獲得了超過半數選本的肯定。餘下作品中：《春》、《在寒冷的臘月的夜裏》入選 4 次；《森林之魅》、《停電之後》入選 3 次；《防空洞裏的抒情詩》、《五月》、《我》、《還原作用》、《出發》、《活下去》、《流吧，長江的水》、《自然底夢》、《野獸》、《在曠野上》、《隱現》入選 2 次；其它 23 首詩歌只入選 1 次。篇目的廣泛儘管有利於更多穆旦詩歌進入讀者視野，卻也反映了選家對什麼是穆旦「經典」這一問題分歧頗大——這某種程度又使穆旦形象變得奇異、多變，反而誤導了讀者對穆旦的接受。

僅以謝冕這一編者爲例，上述十選本中，他承擔主編的即有五部：《百年中國文學經典》、《中國百年文學經典文庫》、《中國百年詩歌選》、《新詩三百首》及《百年百篇文學精選讀本‧詩歌卷》。其中，《新詩三百首》較爲特殊，這部選本並非基於謝冕個人意志，而是由「專家集體編選」：「由詩歌界公認的海內外詩歌學者、評論家、詩人 30 人左右組成編委會，每人提供一份自己

的『新詩三百首』篇目，再由 7～9 人組成的常務編委會，根據具體的得票情況，最後決定入選篇目。」〔註 20〕謝冕的主編地位也由推薦而來，他對選目亦僅有一票之權。餘下三部選本則明顯與個人意志密切相關。然而，它們之間選目差異巨大，這尤其突出表現在《百年中國文學經典》與《中國百年文學經典文庫》兩部均以「經典」名之、且於同一年推出的選本中。它們收入的穆旦詩歌只有《讚美》、《在寒冷的臘月的夜裏》兩首相同。後者並未收入《詩八首》、《春》這樣最具穆旦特質與風格的作品。這一現象不由得使人思索，怎樣認定一部作品為「經典」？

謝冕在《百年中國文學經典》序言中，曾談到他對文學「經典」的認定：「大體是指那些能通過具體的描寫或感覺，直接或間接地表現出對生活的信念、對人和大地的永恒之愛，有鮮明的個人風格，又有精湛豐盈的藝術表現力的作品。由於考慮到這一百年文學和社會的密切關聯，編者尤為關注那些保留和傳達了產生它的特定時代風情的精神勞作。」〔註 21〕這裡，謝冕表現了他對 20 世紀中國文學與政治間的密切關係，所持的理解與寬容態度。的確，文學作為一種特定時代的精神產品，不可避免地會帶有時代烙印。因此，這部選集中收入了李季的詩歌《王貴與李香香》。《中國百年文學經典文庫·選編後記》中，謝冕對「經典」又表達了類似的看法：「基於人類崇高精神的對於土地和公眾命運的關切；豐沛的人生經驗與時代精神的聚合；充分的現實感和歷史深度的交匯。當然，這一切的表達應當是詩性的，它斷然拒絕一切非詩傾向的侵入與取代。」〔註 22〕然而，令人詫異的是，相同的標準下，兩部選本的選目卻有很大不同。這不僅體現在對穆旦詩歌的選擇上，它們對馮至、鄭敏、阿壟等人詩歌的選擇亦出入甚遠。在另一部選本《中國百年詩歌選》中，謝冕又談到了什麼是「好詩」：「我很看重自己對詩的感覺。有的詩讀了之後讓人興奮，這是好詩。當然，最好的是那些讓人讀了一遍就能記住的那類詩。記住什麼了？也許是境界，也許是表達，也許是色彩或節奏，總之，它總是提供與眾不同的東西。我總是把自己記住的這些詩從浩如煙海的作品中挑選出來，用一定的體例把它們組織在一起，一個選本就這樣誕生了。」

---

〔註 20〕牛漢、謝冕主編：《新詩三百首》，中國青年出版社 2000 年版，第 725 頁。
〔註 21〕謝冕、錢理群主編：《百年中國文學經典·序》，北京大學出版社 1996 年版。
〔註 22〕謝冕、孟繁華主編：《中國百年文學經典文庫（詩歌卷）·選編後記》，海天出版社 1996 年版。

〔註23〕強調的是詩歌帶給選家獨特的「感覺」。這一選集的特別之處在於將舊體詩詞納入其中，以糾正過往選本對其的忽略。然而，令人迷惑的是，編者似乎又過於強調舊體詩詞的地位，選集中，晚清「詩界革命」代表詩人丘逢甲入選詩歌 11 首，數量上僅次於艾青（12 首）。而穆旦僅選入 7 首，數量上甚至不及康有爲、公劉等人。這似乎與謝冕曾經賦予穆旦的「經典」地位並不相稱。《百年百篇文學精選讀本・詩歌卷》收入穆旦《讚美》與《詩八首》。編者在編後記中談道，該選本的選擇標準爲作品的藝術性，「依作品的藝術層面和題材、手法的特異性」。但就題材、手法的特異性而言，《讚美》似乎在穆旦作品中並不突出，讀者從中能夠清晰感受到艾青的影響。

　　這種矛盾不僅體現在同一編者身上，不同編者間對「經典」的判斷標準差異更爲明顯。例如，較之謝冕對 20 世紀中國文學與政治的關係所持的理解、寬容態度不同，張同道非常反對政治等非文學因素對文學的干擾，而強調文學獨立的審美價值。他所認爲的「經典」應至少具備四種品質：語言上的獨特創造、文體上的卓越建樹、表現上的傑出成就以及形而上意味的獨特建構。〔註24〕張新穎則試圖於個人審美趣味與文學史意義間求得某種平衡，在《中國新詩：1916～2000》的序言中，她說道：「以近一個世紀爲時間跨度的選本，無疑也應該通過作品反映基本的文學史情形。」透露出希望以作品展現中國新詩發展概況的意圖。然而，他又認爲這種以「選」代「史」的願望不能太強烈，「這個選本有意識地瓦解一段時期內所謂的詩史『主流』的觀念和此一觀念統攝下的作品『定位』、『排序』，同時也有意識地不以另一種單一的觀念和趣味取而代之，雖然帶有編選者個人的主觀傾向，還是想盡可能地呈現出多元的詩觀和詩作面貌。」〔註25〕可見「多元詩觀」是其秉承的價值觀。《中國現代文學名作三百篇・前言》中，張大明強調入選作品必須是「精品」，它們是「內容健康、有益，意蘊豐富，藝術精良，形式完整，頗耐咀嚼，能夠長期把玩的上乘之作」，但判斷「精品」的重要依據卻是「國家教委高教司頒發的《中國現代文學史教學大綱》（高等教育出版社 1996 年 5 月版），以及國內一些權威選本」〔註26〕，這似乎又反映出編者並沒有明確的選擇標準，缺乏獨立的判斷能力。

---

〔註23〕謝冕編：《中國百年詩歌選・後記》，山東文藝出版社 1997 年版。
〔註24〕張同道、戴定南編：《二十世紀中國文學大師文庫・詩歌卷・序言》，海南出版社 1994 年版。
〔註25〕張新穎主編：《中國新詩：1916～2000・序》，復旦大學出版社 2001 年版。
〔註26〕張大明主編：《中國現代文學名作三百篇》，四川人民出版社 1998 年版。

　　種種差異、矛盾，使「經典」一詞愈發令人難以理解。誠然，不同選本間，由於選家選擇標準以及審美趣味的差異，確實可能差異巨大，甚至可以說，有多少位選家，就有多少個選本；而且，上述選本一個共同的重要意圖是以作品證明百年中國文學、百年中國新詩的成就，態度可嘉。但這一過程中，引發人思索的是，到底何為「經典」？選家們對「經典」一詞的使用，態度是否又足夠審慎？出現如此眾多以「經典」名之、彼此間差異卻巨大的選本，這至少可以說明，學界對這一詞語的使用並不謹慎，甚至存在著嚴重的經典「濫用」現象。一部作品能否成為「經典」，時間是一個重要判斷因素。不僅穆旦作品，甚至整體中國新文學都存在產生時間短，言說者與作家、作品間沒有足夠距離的問題，因此，確立一位作家、一部作品為「經典」，似乎都還言之過早。上述諸多選本都參與進了穆旦的「經典化」歷程，然而，一定程度上卻又使穆旦形象變得模糊，阻礙了讀者對穆旦的接受。

# 參考文獻

1. 〔法〕米歇爾・福柯：《知識考古學》，謝強、馬月譯，三聯書店 1998 年版。

2. 〔法〕雅克・德里達：《文學行動》，趙興國等譯，中國社會科學出版社 1998 年版。

3. 〔法〕雅克・馬利坦：《藝術與詩中的創造性直覺》，劉有元等譯，三聯書店 1991 年版。

4. 〔法〕安托瓦納・貢巴尼翁：《反現代化》，郭宏安譯，三聯書店 2009 年版。

5. 〔美〕斯坦利・費什：《讀者反應批評：理論與實踐》，文楚安譯，中國社會科學出版社 1998 年版。

6. 〔美〕哈羅德・布魯姆：《影響的焦慮》，徐文博譯，三聯書店 1989 年版。

7. 〔美〕愛德華・W・薩義德：《文化與帝國主義》，三聯書店 2003 年版。

8. 〔美〕愛德華・W・薩義德：《東方學》，三聯書店 1999 年版。

9. 〔美〕吉爾伯特・羅茲曼主編：《中國的現代化》，江蘇人民出版社 1995 年版。

10. 〔美〕孫康宜：《詞與文類研究》，北京大學出版社 2004 年版。

11. 〔美〕奚密：《現代漢詩》，上海三聯書店 2008 年版。

12. 〔德〕恩斯特・卡西爾：《語言與神話》，三聯書店 1988 年版。

13. 〔德〕恩斯特・卡西爾：《人論》，上海譯文出版社 1985 年版。

14. 〔德〕本雅明：《發達資本主義時代的抒情詩人》，張旭東等譯，三聯書店 1989 年版。

15. 〔日〕竹內好：《近代的超克》，李冬木等譯，三聯書店 2005 年版。

16. 〔英〕埃里・凱杜里:《民族主義》,張明明譯,中央編譯出版社 2002 年版。

17. 〔英〕安東尼・D・史密斯:《全球化時代的民族與民族主義》,龔維斌、良警宇譯,中央編譯出版社 2002 年版。

18. 〔英〕厄內斯特・蓋爾納:《民族與民族主義》,韓紅譯,中央編譯出版社 2002 年版。

19. 〔英〕馮客:《近代中國之種族觀念》,楊立華譯,江蘇人民出版社 1999 年版。

20. 〔英〕馬・佈雷德伯里等編:《現代主義》,上海外語教育出版社 1992 年版。

21. 〔英〕特倫斯・霍克斯:《結構主義和符號學》,瞿鐵鵬譯,上海譯文出版社 1987 年版。

22. 袁可嘉等編選:《現代主義文學研究》,中國社會科學出版社 1989 年版。

23. 胡適:《胡適全集》(第 10 卷),安徽教育出版社 2003 年版。

24.《胡適學術文集》,中華書局 1993 年版。

25.《中國新文學大系・詩集》,上海良友圖書印刷公司 1935 年版。

26.《中國新文學大系・建設理論集》,上海良友圖書印刷公司 1935 年版。

27. 臧克家:《臧克家全集》,時代文藝出版社 2002 年版。

28. 北京大學等編:《文學運動史料選》,上海教育出版社 1979 年版。

29. 謝冕、洪子誠主編:《中國當代文學史料選》,北京大學出版社 1995 年版。

30. 孫黨伯等主編:《聞一多全集》,湖北人民出版社 1993 年版。

31. 楊匡漢、劉福春編:《中國現代詩論》,花城出版社 1985 年版。

32. 吳宏聰等編:《創造社資料》,福建人民出版社 1985 年版。

33.《郭沫若全集》,人民文學出版社 1989 年版。

34. 梁啟超:《飲冰室詩話》,人民文學出版社 1998 年版。

35. 臧克家:《中國新詩選 1919~1949》,中國青年出版社 1957 年版。

36. 北京大學中文系:《新詩選》,上海教育出版社 1979 年版。

37. 劉福春:《中國新詩編年史》,人民文學出版社 2013 年版。

38. 王易:《詞曲史》,東方出版社 1996 年版。

39. 張若英編:《中國新文學運動史資料》,光明書局 1934 年版。

40. 吳梅:《詞學通論》,復旦大學出版社 2005 年版。

41. 王力:《現代詩律學》,中國人民大學出版社 2004 年版。

42. 何文煥輯:《歷代詩話》中華書局 1981 年版。

43. 鄭敏：《思維・文化・詩學》，河南人民出版社 2004 年版。

44. 俞陛雲：《詩境淺說》，中華書局 2010 年版。

45. 胡懷琛：《中國八大詩人》，中華書局 2010 年版。

46. 陳西瀅：《西瀅閒話》，中國文聯出版公司 1993 年版。

47. 阿英：《夜航集》，中國文聯出版公司 1993 年版。

48. 李健吾：《李健吾文學評論選》，寧夏人民出版社 1983 年。

49. 杜運燮等編：《豐富和豐富的痛苦》，北京師範大學出版社，1997 年版。

50. 杜運燮等編：《一個民族已經起來》，江蘇人民出版社 1987 年版。

51. 梁宗岱：《詩與真》，中央編譯出版社 2006 年版。

52. 梁宗岱：《詩與真續編》，中央編譯出版社 2006 年版。

53. 艾青：《詩論》，人民文學出版社 1956 年版。

54. 朱光潛：《詩論》，正中書局 1948 年版。

55. 袁可嘉：《論新詩現代化》，三聯書店 1988 年版。

56. 宗白華、田漢、郭沫若：《三葉集》，亞東圖書館 1923 年版。

57. 黃人影編：《郭沫若論》，光華書局 1931 年版。

58. 朱湘：《中書集》，生活書店 1934 年版。

59. 馮文炳：《談新詩》，人民文學出版社 1984 年版。

60. 孔另境：《現代作家書簡》，花城出版社 1982 年版。

61. 茅盾：《茅盾論中國現代作家作品》，北京大學出版社 1980 年版。

62. 鍾玲：《美國詩與中國夢》，廣西師範大學出版社 2003 年版。

63. 趙毅衡：《詩神遠遊——中國如何改變了美國現代詩》，上海譯文出版社 2003 年版。

64. 張畢來：《新文學史綱》，作家出版社 1955 年版。

65. 劉綬松：《中國新文學史稿》，新文藝出版社 1954 年版。

66. 丁易：《中國現代文學史略》，作家出版社 1956 年版。

67. 唐弢：《中國現代文學史》，人民文學出版社 1979 年版。

68. 錢杏邨：《現代中國文學作家》，上海泰東書局 1928 年版。

69. 田仲濟、孫昌熙：《中國現代文學史》，山東人民出版社 1979 年版。

70. 黃修己：《中國新文學史編纂史》，北京大學出版社 2007 年版。

71. 黃修己：《中國現代文學簡史》，中國青年出版社 1984 年版。

72. 王瑤：《中國新文學史稿》，上海文藝出版社 1982 年版。

73. 司馬長風：《中國新文學史》，昭明出版社 1978 年版。

74. 溫儒敏：《中國現代文學批評史教程》，北京大學出版社 1993 年版。

75. 林誌浩：《中國現代文學史》，中國人民大學出版社 1984 年版。

76. 錢理群、吳福輝、溫儒敏：《中國現代文學三十年》（修訂本），北京大學出版社 1998 年版。

77. 陸耀東：《中國新詩史》第一卷，長江文藝出版社 2005 年版。

78. 陸耀東：《馮至傳》，十月文藝出版社 2003 年版。

79. 于可訓：《當代詩學》，湖南人民出版社 2000 年版。

80. 陳文忠：《中國古典詩歌接受史研究》，安徽大學出版社版 1998 年版。

81. 錢理群：《百年中國文學經典》，北京大學出版社 1996。

82. 程光煒：《艾青傳》，十月文藝出版社 1999 年版。

83. 孫玉石：《中國現代詩歌藝術》，北京大學出版社 2010 年版。

84. 穆旦：《穆旦詩文集》（1～2），人民文學出版社 2006 年版。

85. 洪子誠、劉登翰：《中國當代新詩史》，人民文學出版社 1994 年版。

86. 龍泉明、鄒建軍：《現代詩學》，湖南人民出版社 2000 年版。

87. 龍泉明：《中國新詩的現代性》，武漢大學出版社 2005 年版。

88. 鄧程：《論新詩的出路》，中國社會科學出版社 2004 年版。

89. 姜濤：《「新詩集」與中國新詩的發生》，北京大學出版社 2005 年版。

90. 龍泉明等：《跨文化的傳播與接受》，人民文學出版社 2010 年版。

91. 陳建軍編著：《廢名年譜》，華中師範大學出版社 2003 年版。

92. 張林傑：《都市環境中的 20 世紀 30 年代詩歌》，中國社會科學出版社 2007 年版。

93. 羅振亞：《朦朧詩後先鋒詩歌研究》，中國社會科學出版社 2005 年版。

94. 方長安：《新詩傳播與構建》，中國社會科學出版社 2012 年版。

95. 王毅：《中國現代主義詩歌史論》，西南師範大學出版社 1998 年版。

96. 陳旭光：《中西詩學的會通》，北京大學出版社 2002 年版。

97. 藍棣之：《現代詩的情感與形式》，人民出版社出版 2002 年版。

98. 程光煒：《文化的轉軌》，光明日報出版社，2004 年版。

99. 李怡：《中國現代新詩與古典詩歌傳統》，西南師範大學出版社 1994 年版。

100. 葉維廉：《中國詩學》，三聯書店 1992 年版。

101. 李歐梵：《現代性的追求》，三聯書店 2000 年版。

102. 高旭東：《高旭東講魯迅》，北京大學出版社 2008 年版。

103. 陳紹偉編：《中國新詩集序跋選》，湖南文藝出版社 1986 年版。

104. 孫玉石：《中國現代主義詩潮史論》，北京大學出版社 1999 年版。

105. 張潔宇：《荒原上的丁香》，中國人民大學出版社 2003 年版。

106. 王澤龍：《中國現代主義詩潮論》，華中師範大學出版社 1995 年版。

107. 戴燕：《文學史的權力》，北京大學出版社 2002 年版。

108. 謝冕：《新世紀的太陽——二十世紀中國詩潮》，時代文藝出版社 1993 年版。

109. 林庚：《新詩格律與語言的詩化》，經濟日報出版社 2000 年版。

110. 許德鄰編：《分類白話詩選》，上海崇文書局 1920 年版。

111. 趙景深編：《現代詩選》，上海北新書局 1934 年版。

112. 北社編：《新詩年選　一九一九》，上海亞東圖書館 1922 年版。

113. 重要期刊：《清議報》、《新青年》、《東方雜誌》、《新潮》、《創造周報》、《新月》、《新詩》、《詩刊》、《泰東月刊》、《中國新詩》、《文學周報》、《現代》、《新文藝》、《文學季刊》、《人間世》、《文化批判》、《文藝報》、《譯文》、《世界文學》、《文學評論》、《大眾文藝叢刊》、《詩刊》等。

# 後　記

　　20 世紀初發生的新詩，其生成是一個極爲複雜的歷史過程。生成包括新的情感空間、精神結構、心理畫面、抒情形象的出現與動態完型，包括現代意象組合、語詞搭配、句子構成、旋律節奏等的實驗創制，還包括新詩文本典範的指認與確定。影響新詩生成的因素很多，包括歷史文化、詩歌傳統、審美趣味、政治思潮、流行文化等等，它們構成強大的語境，形成結構性場域力量，作用於新詩的傳播接受，推進新詩的生成建構。

　　本書主要從傳播接受維度切入新詩生成問題，揭示傳播解讀與新詩生成之間或顯或隱、或強或弱的關係。新詩已有百年歷史，本書考察的對象是 1949 年之前的新詩，即現代歷史時期的新詩，1949 年之後的新詩將另著專論。現代歷史時期屬於民國時期，對新詩生成問題的考察因而離不開對民國時期的政治文化、時代風尚、思想潮流、審美取向、閱讀期待等的研究。雖然在問題展開與論析過程中，本書沒有刻意強調「民國」意識，但在語境、讀者閱讀與新詩生成、塑形關係等問題的理解上，又貫通著對民國文化的思考，所以很高興本書有機會收入李怡兄主編的民國文學研究叢書。

　　書中的部分內容是我與陶麗萍、紀海龍、余薔薇、陳璇、陳瀾、張文民諸君合作完成的。他們攻讀博士學位期間，我們不斷討論何爲新詩、閱讀與新詩生成關係等問題，留下了溫暖的讀書問學記憶，收錄共同的成果意在留存生命痕跡。

2014－12－13